班组安全100丛书

100个设备管理事故分析

■ 班组安全100丛书编委会 组织编写

安全第一 预防为主

中国劳动社会保障出版社

图书在版编目(CIP)数据

100个设备管理事故分析/“班组安全100丛书”编委会组织编写. —北京：中国劳动社会保障出版社，2007.3
班组安全100丛书
ISBN 978-7-5045-5933-3

Ⅰ.100… Ⅱ.班… Ⅲ.设备管理-事故分析 Ⅳ.F273.4
中国版本图书馆CIP数据核字(2007)第022513号

中国劳动社会保障出版社出版发行
(北京市惠新东街1号 邮政编码：100029)
出 版 人：张梦欣
*
北京外文印刷厂印刷装订 新华书店经销
787毫米×1092毫米 32开本 11.25印张 233千字
2007年3月第1版 2008年6月第2次印刷
定价:23.00元
读者服务部电话：010－64929211
发行部电话：010－64927085
出版社网址：http://www.class.com.cn

“班组安全100丛书”编委会

内容提要

在企业生产中，设备、工具和原材料等都要由班组掌握使用，企业各项管理措施也要通过班组的活动来实现，班组是企业实现安全文明生产的基础。对于班组而言，设备的管理主要是保证设备的正常运转，通过日常的安全检查，及时发现生产设备和作业环境所存在的事故隐患，及时报告并采取措施消除事故隐患。

本书把班组生产作业中经常遇到的事故分为七类，即：机械设备管理存在问题导致的事故、电气设备管理存在问题导致的事故、压力容器管理存在问题导致的事故、气瓶管理存在问题导致的事故、管道阀门管理存在问题导致的事故、静电预防存在问题导致的事故、触电预防管理存在问题导致的事故。设备事故最容易造成重大人员伤亡，因此应及时消除事故隐患，避免设备事故的发生。

本书通过对班组常见多发设备事故的分析，有针对性地介绍机械设备、电气设备、压力容器、气瓶、管道阀门、静电预防、触电预防等相关知识，提供相应的防范措施，使班组能够在掌握相关知识和操作技能的基础上，制定符合本班组实际的事故预防方法，从而防患于未然。

前 言

班组是企业的细胞，是安全生产的第一线，是企业完成各项工作的基础。班组的安全生产状况如何，直接关系到企业的安全生产状况。班组平安，则企业平安；班组不安，则企业难安。因此，加强班组的安全管理，对于保证企业正常生产秩序、提高企业生产效率和促进企业发展具有重要意义。正是由于班组是企业生产活动的主角，是企业完成安全生产各项目标的主要承担者和直接实现者，所以企业安全管理的各项工作必须紧紧围绕生产一线——班组开展才有效。

从许多事故案例（包括重特大事故）来看，事故的发生与班组的安全管理有直接的关系。例如，1994 年 11 月 13 日，吉林省辽源矿务局泰信矿四井发生一起特大煤尘爆炸事故，死亡 79 人，伤 129 人，直接经济损失约 320 万元。造成这起事故的直接原因，是泰信矿四井蹬钩工张延龄在作业中违章多挂重车，致使矿车鸭嘴断裂跑车，撞击摩擦产生火花引燃煤尘爆炸。再如 2005 年 11 月 13 日，中石油吉林石化公司双苯厂在生产过程中，由于当班操作工停车时操作失误，未将应关闭的阀门及时关闭，导致进料系统温度超高，长时间温度超高后引起爆裂并引起连环爆炸，造成数万名居民和大学生紧急疏散，以及松花江污染事件。

据统计，当前伤亡事故中，包括重大、特大事故，因为不可抗拒的自然灾害或目前技术上还不能解决的难题而造成的事故是极少的，绝大多数属于责任事故。在这些责任事故中，90％以上的事故发生在班组，80％以上的事故是由于违章指挥、违章作业和设备隐患没能及时发现、及时消除等人为因素造成的。这些因违章指挥、违章作业以及操作失误所导致的事故具有很强的随机性和突发性，其中一个重要原因就是班组安全管理薄弱，缺乏有效的控制措施。如果在事故发生之前，班组长或者班组安全员、班组的老职工安全意识强一点，管理得严格一点，及时纠正违章作业行为，这样惨痛事故的发生就有可能避免。类似情况在一些常见多发事故中体现得更为明显。在这套“班组安全100丛书”中，对此类常见多发事故进行了详细的介绍和深入的分析。此类情况下，有的时候只要班组长或者班组安全员认真负责一点，小心谨慎一点，就会避免事故的发生，防止事故的伤害，挽救一些人的生命，这样的事例很多很多，数不胜数。

企业的安全生产需要建立长效机制，需要制定各项安全管理规章制度，需要企业领导和其他管理人员予以充分重视，需要进行安全投入以改善设备设施。除此之外，还有一个更加重要的“需要”，那就是需要把规章制度、预防措施落实下去。某企业在门口立起这样一块牌子：“开会＋不落实＝零，制度＋不落实＝零。”这个牌子立得好，这两个“公式”也好，言简意赅，寓意深刻，令人深思。安全生产工作需要扎扎实实，一步一个脚印，不能躺在会议、制度上睡大觉，更不能成天说套话、废话、空话、大话。人是安全生产过程中起决定作用的因素，企业的设备、工具和原材料等都要由班组掌握使用；企业的生产、技术、经营管理和各项规章制度的贯彻落实，也要通过班组的活动来实现。企业的安全工作要落实，落实到哪里呢？就是要落实到班组，落实到职工。

自1988年全国总工会、原国家经贸委联合颁发《工业企业班组安全建设意见纲要》以来，许多工会组织和企业，结合自身的实际情况，狠抓班组安全建设，取得了显著成效。例如，天津市自1995年开展创建安全先进、标兵班组竞赛活动以来，创建活动取得了明显成效，班组安全建设日益成为预防和杜绝伤亡事故的前沿阵地。从近两年的统计报表中可以看出，全市有9万多个班组的近百万职工提出事故隐患10.65万项，纠正违章6.65万项，避免可能发生的事故7 600多起，为国家和企业挽回经济损失超过2.75亿元。实践证明，开展班组安全创建活动，加强班组的安全管理，对于预防事故的发生，保证企业安全生产能够起到重要作用。

这套“班组安全100丛书”的编辑出版，我认为十分必要。班组在实际生产作业中，需要安全生产知识，需要具体的安全管理方法和经验，需要预防事故的具体措施。这套丛书比较详细、全面地对班组安全管理（活动）经验与方法进行了介绍，对人员操作事故、设备管理事故、人员操作与设备管理交叉事故案例做了分析，此外还对紧急情况应急处置案例做了分析，切合了班组的需要。本套丛书的编写人员中许多来自企业，他们之中大部分人都曾经担任过班组长，对班组的学习、生产情况十分熟悉，都有着切身的感受，所以从选材、叙述、语言文字等方面更加注重班组的实际需要，下了很大的工夫，做了很大的努力。

安全生产是人们共同的追求与期盼，是国家经济发展的需要，也是企业发展的需要。在此希望企业的领导者首先从自身做起，重视安全生产，关口前置、重心下移，重视班组建设，切切实实把班组安全工作做好。

2007 年 1 月

目 录

第一部分　机械设备管理存在问题导致的事故

机械设备以及其他设备是企业进行生产的基础装备，企业生产中所使用的机械设备主要有加工机械、杠机械、起重机械、厂内运输机械等。机械设备能否安全运行，直接关系到企业的生产效率与经济效益，同时也关系到人员以及设备的安全。需要注意的是，与机械设备运行有关的各种事故中，引起机械性伤害的占有很大比例。在机械工业中机械性伤害事故占事故总数的70％左右。因此，采取有效措施，防止机械设备伤害事故发生，对确保安全生产具有重要意义。

1. 对机械设备事故规律的认识

各类机械性伤害都有共同的特点，都是由设备、构件、硬性物体直接与人的肌体发生作用而引起伤害，而且主要发生在机械运转区域。机械设备运行时对人体可产生机械性伤害的危险部位，称为机械设备的危险区域，简称危区。危区有正常运行危区与故障危区之分。正常运行危区可按运动状态分为静止型危区（尖角、毛刺、带刃锋利的部分）、回转型危区（由旋转物件形成）、往复型危区（由平动或往复运动的机件形成）和复合型危区（由复杂运动形成的，可分解为回转型危区和往复型危区）。故障危区是指发生故障时才出现的危区，它由可动物件运动的可能方向和范围构成。不同的机械设备，其危区也不完全相同，有些机械设备的危区是相对固定的，而有些则是随着机械设备的运行而不断地变化移动，如厂内运输机械，可以说它运行到达的部位都构成危区。因此，预防机械性伤害的重点是对危区的防护。

机械设备所导致的事故，主要有四种类型。

（1）机械设备与选用相关的事故。导致该类事故发生的原因可能是：机械设备在制造上存在先天不足，如回转机械无防护装置、冲剪设备无保险装置等；选用了在技术性能、质量上达不到要求的非标准设备；在易燃、易爆场所选用了非防爆设备；选用了不符合安全要求或者已被淘汰的设备等。

（2）机械设备与环境相关的事故。固定设备布局不合理，环境污染和温度、湿度、光线等异常，导致设备之间相互影响或者操作人员之间相互影响而发生事故；流动性设备，如流动式起重机、厂内运输机械等，在作业或者行驶过程中发生的事故。

（3）机械设备与维修相关的事故。机械设备没有按规定的时间进行定时检查、定期检修或是没有做好日常维护保养，致使设备的异常状态（故障因素）没有及时排除而引起的事故，均属于维修异常导致的事故。

（4）机械设备与使用相关的事故。由于安全操作规程不健全和人们安全技术素质较差，缺乏预防、控制事故能力，以及违章指挥、违章作业、超性能使用等引起的事故，均属于使用异常导致的事故。

2. 机械设备事故的预防与控制要点

依据机械设备事故的规律和保证设备安全运行的经验，对设备事故的预防和控制要以人为主，通过开展预防性安全科学管理达到保证设备安全运行的目的。在这方面需要抓好以下 10 个环节的工作：

（1）选购合格设备。要根据生产需要、技术要求、产品质量，选购合格设备，同时要求设备具有安全保障，如回转机械要有防护装置，冲剪设备要有保险装置，有些设备系统根据需要应有自动监测、自动控制装置，以及易燃、易爆场所要选用防爆设备等。

（2）做好设备的安装、调试和验收。凡是新投入使用的设备，不论是选购的，还是自制的，不论是需要安装、调试的，还是不用安装就使用的，都要按设计规定，对设备的技术性能、质量状态、安全功能进行全面严格验收。发现问题时必须加以解决，只有在经过试运行确认无误后，才能正式投入使用。

（3）为设备安全运行提供良好的环境。良好的环境是设备安全运行必备的条件。例如，固定设备的布局要合理，有必要的防污染、防腐、防潮、防寒、防暑等设施，从而使环境中的温度、湿度、光线等都能达到保证设备安全运行的要求。

（4）为设备安全运行提供人的素质保证。凡是从事设备管理的工程技术人员、操作使用人员和维修人员，都要努力学习管理、使用、维修设备的知识，具有自我预防、控制设备事故的技能。其中，操作危险性较大设备，如起重设备等的特种作业人员，还要经过专业培训，做到爱护设备、熟悉性能、懂维护保养、会操作使用、能排除故障、具有应变能力，并经过考试合格后，持证方可上岗作业。

（5）建立健全安全操作规程，保证设备安全运行。建立健全安全操作规程用于规范人们行为，是强化设备安全管理，保证设备安全运行的法制手段。例如，建立设备管理机构和责任制，明确法定职责；建立设备安全运行规程，做好设备运行记录，掌握设备情况，发现问题及时处理；建立设备检修规程和安全技术操作规程等，做到有章必循、违章必纠、执法必严。严禁违章指挥、违章作业，从而确保设备安全运行。

（6）做好设备的定期修理。按照设备事故的变化规律，定期做好设备修理，是保证设备性能，延长设备使用寿命，巩固设备安全运行可靠性的重要环节。设备修理，一般分为小修、中修和大修三种类型也可分为检查后修理、定期修理和标准修理三种类型。其中，标准修理适用于危险性较大的设备，如起重设备等，到了规定时间，不论设备技术状态怎样，都必须按期进行强制性修理，从而确保设备安全运行。

（7）做好设备的日常维护保养。设备的维护保养是为防止设备劣化、保持设备性能而进行的以清扫、检查、润滑、紧固、调整等为内容的日常维修活动。各行业设备的维护保养有各自不同的规定，可根据实际需要进行。例如，该保暖的保暖、该降温的降温、该去污的去污、该注油的注油，使之保持安全运行状态。

（8）做好设备运行中的检查。设备检查一般分为日常检查和定期检查两种。日常检查是指操作人员每天对设备进行的定项、定时检查。可以及时发现、消除设备异常，保证设备持续安全运行。定期检查是指由专业维修人员协同操作人员按期进行的检查。通过检查，查明问题，以便确定设备的修理种类和修理时间，从而消除设备异常状态，确保设备安全运行。

（9）吸取事故教训，避免同类事故重复发生。设备事故发生之后，要按“四不放过”原则（事故原因没有查清不放过、责任追究不到位不放过、防范措施不落实不放过、职工群众没有受到教育不放过）进行讨论分析，确认是设计问题，还是使用问题；是日常维护问题，还是长期失修问题；是技术问题，还是管理问题；是操作问题，还是设备失灵问题等。然后有针对性地采取安全防范措施，如健全规章制度，改进操作方法，调整设备检修周期，以及对老旧设备更新改造等，避免同类事故重复发生。

（10）做好设备的更新改造。根据需要和可能，有步骤、有重点地对老旧设备进行更新改造，并按规定做好设备报废工作，是保证设备安全运行、提高经济效益的重要措施。设备使用至老化期，由于性能严重衰退，不仅影响正常生产，易导致事故发生，而且由于延长了设备的使用时间，相应地也增加了检修次数和材料消耗，同时，由于精度降低，也可能导致质量事故的发生。因此，该报废的设备必须报废。

3. 设备使用安全管理制度

要使设备安全运行，发挥最佳效益，必须建立健全并严格执行设备使用、操作的有关制度。

（1）岗位责任制。岗位责任制是企业安全管理的一项基础制度。企业的各项规章制度都是以岗位责任制为中心建立的，各项活动都必须纳入岗位责任制中得以落实。设备使用和维护的各项工作都是岗位责任制的组成部分，必须在岗位责任制中得到落实。所以，设备使用和维护工作必须体现在操作人员的岗位责任制中。严格贯彻岗位责任制可保证设备使用和维护规章制度的贯彻，从而保证设备处于良好技术、安全状态，为企业生产创造有利的条件。

（2）操作证制度。企业主要生产设备的操作人员由车间提出定人定机名单，经机动科备案审批后执行。重点设备定人定机名单，还需要报主管副厂长批准后执行，并执行交接班制度。定人定机名单中的人需要凭设备操作证才能上岗。

主要生产设备的操作人员，包括学徒、实习生等，均应经过培训，考试合格取得操作证后，才能独立操作设备。每位操作人员原则上只允许操作一种型号的设备。熟练技工经一专多能专业培训，考试合格后，允许其操作取得操作证型号的设备。

操作人员必须经技术培训，熟练掌握技术操作规程和安全操作规程后方可取得操作证。操作证由企业专门管理部门统一发放，禁止转借。特殊工种操作工须经培训取得特殊工种操作证后方能上岗。

企业应不断提高设备操作人员的技术水平，加强技术培训，并进行考试，考试合格可以升级。在特殊情况下，如事故后重新培训的人员，考试不合格，可取消其操作证，并将其调离原操作岗位。

（3）安全检查、检验制度。设备运行安全检查是设备安全管理的重要措施，是防止设备故障和事故发生的有效方法。通过检查可全面掌握设备技术状况和安全状况的变化及其磨损情况，及时查明和消除设备隐患，并根据检查发现的问题，进行整改，以确保设备的安全运行。安全检验是指按一定的方法与检测技术，对设备的安全性能进行预防性试验，以确定设备维修计划或安全运行年限。

（4）维护保养制度。设备长期使用，必然造成各种零部件松动、磨损，从而使设备运行状况变坏，导致动力性能下降，安全可靠性降低。因此，必须建立维护保养制度，根据零部件磨损规律制定出切实可行的计划，定期对设备进行清洁、润滑、检查、调整等作业，以延长各零部件的使用寿命，防止其早期损坏，同时，这也是避免运行中发生故障、事故的有效方法。

（5）交接班制度。企业的主要生产设备一般都处于三班制或四班制的日夜连续使用状态，因此，设备操作人员必须严格办理设备交接班手续，形成设备交接班制度。交接班制度要明确设备维护保养的责任，记录设备使用的第一手资料，为设备故障的动态分析和生产情况分析，提供准确可靠的依据。

设备交接班制度的有关规定如下：

1）凡多班制生产设备，都必须执行交接班制度，操作人员须认真准确填写“设备交接班记录”并签字。一班制设备，操作人员应填写“设备使用日记”。

2）交班人员下班前必须认真清扫、擦拭设备，向接班人员介绍润滑、安全装置、转动系统、操作机构等各部位的情况，运行中有无可疑情况，以及维护、调整、检修情况。此外，还应清点工具、仪表和检测仪器，认真进行交接，并填写记录。

3）接班人员必须提前 10～15 分钟到达现场，了解设备情况，认真接班并检查记录填写情况。如果确认设备情况正常，记录填写无误，即可签字接班；否则，应立即提出，必要时可拒绝接班，并及时报告班组长处理。设备接班后发生的问题，由接班人员负责。

4）交班组长应将本班内设备使用与故障情况记录在组长“值班记录”内，向接班组长交代清楚并签字。遇到设备故障或者出现危险隐患，应及时向车间设备员、安全员、设备工程师或设备主任报告。

5）值班机、电、钳工，也应进行交接班，交接负责区域内设备情况并填写“交接班记录”。

6）车间设备员、安全员、设备工程师、设备主任、机动科设备管理员、机动科科长应定期与不定期地抽查设备交接班制度执行情况。

7）“设备交接班记录”“设备运转记录”“设备安全状况记录”簿用完后，由车间保管，其中的主要记载应于当月底摘抄，并归入设备管理档案。

（一）搅拌机缺少防护罩造成的人员断臂事故

1997 年 2 月 28 日，湖南省某燃料供应公司蜂窝煤生产车间在生产过程中，因搅拌机齿轮缺少安全防护罩，导致一名操作工右臂被齿轮轧断。

事故经过

2 月 28 日上午 8 时左右，湖南省某燃料供应公司蜂窝煤生产车间照常上班。按照分工，由操作工王某和曾某操作制煤机，另有 3 人负责捡蜂窝煤。约 8 时 30 分，曾某因有事离开，由王某单独操作。8 时 50 分，王某见搅拌机不能正常将煤料送上运输皮带，便站在搅拌机有旋转齿轮的一侧，用铁锹将机内煤料铲到出口处。在铲料过程中，搅拌机一对离地约 80 厘米、直径约 15 厘米的相向啮合的齿轮将王某的衣角夹住，王某拼命想把衣袖拉出，但因自身力量太小，整条手臂都被齿轮向下拉去。于是，王某大声呼救，但因机械噪声太大，离他仅 7 米远的 3 个捡煤工竟无一人听见，最终导致王某右臂被齿轮轧断，造成终身残疾。

事故原因分析

事故发生后，经调查，该公司搅拌机自投入运行 10 多年来，其齿轮一直没有安装防护罩，在运行过程中，曾经多次出现将夹住操作工衣服的情况，但是，因齿轮转速较慢（每分钟约 20 转），且操作工采取的措施得当，一般只将衣服夹烂，未出现伤人事故，也未引起领导和职工的重视。因此，造成这起事故的主要原因是搅拌机缺乏安全防护罩。而操作工曾某脱岗对事故的发生也有一定的影响，曾某脱岗致使王某单独操作，遇到危险情况缺乏及时救援。

事故教训

事故发生后，该公司领导立即派人安装了安全防护罩，但是对于受伤的王某来讲这已经太迟了，这个安全防护罩的代价也太大了。实际上，这起事故完全可以避免，搅拌机缺乏安全防护罩也应该早被发现，并且予以解决。我们每年都进行各种形式的安全检查，对设备、设施情况的检查内容就包括检查各类设备、设施上的安全装置是否安全可靠，外露的旋转部件是否有防护罩隔离，操作的设备和容易伤人的大型机床运动部位是否有防护栏杆，危险性高的部位的防护装置是否有顺序联锁结构等。在这起事故发生前，搅拌机运转齿轮外露，操作工多次发生未遂事故，本身就说明设备存在着危险，不消除危险就有发生事故的可能。所以，对于公司领导来讲，应吸取的一个重要教训，就是不能麻痹大意，忽视安全。

事故之后所采取的防范措施主要有：一是对全公司设备进行一次认真细致的安全检查，检查的重点放在设备的不安全因素上，对检查出来的问题登记备案，制定措施限期解决；二是加强安全教育和安全培训，提高领导和职工的安全意识，增强他们防范事故的能力；三是严格规章制度，当班操作人员无紧急情况不得随意脱岗。

（二）压力机发生故障连车造成的伤害事故

1997 年 1 月 4 日，洛阳市某标准件厂机加车间在生产过程中，一名冲压工在操作 160 吨压力机时，压力机突然发生故障连车，造成该冲压工左手开放性骨折。

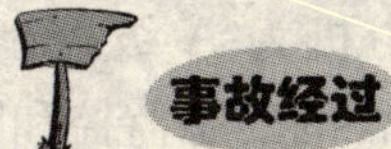

1 月 4 日 19 时 10 分许，洛阳市某标准件厂机加车间在生产过程中，冲压工翟某在操作 160 吨压力机（J87－160），加工大拖发动机缸体定位销，左手伸入上下模危险区取工件时，压力机突然发生故障连车，翟某左手回抽不及，被下行冲头压伤，造成左手第 2、3、4 掌骨开放性骨折。

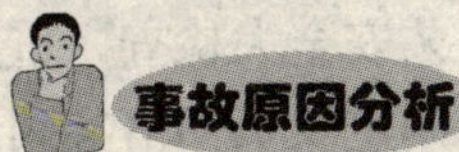

造成这起事故的直接原因有两个：一是定位销生产加工工艺设计采取的安全辅助工具（夹钳），未在实际生产作业过程中加以落实，操作工只得长期用手进入上下模危险区卸装工件；二是冲压设备因电磁阀压簧断裂造成气阀未能复位，离合器不能脱离而发生连车故障。造成事故的间接原因是：该厂对 160 吨压力机存在的连车故障未采取针对性的计划维修措施，未强化日常的动态检查与隐患整改，致使设备带病运转。

事故教训

通过分析这起事故，可以得出以下几个教训：其一，技术部门在工艺、设备管理方面还存在漏洞，未设计提供安全可靠的作业条件，对特种危险设备存在的隐患没有采取科学、有效的超前预测和预防，控制防范措施落实不够、不到位；其二，设备管理部门的安全责任落实不够，采取安全防范措施不力，特别是对危险点（此压力机为 A 级控制点）的管理控制针对性不强、措施不力，日常的动态监控和隐患整改未认真落实到位；其三，机加车间贯彻落实“五同时”不够，对生产作业过程中出现的不安全因素未采取积极措施予以处理。

事故之后所采取的防范措施：

（1）强化各车间各部门安全生产责任制的落实，认真贯彻落实安全生产“五同时”，根据本单位生产加工特点和设备状况，举一反三，组织开展一次工艺安全大检查，重点排查工艺安全技术条件、规程、措施的制定及贯彻落实到位情况，对查出的问题要认真分析、研究，落实责任，并采取强有力的整改措施予以解决。

（2）设备、安全等职能部门要严格贯彻危险点管理规定，会同有关生产车间对特种危险设备必须定期进行故障类型分析，对存在的不安全因素要采取针对性的安全防范措施，落实责任，予以解决。设备部门要强化设备的计划维修及隐患整改工作，进行科学、有效的管理。安全部门要加大监督检查力度，严格考核，确保设备设施的本质安全和操作人员的生命安全。

(3) 应结合安全检查工作，加大力度，把必要可行的事故预防控制措施落实到生产过程的每一个环节中去，特别要抓好特殊危险作业的管理；对从事特殊危险作业的职工要进行认真细致的安全技术教育，提高全员的安全意识、素质和自我保护能力，坚决杜绝类似重伤事故的再次发生。

(三) 压力机电气控制故障导致的伤害事故

2001 年 8 月 8 日，某通用配件厂车轮车间一名冲压工，在操作压力机加工工件过程中，由于压力机电气控制故障导致误动作，上滑块突然下落，造成该冲压工右手手掌离断。

8 月 8 日 9 时 45 分许，某通用配件厂车轮车间冲压组冲压工陈某（女，36 岁），在与同组冲压工王某操作 YX32－500 吨压力机，加工小四轮拖拉机车轮轮辐过程中，由于压力机电气控制故障导致误动作，上滑块突然下落，将正在操作中取工件的陈某右手挤压在上、下模之间，造成右手手掌离断。

造成这起事故的直接原因是：该厂设备管理部门疏于日常检查和管理，特别是对生产车间重点危险设备的计划维修、使用情况及存在的问题缺乏检查，监控不力，致使维修

管理出现漏洞，造成压力机在生产过程中由于电气控制故障导致误动作。

造成事故的间接原因：一是技术科工艺制度管理方面存在较大漏洞，未严格执行工艺文件及工艺纪律，缺乏对作业现场的工艺检查，未给操作人员提供安全可靠的作业条件；二是生产车间对设备在工作中存在的故障未进行认真分析和采取有效的维修措施，致使设备带病运转。

事故教训

事故的发生通常是几个因素共同作用的结果，这起事故也不例外。值得注意的一个重要原因是“设备带病运行”，这对于冲压设备来讲是一个大问题。按照原国家机械工业委员会颁布的《冲压安全管理规程》规定，发生下列情况时，要停机检查修理：①听到设备有不正常的敲击声；②在单次行程操作时，发现有连冲现象；③坯料卡死在冲模上，或发现废品；④照明熄灭；⑤安全防护装置不正常。造成事故的冲压设备究竟如何带病运行，未交代清楚，我们不得而知，但是，对于冲压机这样危险性高的设备，只要发现运行不正常，就应该停机检查修理，绝不能带病运行，否则会容易造成事故的发生。这应该作为企业的一条硬性规定坚决执行，绝不能有任何的马虎。

事故之后所采取的防范措施：

（1）针对生产工艺认真组织有关人员全面排查整改，完善工艺安全技术条件并落实到操作岗位，强化工艺纪律检查和管理。对所查出的问题要认真分析研究，落实责任，采取强有力的措施予以解决。

（2）进一步加强对设备、设施的管理，认真履行设备管理部门职责，完善安全管理制度及检查制度，强化对设备、设施的日常监督检查与考核，并针对这起事故反映出的电气控制系统短路及设计缺陷进行整改。

（3）生产车间应认真落实安全管理责任，进一步加强设备的维修管理工作，认真贯彻“五同时”，落实安全生产责任制，加强职工的自我防护意识，强化作业现场的安全管理。

（四）冲压机插销断裂造成的人员伤害事故

1996 年 12 月 5 日，某机械厂发生一起冲压工在压力机上拆卸模具时，头部被压力机上飞落的零件砸伤的事故。冲压作业通常都是手部受伤，头部受伤的情况实属罕见。

事故经过

12 月 5 日上午 9 时左右，某机械厂冲压工宁某与另一操作工在压力机上试验一套新生产的模具，宁某在压力机靠近大齿轮的一边，另一操作工在靠近飞轮的一边。10 时，模具试验完毕，冲块停在上死点。为了将冲块停在下死点后方便拆卸上模，宁某关掉电动机电源，用脚踩了一下脚踏开关，然后另一操作工用手扳动飞轮反转使冲块下降。此时，键柄随着大齿轮的飞转将凸轮连同轴一起撞出，砸在正在低头卸模的宁某头上，造成宁某头部受伤。

事故发生后，调查组在事故现场检查发现，掉下来的凸轮和轴是该压力机上操纵器的一部分，凸轮和轴由插销连接，将轴固定在压力机上，轴上残留的插销，沿轴的表面两端全部断裂。据其他冲压工反映，该压力机曾几次发生轴和凸轮飞出的现象，但因没打着人而没有造成伤亡事故，维修人员换了插销后继续使用。

事故原因分析

事故发生后，通过对轴上残留的插销进行分析，发现该插销由于长期随轴往复摆动，在掉下来之前，沿轴的表面两端出现疲劳断裂。宁某为了让冲块停在下死点，关掉电动机电源后，启动脚踏开关使离合器结合，此时，轴带动凸轮摆动一个角度后很快恢复原位，另一操作工扳动飞轮反转带动键柄反转，导致键柄反撞到已经复位的凸轮上，使得凸轮连轴一起落下来，砸在正在低头卸模的宁某的头上。前几次所发生的凸轮或凸轮连轴飞出的未遂事故，也是由于插销疲劳断裂后再受到键柄的反撞造成的。

通过事故分析认定，宁某和另一操作工反转飞轮违反了冲压安全技术规程，导致键柄撞击凸轮使凸轮连轴飞出，是造成这起事故发生的主要原因。插销长期受到剪切力的作用导致该插销疲劳断裂，没有及时被检查发现，是造成这起事故的直接原因。作为该压力机的生产制造厂家，对该插销的强度设计不够，加之使用单位虽然多次发生类似未遂事故但没采取相应防范措施，是这次事故发生的间接原因。

在这起事故中，操作者和企业安全管理部门都应当承担责任。二者相比较，企业安全管理部门应承担主要责任。企业安全管理部门是企业领导的参谋和助手，应全面负责安全生产工作，贯彻执行上级制定的安全生产、劳动保护的方针、政策、法规和标准，检查企业有关职能部门执行安全生产制度和规定的情况，督促和协助这些部门采取整改措施，防止发生伤亡事故和职业病，保障职工的安全、健康和生产建设的顺利进行。其主要职责之一，是经常进行现场检查，协助解决问题，遇到人员、设备、环境等方面出现的未遂事故或者事故隐患，需要及时报告、及时处理。这起事故在发生前，已经出现多次未遂事故，事故隐患严重，可是企业安全管理部门却不知道，又未采取措施，从而导致事故的发生。这说明企业对未遂事故的管理把关不严，职工的安全意识不强，安全管理工作存在严重问题。

事故之后所采取的防范措施：一是加强对职工的安全教育，提高职工的安全意识，在发生未遂事故后须及时报告企业安全管理部门，以便及时查找原因，采取相应措施；二是制定制度，对于及时报告未遂事故的人员给予奖励；三是操作人员和维修人员要加强对易损件的维护、保养和检查，发现零件出现裂纹、疲劳迹象时要及时更换，防止事故的发生。

（五）冲切机故障没有及时消除导致的伤人事故

1998年2月18日上午，河南省某制鞋公司炼胶车间在生产中，由于没有及时采取有效措施排除事故隐患，冲切机发生胶片粘模，造成一名操作工右手断指。

事故经过

2月18日上午8时10分许，河南省某制鞋公司炼胶车间大底组正在冲切彩色网球鞋大底。当时换37码模具后，开车试裁几双大底胶片，王某站在冲切机南边用右手按胶片（因用左手按胶片不方便，又用右手按），闫某站在冲切机北边，转身将胶片回丝片往传送带上搭（还未按好），王某好像感到机器吱一下，看到手被轧住，她喊了一声，并关掉了机器。在场的人听到“啊……我的手”的尖叫声，都同时回头，看到王某的右手已被压在上模与下模之间，闫某赶快倒车，王某的右手方从模具间拉出来。大家急忙搀扶王某到公司医务室，随后送至市医院。经市医院分析诊断，断指接活的可能性较小。截指情况是：中指一节、无名指两节、小指一节半。

事故原因分析

造成这起事故的直接原因是：该车间对生产过程中有时出现的胶片粘模现象未给予足够的重视，没有采取有效措施及时排除事故隐患。造成事故的间接原因是：在生产过程中，操作人员麻痹大意，存在侥幸心理，自我约束、自我管理、自我保护意识不强，某些操作行为不规范，在出现胶片粘模的情况下，没有停机进行处理。

类似事故在生产作业过程中属于常见多发事故。事故的发生与操作人员麻痹大意有关，同时也与机械设备出现问题而没有及时停机处理有关。以下是一个事故案例。某机械加工厂一位年轻的车间主任，上任后遇到的第一件事就是运输机的皮带轮不转圈，工人师傅们请求停机处理，她说浇点水冷却一下来增加皮带和轮子间的摩擦力就好了。果真，皮带转动起来了。但转了一会儿，又不转了。工人师傅们说停下来检查一下固定螺钉，耽误不了多长时间。她说不用，我亲自来，她用手抓住皮带用劲一拽，整个运输轨道的皮带和轮子猛地一下转动起来。事故就这样发生了，年轻主任右手有4个手指从近端被挤掉，腕骨骨折。

在这起事故中，冲切机已经出现胶片粘模现象，而操作人员并没有停机进行处理。操作人员无疑有失误之处，这是可以确定的。需要探讨的是，冲切机出现胶片粘模现象是不是一种经常出现的现象。如果不是一种经常出现的现象，那么操作人员需要负主要责任；如果是一种经常出现的现象，那么需要解决的主要是设备问题。从生产过程来看，可能主要解决的还是设备问题。事故之后所采取的防范措施，包括完善工艺，设法不粘模，并且研究攻关，解决设备自动保护的问题；同时根据生产工艺进一步完善安全操作规程，教育职工坚决纠正习惯性的不规范操作，并且要不断巡回检查、指导，以预防类似事故的重复发生。

（六）皮带机无防护设施造成的伤害事故

1988 年 11 月 11 日，吉林白山生活区沸腾锅炉房在运行中，由于皮带机没有设置安全防护设施，造成一名操作工在蹬梯观察除尘器水位时，摔下并被碾入皮带机死亡。

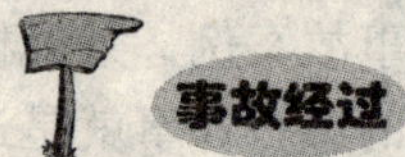

事故经过

11 月 11 日中午，吉林白山生活区由于停电，导致沸腾炉及附机停运。下午 13 时 05 分开始送电。锅炉启动后，负责运行机械维护和除尘的当班操作工陈某，发现皮带机没有启动，便到操作台按下启动按钮，然后到值班室戴上披肩帽，手提铁锹到除尘室上岗。锅炉启动运行 10 分钟左右，值班长崔某发现 2 号炉投料口冒烟，便派操作工田某到除尘室调整除尘器水位，以减少除尘中水的排烟阻力。当田某走到除尘室门口时，发现有人被挤压在皮带机里面，于是赶快转身跑到水泵室，拉着泵工李某进入除尘室，李某急忙拉下事故开关，皮带机停下。因陈某的头部被压在滚筒下面无法拖出，抢救人员将皮带割断、拆下滚筒，把陈某救出后送往医院，但因伤势过重经抢救无效死亡。

事故原因分析

造成这起事故的直接原因是：梯子无扶手，皮带机没有安全防护装置。由于发生事故时，锅炉房除尘室内只有陈某一人，事故发生经过只能通过现场勘查分析进行推断。经过现场勘察分析，陈某右手持铁锹蹬梯观察除尘器水位，退下时锹头触及皮带机架并与皮带相刮，瞬时失稳，头部朝下，被碾入皮带机。

造成这起事故的间接原因：一是锅炉房除尘室内皮带机没有执行“三同时”的规定，造成作业环境狭窄，安全条件差，不利于安全作业；二是安全培训不够，操作工缺乏安全操作知识；三是安全操作规程不健全，除尘室内作业没有明确的安全要求。

这起事故主要是由于设备存在不安全因素造成的。企业要预防事故发生，除了对人的不安全行为加以控制外，还必须消除设备和环境的危险与有害因素以及控制设备的不安全状态。这需要从设备的设计、使用、管理三方面入手：①在设计阶段，要采用技术措施来消除危险，使人不可能接触或接近危险区，如将危险区完全封闭，采用安全装置，实现机械化和自动化等，都是设计阶段应该采取的安全措施；②在操作阶段，要建立维护保养和维修制度，对运行中的设备进行状态监测，避免或及早发现设备故障；③在设备管理上，需要指导设备的安全使用，提供有关设备危险性的资料、安全操作规程、维修安全手册等技术文件，加强对操作人员的教育和培训，提高操作人员发现危险和处理紧急情况的能力。就这起事故而言，如果尽早安装防护装置，消除危险因素，事故应该是可以避免的。

事故之后所采取的防范措施：一是立即完善安全防护设施，补足梯子扶手、皮带机护栏、跨越皮带机通道等安全设施，限期完成并及时检查验收；二是完善安全管理制度，健全各岗位、各工种的安全技术操作规程，搞好上岗前的安全教育；三是加强对基层领导和安全管理人员的安全法规教育及安全管理培训。

（七）螺旋机防护盖板存在缺陷导致的伤害事故

1994 年 3 月 19 日，某混凝土搅拌站在生产过程中，一名职工不慎将右脚插入螺旋机道盖板与投灰台之间的缝隙中，造成右腿被螺旋机绞掉，并因失血过多而死亡。

3 月 19 日下午 4 时左右，某混凝土搅拌站正在进行紧张的生产，生产组长李某带领张某、焦某等 6 人在水泥库从事拆包投灰作业。下午 4 时 45 分，位于第四投灰台作业的张某，在搬灰时发现邻台（第五投台）作业的焦某蹲在地上，并听到焦某喊：“快！我的腿！”张某急忙跑过去，发现焦某的右腿已被绞入螺旋机内，张某用力抱住焦某并使劲上拉，边拉边喊：“快停螺旋机！”组长李某听到喊声后立即拉下开关。虽在螺旋机尚未停稳时，张某已将焦某拉出，但焦某的右腿已被螺旋机绞掉。经现场止血绑扎后，焦某被送往医院抢救，终因失血过多而死亡。

事故原因分析

造成这起事故的直接原因是：焦某本人忽视安全生产，拖拉垛底散包水泥倒退行走，致使右脚插入螺旋机道盖板与投灰台之间的缝隙中。

造成事故的间接原因：一是投灰速度过快，螺旋机道内积灰过多，螺旋机推灰前进时将道口盖板拱起并向前移动，使4板与投灰台间形成约30厘米的缝隙；二是防护盖板没有固定，存在着事故隐患；三是对职工安全教育不够，作业人员作业时未能严格遵守安全操作规程。

事故教训

这起事故可以说是由于违反操作规程造成的，也可以说是由于设备存在缺陷造成的。在这两个原因中，设备存在缺陷应是主要原因。防范此类事故的发生，很重要的一点是，企业安全管理人员要加强设备使用初期的管理。设备使用初期是指从设备安装试运转到稳定生产这一段时间（一般为半年左右）。加强设备使用初期管理，有利于发现设备从设计、制造、安装到使用整个过程中可能出现的问题，以利于进行信息反馈，及时纠正，消除事故隐患。设备使用初期结束后，由于安全管理人员的注意力发生转移，再发现设备存在缺陷就比较困难，需要操作人员在实际操作中及时发现、及时报告。在企业的安全教育中，应加强这方面的教育，增强职工的安全意识。

事故之后所采取的防范措施：一是改进安全防护设施，

使盖、网、板与投灰台形成一体，增设事故开关，并能近距离操作；二是加强现场安全检查，尤其是作业过程中的安全监护，设专人从事运行设备和防护设施的巡检工作；三是强化班组的安全活动，对职工进行必要的现场急救教育，掌握必要的现场急救方法。

（八）粉碎机存在防护缺陷造成的伤亡事故

2004年9月16日，江苏省苏州某复合肥厂在生产过程中，1名民工不慎将左脚滑进了正在运转的粉碎机中，因大动脉失血过多，不治身亡。

9月16日13时左右，地处苏州高新区东桥镇的某复合肥厂发生了这样惊心动魄的一幕，一名年仅36岁姓李的安徽民工在作业中不慎一滑，左脚不由自主地从一块有空隙的挡板上“穿”过，滑进了正在运转的用来搅碎结块化肥的粉碎机中，整条腿被机器上碗口粗的钢刺绞住碾碎。危急时刻，厂方先是组织力量试图用电焊切割粉碎机，但进展不顺利，只得报警求援，此时已是14时30分。最终，虽然从粉碎机中拉出了这名民工的左腿，但由于大动脉失血过多，该民工在被救出前已经不治身亡。

事故原因分析

造成这起事故的主要原因是：粉碎机的挡板不严密，存在空隙。造成事故的间接原因：一是李某作业时不能小心谨慎，自我安全防范意识较差；二是事故发生在 13 时左右，而厂方打 110 报警求援已是 14 时 30 分，延误了营救时间。

事故教训

有的企业在安全生产管理中，特别注重职工操作安全化和事故预防科学化工作。职工操作安全化是指，车间班组要依据生产设备的特点和工艺流程的要求，吸取以往的事故教训，从中找出事故预防上的规律性措施，学习同行业先进经验和做法，改进管理方法，依据不同岗位对操作人员不同的体质、心理要求，科学安排操作人员岗位，并根据操作人员心理、体质差异等条件进行安全培训，使操作人员的行为符合安全要求。事故预防科学化是指，安全生产监管人员以及生产班组安全员要就人的不安全行为、物的不安全状态、管理上的缺陷等方面开展经常性的调查研究工作，通过安全分析、安全评估等多种形式，建立隐患检查的预警机制，通过随机检查、重点监督等手段，发现问题及时解决，及时消除不安全因素。

在这起事故中，粉碎机的挡板不严密，存在空隙，应该是导致事故发生的主要因素。需要注意的是，在事故发生之前的作业中以及安全检查中，有没有人曾经发现粉碎机的挡板不严密，存在空隙。从道理上讲，应该有人曾经发现过，只是当时没有注意，所以也就没有进行整改。事故预防科学化最根本的是要建立隐患检查的预警机制，发现问题及时解决，而不能疏忽大意，听之任之，不采取措施。

（九）粉碎机缺乏保护装置导致的起火烧伤事故

1989 年 7 月 4 日，江苏省苏州某化工厂在生产过程中，由于加料过多、过快，转动轴受物料挤压致使物料着火，造成 4 人被烧伤。

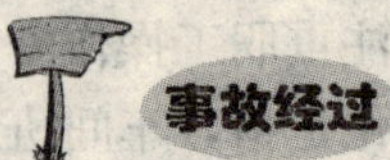

7 月 4 日，江苏省苏州某化工厂聚丙烯酰胺干粉粉碎工序中班 6 名操作人员于 15 时 40 分接班后开始粉碎操作，至 15 时 50 分时已出成品干粉 2 袋（每袋约 15～18 千克）。16 时 15 分，当成品出至第 6 袋时，1 名操作人员听到粉碎机内有异常声，另有 1 名操作人员正好加完 1 袋料，准备去关机，这时只听到“轰”的一声，接着火焰分别自加料口及料仓出口向外喷出。开始地上仅有几块溅着火焰的物料着火，但是，很快在操作室内的 4 名操作人员身上开始着火，他们相继离开现场。ACR（塑料改性剂）车间 1 名非当班工人和聚丙烯酰胺工序当班工人听到响声后，立即奔向现场切断电源。1～2 分钟后，火焰蔓延至整个操作室，其他车间人员赶到后，于 16 时 30 分将火扑灭。灭火期间，有 4 名职工均不同程度地被火烧伤。

事故原因分析

事故发生后，经过调查发现，在进料口主轴中心有一条硬物磨损痕迹，有可能在多而快的加料过程中夹带硬异物，在高速（900 转每分钟）转动中摩擦引燃物料起火。因此，造成这起事故的主要原因是：操作人员在加料过程中加料过多、过快，转动轴受物料挤压，瞬间径向偏斜摩擦产生火花，引燃了机内在高速旋转中摩擦生热的物料，酿成火灾。

事故教训

这起事故的发生有两个方面的原因：一是操作人员在加料过程中加料过多、过快；二是设备和管理上存在问题。操作人员方面的问题很清楚，不需要多讲，设备和管理上存在的问题则需要认真分析。首先，对操作人员的加料过程是否制定有操作规程，是否对投料方式、投料数量有限时限量的规定。一般来讲，类似粉碎加料操作，即使制定有操作规程或者有限时限量的规定，在实际操作中也很难遵守，不可能一边看表一边操作，有时根本无法判断加料速度的快慢。其次，事故的发生是因为加料过程中夹带硬异物，高速转动中摩擦引燃物料起火，并不完全是由于加料速度过快。所以，防止粉碎腔内物料过热，最好是设置报警装置，当粉碎机温度异常时进行报警提示，这应该是预防类似事故再次发生所能做出的比较可行并且合理的选择。

事故之后，该厂加强了对人员的安全教育和技术培训，同时针对具体情况，设想采取改变投料方式（限时限量）、隔离操作、防止粉碎腔内物料过热等措施。

（十）酸泵附件存在缺陷导致的硫酸灼伤事故

1990 年 5 月 31 日，广西桂平县某磷肥厂在组织人员从运酸槽车上卸硫酸时，因酸泵附件有缺陷，导致硫酸灼伤事故发生，造成 1 人重伤、2 人轻伤。

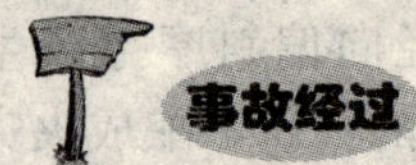

事故经过

5 月 30 日，广西桂平县某磷肥厂接到车站通知后，立刻组织 5 人到贵港装酸泵，准备从运酸槽车上卸硫酸。上午 10 时左右，装卸人员将酸泵装上该厂汽车，运至贵港。5 月 31 日 17 时，安装好电机、电线与酸泵后，进行空载试机 3 次，但每次试机，交流接触器都跳闸，酸泵密封处冒烟，不能使用。20 时，该厂又派 3 人前往贵港。22 时 30 分，该 3 人到达现场后对酸泵进行修理。修理工用手扳动泵轴，发现有一方向偏紧，认为没有问题，即叫电工改用闸刀开关直接启动。2 名工人用 14# 铁丝套在软塑料管与酸泵出口铁管接头上并扎好，抬酸泵装进槽车内。安装完毕后，4 人离开现场，2 名电工在闸刀开关处，2 人仍在槽车上。听到试泵命令后，电工合上电源开关。不到半分钟，1 人从槽车上跳下，此时他身上已被喷到硫酸，他边走边用地面积水洗伤处。另 1 人也从槽车上跳下，其头部、面部、上肢、胸部、下肢等多处被出口管喷出的硫酸烧伤，后被送入医院抢救，造成烧伤面积 35%，深度Ⅲ度烧伤，并导致双目失明，直接经济损失 3 万元。另外 2 名轻伤者也被送入医院治疗。

事故原因分析

事故发生后，经过调查分析，可知造成事故的原因：一是酸泵附件有缺陷，空载试机 3 次交流接触器都跳闸，仍然冒险运转；二是酸泵出口铁管与软塑料管没有接好，致使软塑料管与铁管脱开，使硫酸喷到操作人员身上；三是操作人员没有穿戴耐酸的工作服、工作帽、防护靴、耐酸手套、防护眼镜，属于违章作业，而且，现场工作环境恶劣，照明条件差，操作人员在试泵时也未远离现场；四是操作人员缺乏急救常识，没有用清水在现场先冲洗处理，使伤势加重。

事故教训

在这起事故中，酸泵附件有缺陷是引发事故的一个重要因素。为什么在平时的检查中没有发现呢？为什么没有及时检修呢？为什么只有在使用的时候才能发现呢？事故之后追究这些问题，就会发现安全生产管理上存在的疏漏，也就是经常性的基础工作差。而操作人员没有穿戴耐酸的工作服、工作帽、防护靴、耐酸手套、防护眼镜，进行违章作业，试泵时操作人员未远离现场，事故之后又缺乏急救常识，导致伤势加重，则表明安全教育、安全培训等无形工作差。安全生产需要扎扎实实，不能只说不干或者说得多干得少，尤其是班组的安全生产工作，更需要扎实。

事故之后所采取的防范措施：一是不穿戴齐全个人防护用品者不准上岗，同时杜绝违章指挥、违章作业，严禁设备带病、冒险运转；二是加强运酸槽车的管理，配备良好的酸泵和其他设备，输送酸之前，先用水试压，无问题后再打酸，并配备安全意识好的人员进行操作和管理；三是电气设备、闸刀、线路严格按照电器管理规程进行操作，不准随意拆除和更改。

（十一）设备存在不安全因素导致的伤亡事故

2001 年 9 月 19 日，江苏省某船舶修理厂起重班，在将维修好的船舶放下水时，由于移动船台与液压千斤顶之间存在着不安全因素，导致一名职工被压在船底。该职工被救出后，经抢救无效死亡。

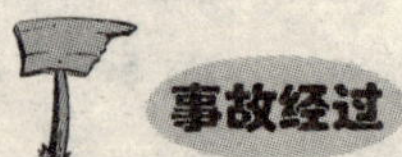

9 月 19 日下午 3 时许，江苏省某船舶修理厂厂长安排起重班将轨道南场地已经维修好的船舶放下水。起重班班长刘某接受任务后，对人员进行了分工，孙某、夏某、周某被安排在船的左侧，液压千斤顶的操作由周某负责。刘某、周某、赵某在船的右侧，刘某在船上系钢丝缆。4 时许，周某将液压千斤顶开启，当千斤顶升至 260 毫米时（实测），众人将船底墩子撤掉，垫在移动船台上，刚摆上一半（约 4 时 20 分），船底突然发出一声巨响，船体猛然下沉，把正在右后侧船底下抽墩子的赵某压在船底。现场人员急忙进行抢救，经过努力，约 15 分钟后才将船顶起，救出赵某。赵某被送往医院后经抢救无效死亡。

事故原因分析

造成这起事故的主要原因是：移动船台与液压千斤顶之间存在着不安全因素（无固定连接装置）。在使用前，没有及时清理千斤顶框架内的黄沙层（旧船喷沙除锈遗留），使千斤顶底部灌进不均匀的黄沙，造成底部东高西低，产生倾斜。当液压千斤顶在运行中承受一定载荷时，由于力的中心偏移，使千斤顶整体弹出，船体突然下沉。

造成这起事故的次要原因：一是船体中心与移动船台中心偏差约 180 毫米，有失平衡（据调查，职工平时操作全凭经验，无具体规范标准）；二是液压千斤顶圆盘上部顶板不规则，厚度不均，千斤顶在承受压力时，因上部压力分布不均，产生倾斜；三是职工安全意识不强，在被调查的 5 人中，大部分不识字，连最基本的操作安全要领都不大清楚；四是现场指挥人员工作不到位。

事故教训

事故之后，经调查组调查分析，认为之所以发生事故，主要是因为移动船台在设计中存在着不安全因素，存在较大事故隐患。调查组认为造船厂对此应承担不可推卸的责任。原因是，造船厂所制定的起重工职责与移动船台操作规程的范围、措施过于狭窄，使操作工不能全面了解在操作中应执行的有关安全技术要求。此外，职工安全意识淡薄。起重工属于特种作业工种，操作工应经过严格的培训、考核，持证上岗，而船厂起重工却无一人经过培训、考核，持证上岗。

（十二）吊具老化吊物滑脱导致的人员伤亡事故

2001 年 7 月 3 日，某工程建设公司一车间在 800 吨压力机上压制 ϕ762 抗冰隔水套管套节，参加作业的人员在起吊钢板时，吊卡突然滑脱，钢板落下，将赵某压伤。最终，赵某经抢救无效死亡。

事故经过

7 月 3 日 15 时 30 分，某工程建设公司一车间在 800 吨压力机上压制 ϕ762 抗冰隔水套管套节，参加作业的有王某、欧阳某、赵某、常某 4 人。常某为机械手，在压制第三块钢板（板材尺寸为 2 000 毫米×1 050 毫米，重约 410 千克）时，王某在板的北侧，欧阳某在南侧，赵某在西侧中间位置。当起重量为 2 吨的自锁吊卡卡着钢板起升到 1.8 米时，三人同时用手将钢板往胎具上推。就在钢板接近胎具时，吊卡突然滑脱，钢板落下，将赵某压在底部。现场人员急忙将赵某救出，并送往医院，但最终赵某经抢救无效死亡。

事故原因分析

造成这起事故的直接原因是：吊具老化，卡齿部分磨损。而赵某违反设备安全技术规程，站在钢板对面推板（应站在钢板端面两侧推板），则是导致事故发生的主要原因。施工机具落后，用压力机的附吊将钢板送到胎具上压头，并由人工推运，也是导致事故发生的一个重要原因。

事故教训

机械设备都有一定的使用期限。到达使用期限或者虽然没有到达使用期限但是存在许多问题，以致影响安全使用的机械设备，就要按照规定做报废处理。

某工程建设公司在事故之后认真吸取教训，采取了积极的防范措施：一是严格执行国家《特种设备安全监察条例》，对在用特种设备进行经常性维护保养，并定期自行检查；二是开展安全技术攻关活动，提高设备本质化安全水平；三是加强安全教育和安全培训，增强岗位职工自我防护意识。

（十三）检查维修不及时导致的减速器坠落事故

2001 年 2 月 12 日，某石油管理局一台单梁桥式起重机在正常的起重作业过程中，电动葫芦上的减速器发生故障，突然坠落，所幸未造成人员伤亡。

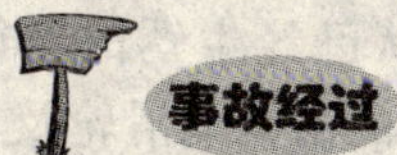

2 月 12 日上午 10 时左右，某石油管理局一台起升高度为 24 米的 5 吨单梁桥式起重机，在正常的起重作业过程中，电动葫芦上的减速器发生故障，突然坠落地面摔得粉碎。值得庆幸的是，由于作业现场无人，司索员距离较远，没有造成人员伤亡。

事故发生后，经现场勘察发现：

（1）吊钩停在 22.5 米处的高度，卷筒上的钢丝绳杂乱，在卷筒与减速器凹槽间隙内侧乱绳达 10 余圈，有明显的新挤压变形现象；在电动机风扇侧的卷筒上绕有钢丝绳 10 余圈，其余则杂乱且相互挤压地缠绕在卷筒上；导绳器已损坏，其出绳口已被扭向卷筒内侧，已有数十圈钢丝绳从导绳器出绳口处脱出。

（2）减速器已从 24 米的高空坠落到地面上，摔得粉碎。但从电动葫芦上残余的减速器外壳来看，减速器外壳与卷筒连接的螺栓有两个被拉断，其余的则丝扣滑丝，螺母脱落。

（3）卷筒外壳近电动机风扇端底部有一凹痕，凹陷部位已有锈迹。上升限位器的拉杆脱落，上升限位器失灵。

（4）吊钩动滑轮严重破损，滑轮的外壳被撕破。

事故原因分析

综合事故现场情况来看，在这起电动葫芦减速器坠落事故发生之前，这台起重机一定还发生过冲顶乱绳等事故，损坏了上升限位器及导绳器。这点可以从已经生锈的卷筒凹痕、脱落的上升限位器拉杆、破损严重的吊钩动滑轮及其外壳看出。这些问题没有得到及时整改，为减速器坠落事故的发生埋下了极大的隐患。

在发生冲顶事故之后，该设备未得到修理而仍然继续使用。此间又出现过斜吊或重物摆动等违规操作，致使导绳器被损坏，出现乱绳。乱绳被卷入减速器与卷筒连接处的凹槽内，随着吊钩的上升，乱绳已是无规律地在卷筒上缠绕，凹槽内钢丝绳越缠越多，越多越乱，相互挤压。由于减速器与卷筒连接处凹槽的空间十分有限，钢丝绳即对减速器产生了一个极大的侧压力。随着外侧压力不断增大，造成减速器与卷筒的连接螺栓断裂或滑丝，减速器与电动机和卷筒连接的花键脱开，最终导致减速器的坠落。

经调查发现，这台起重机是在生产厂家技术人员指导下，由搞土建工程的队伍进行安装的。在安装完成后，既未经石油管理局检测站检测，也没有取得省主管部门发的起重机械安全使用许可证，属于无证运行。使用单位的操作人员没有接受过相关的安全技术培训，也没有取得操作证，操作人员不固定。操作人员和设备管理人员对设备的维修检查力度不够，在发生冲顶事故之后，未及时对设备进行维修，而是让设备带病运行，而且，发生事故前没有注意观察，钢丝绳缠入卷筒与减速器间时，未及时采取措施，最终酿成这一事故。因此，购置或者新装起重机单位，应按照起重机安全管理使用的有关规定，购买正规厂家生产的产品，并由具有专业安装资质的队伍进行安装，安装之后则必须经过有关部门检测合格，才能投入使用。

（十四）制动器故障导致的磁盘坠落伤人事故

1997年6月7日，齐齐哈尔市某钢厂电炉分厂一台5吨电磁桥式起重机在完成生产任务后，将电磁吸盘悬空停在料场。后来，悬空的电磁吸盘突然坠落，将一名正在吊车下拾物的职工砸死。

6月7日，齐齐哈尔市某钢厂电炉分厂一台5吨电磁桥式起重机在完成生产任务后，司机未按安全要求将电磁吸盘

放在地面，而是将其悬空停在料场，其高度大约离地面 5 米。中午 12 时左右，铸造车间一名职工违章进入废钢料场，在拣选旧自行车把及破损的晶体管收音机机心时，悬空的电磁吸盘突然发生坠落，将这名职工砸在下面，造成该职工当场死亡。

事故原因分析

这台起重机的起升机构安装的是长行程交流电磁铁制动器，其型号为 JC3200/15，电磁铁型号为 MZS1—15。由于该起重机作业繁忙，且要求吸杂钢的电磁吸盘升降制动时要保持一定的缓冲距离，减小制动时产生的惯性力，以防止杂钢在快速大幅度振动中脱落，因此，在调整制动器间隙时，考虑到高温作业环境以及制动轮和闸皮间摩擦发热造成间隙变化等因素的影响，而保留了一定间隙。在作业完毕后，制动轮与闸皮温度随间歇时间延长而降低，其间隙也随之逐渐加大，制动力矩减小，导致松闸，致使 2.7 吨重的电磁吸盘坠落。

这起事故的发生有两个方面的原因：一是起重机司机违章操作，在作业完毕后，未按安全要求将电磁吸盘放到地面，而是悬在空中，从而留下事故隐患；二是受害人违反劳动纪律，脱离生产岗位，擅自进入起重作业危险区域。从这两个方面的原因来看，起重机司机的违章操作应该属于主要原因。这是因为从防范事故的角度讲，将 2.7 吨重的电磁吸盘悬空停放在 5 米的高度，这就是危险因素，就是事故隐患，谁也无法预测在电磁吸盘悬空停放期间会发生什么事情，但是只要电磁吸盘坠落下来，如果下面正巧有人，就会发生人员伤亡事故，如果下面正巧有物，就会发生物毁事故。同时，将电磁吸盘悬空停放，实际上对起重机司机也构成了最大的威胁，因为当司机离开起重机时或者准备发动起重机时，他距离悬空停放电磁吸盘最近，最有可能受到伤害。企业应吸取事故教训，并将其中的道理向起重机司机讲清楚。

在事故的防范对策上，应从两个方面着手：一方面从技术措施上，对这种起升制动器的制动力矩要经常调整，但调整不能过大，要使其长期保持在合适状态。如果制动器存在问题，应及时进行维修；另一方面，要求起重机司机在工作结束后，必须将电磁吸盘放到地面上或放在某一物体上，绝对禁止悬在空中。这应该作为一条严格的规定，要求起重机司机必须坚决执行，不能有丝毫的马虎。从企业的安全管理上，也要加强对人员的管理和劳动考核，强化劳动纪律，对擅自离岗和违反劳动纪律的人员予以处罚。

（十五）起重机设计存在缺陷导致的撞人事故

1997 年 5 月 25 日，江苏省某集团公司下属第二分厂天车班两名职工在天车（即起重机）上交接班时，由于天车登梯设计存在缺陷，警铃不响，新接班的天车司机起动天车后，将换班的司机挤在厂房立柱上造成死亡事故。

5 月 25 日上午，江苏省某集团公司下属第二分厂天车班天车司机裴某、计某二人，按正常班次上班。先由计某上新 5 吨天车作业。9 时 30 分，按规定由裴某换计某下车休息，两人在天车上配电柜旁碰面进行交接。交接后裴某进入驾驶室，此时他误认为计某已下到地面而贸然起动天车。天车刚一起动，裴某就感觉到天车运行有阻力，便立即停车走出驾驶室查看，发现计某被天车端部挤贴在厂房立柱上，于是，他重又返回驾驶室倒回天车，并喊人一同将计某架到地面，同时向车间、厂部报告。工厂领导闻讯立即赶往出事地点，将计某送往医院抢救，但最终，计某因伤势过重抢救无效死亡。

事故原因分析

造成这起事故的直接原因是：裴某、计某在操作中违反安全操作规程规定，在天车上交接班。造成事故的间接原因：一是天车登梯设计存在缺陷，警铃不响，又没有其他提醒装置，导致新接班司机贸然起动天车；二是安全管理工作存在漏洞，执行管理规章制度不严格，监督检查流于形式，对类似于操作工长期违章在空中交接班问题熟视无睹，制止不力，处理不严，导致少数职工安全意识淡薄。

这起事故的发生有三个方面的原因。在这三个方面的原

因中，虽然造成事故的直接原因是违反操作规程，在天车上交接班，但最应引起注意的是天车登梯设计上存在的缺陷。这种设备和技术上存在的缺陷对于事故的发生可能更为重要，因为它属于非本质安全因素。只要这种设备和技术上的缺陷存在，这种非本质安全因素就存在，就有导致事故发生的可能。因此，消除设备和技术上的缺陷，消除非本质安全因素，才能更加有效地防范事故的再次发生。

事故发生后，该厂根据生产特点和实际情况，采取了积极的防范措施：一是以健全安全生产责任制为重点，重新制定和完善了各项安全生产规章制度，并组织职工学习；二是根据厂房的实际情况，重新设计安装登梯和警铃；三是加强对特殊工种和重点岗位人员的安全培训，做到持证上岗，并重申安全操作规程，以增强职工的安全意识和遵章守纪的自觉性。

班组应对措施与讨论

随着现代工业的发展，机械设备已经广泛应用于各个领域，为减轻人们的劳动强度做出了巨大的贡献，但是，由于机械设备使用不当或管理不到位，极容易发生机械伤害事故，造成人、财、物的损失。

1. 机械伤害事故规律分析

机械伤害是指机械设备与工具引起的绞、辗、碰、割、戳、切等伤害。机械伤害的危害主要分为5类。

（1）夹伤：人的身体在机器的闭合或往返运动中被夹住所造成的伤害。在有些情况下，肢体被卷进闭合运动的部件中时，会发生夹伤。例如，在使用抓夹工具不当时，会夹伤手指。

（2）撞伤：人的身体受到机器的运动部件的撞击时，会造成伤害。

（3）接触伤害：人体接触到机器锋利的或锉状的表面时所造成的伤害。另外，接触高温或带电部件，也会造成伤害。

（4）卷动伤害：头发、耳环、衣物等卷入机器的运动部件中所造成的伤害。

（5）射伤：在机器运转时，因机器部件或工件被抛出而造成的伤害。例如，细渣、熔滴或机器部件的碎片抛出所造成的伤害。

某机械加工企业，通过对50例机械伤害事故的分析，发现：因检修、检查机械中忽视安全措施而造成事故的约占29.63%；因缺乏机械防护装置及作业人员未按要求穿戴防护用品而造成事故的约占24.07%；因在机械运转中进行清理积料、捅卡料、上皮带蜡等作业而造成事故的约占14.82%；因不可预见的人的不安全行为而造成事故的约占14.82%；因机械设备质量不合格，运行中平衡失控或飞出物料而造成事故的约占9.26%；因未与操作人员联系，盲目接触机械运转部位而造成事故的约占7.40%。

2. 控制物的不安全因素

凡是具有危险的机械设备，当无可靠的防护设施及控制设施时，就会形成物的不安全因素。控制物的不安全因素就是要及时控制或消除设备自身的安全隐患。实施先进的安全系统管理，通过安全预评价手段对可能发生的事故进行预测，并对机械设备中容易发生事故的环节进行技术改造，是常用的消除物的不安全的方法。

按照控制方式或作用原理对机器安全装置进行分类，常用的类型主要有：

（1）固定安全装置。在可能的情况下，应该通过设计，设置防止接触机器危险部件的固定的安全装置。装置应能自动地满足机械设备运行的环境及过程条件。装置的有效性取决于其固定的方法和开口的尺寸，以及在其开启后距危险点应有足够的距离。这些应严格遵照国家的有关标准。

（2）联锁安全装置。联锁安全装置的作用原理是，只有当安全装置关合时，机械设备才能运转；而只有当机械设备的危险部件停止运动时，安全装置才能开启。联锁安全装置可采取机械的、电气的、液压的、气动的或组合的形式。

（3）控制安全装置。如果机械设备的运动可以很迅速地停止，就可以使用控制装置。控制装置的作用原理是，只有当控制装置完全闭合时，机械设备才能开动；当操作者接通控制装置后，机械设备的运行程序才开始工作；如果控制装置断开，机械设备的运动就会迅速停止，或者反转。通常，在一个控制系统中，控制装置在机械设备运转时，不会锁定在闭合的状态。

（4）自动安全装置。自动安全装置的作用是，把任何暴露在危险中的人体部分从危险区域中移开。它仅能使用在有足够的时间来完成这样的动作而不会导致伤害的环境下。因此，此装置仅限于在低速运转的机械设备上使用。

（5）隔离安全装置。隔离安全装置是一种阻止身体任何部分靠近危险区域的设施，如固定的转栏等。

（6）可调安全装置。在无法实现对危险区域进行隔离的情况下，可以使用可调安全装置（具有可以调节部分的固定安全装置）。这些安全装置所起到的保护作用在很大程度上有赖于操作者的使用和对安全装置正确的调节以及合理的维护。

（7）自动调节安全装置。自动调节安全装置因工件的运动而自动开启，当操作者操作完毕后，自动调节安全装置又回到关闭的状态。

（8）跳闸安全装置。跳闸安全装置的作用是，在操作到危险点之前，自动使机械设备停止或反向运动。该类装置依赖于敏感的跳闸机构，同时也有赖于机械设备能够迅速停止运动（使用刹车装置可以做到这一点）。

（9）双手控制安全装置。这种装置迫使操作者要用两只手来操纵控制器。但是，它仅能对操作者而不能对其他有可能靠近危险区域的人提供保护。因此，还要设置能为所有的人提供保护的安全装置。当使用这类装置时，其 2 个控制之间应有适当的距离，机械设备也应当在 2 个控制开关都开启后才能运转，而且控制系统需要在机械设备每次停止运转后重新启动。

3. 控制过程的不安全因素

凡是生产作业中由于违反科学规律，使能量失控造成的事故过程，应确认为过程的不安全因素。控制过程的不安全因素，就是要使作业中的各个活动顺序符合安全的要求。在防范机械伤害事故中，要对过程的不安全因素从三个方面进行控制。

（1）要控制检修、检查机械设备的不安全过程。只要进行设备检修、检查，就必须落实各项安全措施。作业现场必须要有专人进行监护，监护人必须尽到监护人的职责。检修设备时必须切断电源，同时要落实安全控制电源的措施，要防止因定时电源开关作用或临时停电等因素而误判造成事故。检修试车时，严禁人员留在机械设备内进行点车。有意外停电情况，必须将设备处理至安全状态，防止复电伤人。

（2）要控制人员接触机械部位的不安全过程。任何人员进入机械设备运行危险区域，都要严格执行防范事故的安全联系制度。事前必须与当班操作人员直接联系，经同意后在停车和有可靠的安全措施的情况下才能进入。

（3）要控制清理机械的不安全过程。必须停车进行清理积料、捅卡料、上皮带蜡等作业，并要严格执行断电挂停机警示牌制度。

4. 控制人员的不安全因素

控制人员的不安全因素，必须提高操作人员的技术和安全素质。操作人员经过专门的业务培训，考核合格后方能上岗。在作业中，操作人员必须切实严格遵守有关规定，自觉抵制作业中的不安全行为。

为了避免机械伤害事故的发生，企业的管理者要对不安全因素的物、过程、人员进行分析，制定出符合本企业的安全管理制度，从而把事故消灭在萌芽状态。

5. 检查的主要内容

(1) 检查各种设备安全运行和维修状况。要随时掌握设备在运行中有无异常现象，如运转抖动、有尖叫声等。在工作中，着重于对设备设施进行日常保养和运转观察，一旦发现有异常，应及时停机、检查和反映，决不能让设备带病工作。

(2) 检查各种设备的防护装置是否完好齐全。主要检查其接地线是否完整和牢固；保险装置是否齐全和符合规格；电源连线是否良好和无脱落；电动机防尘罩等是否完好无损；电动机和机器之间的连接器是否牢固和有无防护罩装置等。

(3) 检查各类设备上的安全装置是否安全可靠。主要检查设备设施上的过载保险装置、行程限位保险装置、安全信号装置、顺序动作安全联锁、保险装置和意外事故联锁保险装置、制动装置等是否安全可靠；外露的旋转部件是否有防护罩隔离；操作的设备和容易伤人的大型机床运动部位是否有防护栏杆；危险性高的部位的防护装置是否有顺序联锁结构等。

(4) 检查有毒有害气体、粉尘的防护设施是否完好有效。如其吸附和排放的管道设备设施是否正常运行；有毒有害物质是否无泄漏；有关储罐设施是否牢固可靠；通风装置是否正常运行，系统有无破裂、泄漏，效果是否达到设计参数要求；除尘设备设施的维护保养状况如何，是否有磨损、腐蚀、漏气、漏灰等二次扬尘污染现象，是否有堵塞、排尘口不畅通等除尘效率降低的现象等。

6. 设备使用维护经验

(1) 设备使用维护经验之一："三好"设备维护使用经验。

1) 管好。操作者对设备负有保管责任，未经领导同意，不许他人动用。设备的附件、仪器、仪表、工具、安全防护装置必须保持完整无损。设备运转时不得离开岗位，离开时必须停车断电，若设备发生事故，则立即停车断电、保护现场，及时、真实地上报事故情况。

2) 用好。严格执行操作规程，精心爱护设备，不准设备带病运转，禁止超负荷使用设备。

3) 养好。操作者必须按照保养规定，对设备进行清洁、润滑、调整、紧固，保持设备性能良好。

(2) 设备使用维护经验之二："四会"设备维护使用经验。

1) 会使用。操作者要熟悉设备结构、性能、传动原理、功能范围，会正确选用速度，控制电压、电流、温度、流量、流速、压力、振幅和效率，严格执行安全操作规程，操作熟练，操作动作正确、规范。

2) 会维护。操作者要掌握设备的维护方法、维护要点，能准确、及时、正确地做好维修保养工作，能保持润滑油质量清洁，做到定时、定点、定质、定量润滑，保证油路畅通。

3) 会检查。操作者必须熟知设备开动前和使用后的检查项目内容，正确进行检查操作。设备运行时，应随时观察设备各部位运转情况，通过看、听、摸、嗅的感觉和机装仪表判断设备运转状态，分析并查明异常产生的原因。会使用检查工具和仪器检查、检测设备，并能进行规程规定的部分解体检修工作。

4）会排除故障。操作者能正确分析和判断一般常见故障，并能够排除故障；能按设备技术性能，掌握设备磨损情况，鉴定零部件损坏情况；能按技术质量要求，进行一般零件的更换工作。排除不了的疑难故障，应该及时报检、报修。

（3）设备使用维护经验之三："四、五、五"设备维护使用经验。

1）四项要求。包括：

①整齐。工具、工件放置整齐，安全防护装置齐全，线路管道完整。

②清洁。设备清洁，环境干净，各滑动面无油污、无碰伤。

③润滑。按时加油换油，油质符合要求，油壶、油枪、油杯齐全，油毡、油线、油标清洁，油路畅通。

④安全。合理使用，精心维护保养，及时排除故障及一切危险因素，预防事故的发生。

2）五项纪律。包括：

①凭操作证使用设备，遵守安全操作规程。

②保持设备整洁，润滑良好。

③严格执行交接班制度。

④随机附件、工具、文件齐全。

⑤发生故障，立即排除或报告。

3）润滑五定。包括：

①定点。按规定的加油点加油。

②定时。按规定的时间加油。

③定质。按规定的牌号加油。

④定量。按规定的油量加油。

⑤定人。由操作者和设备检修保养者加油。

（4）设备使用维护经验之四："三勤"设备维护使用经验。

1）勤检查。包括：

①每班上班前都要检查上一班的生产记录本以及设备点检表中是否有设备损坏或维修的记录，开机后要特别留意维修过的部位运转及温升是否正常。

②在给温控设备预加热时，要检查温控设备各段的温升是否正常，并用温度计校对湿度的显示是否准确，是否出现异常波动。

③开机前要空车运转一段时间，以便检查机车的运转是否正常，要注意观察其运转时有无异常的声音，各传动部位的连接是否可靠，机械设备的操纵是否灵敏有效。

④在生产过程中，操作人员对运转中的机械设备要努力做到"一看、二摸、三听"。所谓"一看"就是要认真观察设备的运转情况，"二摸"就是要经常用手去摸各个铜套以及各个传动部位的温升是否正常，"三听"就是要用耳朵听一听机器的运转声音是否正常，如果有异常响声，要立即报告班长并寻找出声音的来源。

⑤班组长在下班后要检查机械设备的卫生情况以及易损

部位的磨损情况。

2）勤加油。包括：

①操作工每天开机前都要拧一下油杯，为铜套加注黄油。

②每班都要为齿轮等摩擦部位加注机油。

③每周都要先把齿轮上的油污擦拭干净，然后再重新加油，并把各个油杯的黄油加满，同时检查油路是否畅通。

④除此之外，对机械设备的加油润滑要严格按“五定”的要求来进行，即要定期、定量、定质、定人、定点。

3）勤打扫。包括：

①每天班前和班后都要把机械设备打扫干净，同时要用拖把把整个工作间地板拖一遍。

②在生产过程中，如果出现故障，检修排除故障后要先把机械设备以及地板上的杂物清除干净，然后才能重新启动设备。

③每周都要进行一次中扫除，以清除机械设备以及工作间里的卫生死角；每月都要进行一次大扫除，把垫在脚下的木板都翻起来进行清扫，同时用水清洗工作间。

“三勤”工作应列入班组的规章制度中，并着重抓好落实工作，加大考核力度，建立起完善、规范的检查和奖惩机制，同时特别要注重这些制度的可操作性，使班组的“三勤”工作成为规范化、制度化的工作。此外，“三勤”工作还需要不断地根据实际生产情况去完善，使之在安全生产工作中发挥出更大的作用。

班组讨论话题

- 当你使用的机械设备发生一般故障时，你准备怎么办？你是否报告班组长？你是否准备自己动手检修排除故障？
- 当机械设备发生一般故障而影响到生产作业时，你是排除故障之后再进行生产作业，还是让机械设备带病运转？
- 当你看到别人操作的设备存在问题时，你会不会提醒他？当你操作的设备存在问题，别人提醒你时，你会认为他多事还是会感激他？
- 作为班组长，你会在班组安全活动时安排有关机械设备知识的学习吗？对机械设备的管理，你会采取什么样的方式或方法？

第二部分 电气设备管理存在问题导致的事故

随着工业生产的发展，越来越多的电气设备应用于生产劳动，为减轻人们的劳动强度，提高工效做出了很大的贡献。但是，如果对这些电气设备使用不当或管理不善，往往也会发生电击、电伤或火灾、爆炸等电气灾害事故，因而造成人、财、物的损失。安全、高效地使用好电气设备是企业以及班组安全生产管理的重要环节。

1. 安全装置要灵敏可靠

要安全使用好电气设备，离不开安全装置的保护。电气设备的安全装置是安全使用电气设备、防止电气设备事故发生的安全保护装置，如熔断器、断路器等。电气设备的安全装置是安全生产的“保护神”，在日常工作中，由于安全装置失灵而发生的事故并不少见。因此，安全装置应时刻保持灵敏可靠，否则很容易引发事故。

（1）熔断器。熔断器一般安装在电网和电气线路上，是一种最基本的安全装置。当电气设备发生短路或超负荷工作时，熔断器的熔丝会自行熔断，切断电路而避免电气设备事故或人员伤亡事故的发生。熔断器的熔丝熔断后，仍应按原规格要求配置，而不能用其他金属丝或超规格的熔丝代替，否则就起不到安全保护的作用，易发生事故。

（2）断路器。断路器又称过载保护开关，是当电路过载、超过允许极限或短路时，能自动断开电流回路的安全装置。断路器如发生拉力瓷瓶和支持瓷瓶等受损破裂或者同时发生接地、筒体着火爆炸、严重漏泄、开关跳跃振动、套管端子熔断或熔化、出入侧套管炸裂、着火或连续发生较大的火花等故障时，应立即采取紧急措施，进行维修或更换处理。

（3）漏电保护器。漏电保护器是防止电气设备或线路意外漏电所设置的一种保护开关装置。当电气设备发生漏电时，该开关装置能够迅速切断电源，以防止机壳、机架意外带电危及人员安全。该装置应与设备或线路的额定值相匹配，并能灵敏地正确动作。漏电保护器通常安装在导电性强的铁板、电架、水、液体、湿润物等场所和对地电压高于150伏的可移动电路及电气设备之中。

（4）安全电压。安全电压是为防止触电事故发生而采用的特定电源供电的电压系列。我国规定安全电压的额定值等级为42伏、36伏、12伏、6伏，一般采用的安全电压为36伏和12伏，如手提照明灯、携带式电动工具等。若无特殊安全结构和安全措施，应采取36伏的安全电压。在工作地点狭窄、行动困难以及周围有大面积接地体等环境中，如金属容器、隧道、矿井内，手提照明灯应采用12伏的安全电压。

（5）屏护。屏护是防止触电、电弧短路以及电弧灼伤的有效保护措施。在有些电气设备不便于绝缘或者强度低而不能保证安全作业时，就要采取遮蔽、护挡等措施，如使用遮杆、护罩、箱匣等。遮杆（又称遮栏）是用来防止作业人员无意碰到或过分接近带电体，在安全距离不足处进行操作的屏护装置。遮杆一般用干燥的木头、橡胶或其他坚韧的绝缘材料制作，高度不得低于 1.7 米，下部离地不得超过 10 厘米。遮杆与带电体之间，根据电压的高低，应留有相应的安全距离，如因工作特殊需要，可以用高度绝缘性能的遮护板，部分地接触被遮护的带电体。所有使用遮杆的部位，都要悬挂“高压危险”或“有电危险”的警示、警告标志，表示有电切勿靠近，并采用灯光或音响等信号装置以及当人员越过屏护靠近带电体时，可使屏护的带电体自动切断电源的联锁装置，以保证安全。屏护的材料应有足够的机械强度和良好的耐燃性能，金属材料制成的屏护要注意绝缘和可靠的接地或接零。

（6）绝缘。采用不导电的气体、液体和固体将带电体隔离或包屏起来，称为绝缘。绝缘是保证电气设备线路安全运行，防止触电事故发生的重要措施。在一般情况下，绝缘的电阻不应低于 0.5 兆欧；运行中的低压线路与设备的绝缘强度按照电力设备交接试验规程的规定：1 伏工作电压相应地有不低于 11 欧的绝缘电阻；在潮湿场合下的线路与设备的绝缘强度要求 1 伏工作电压相应地有不低于 500 欧的绝缘电阻；控制线路的绝缘电阻一般不应低于 1 兆欧；运行中的电缆的绝缘电阻见表 2—1。

表 2—1　　运行中的电缆的绝缘电阻

额定电压（千伏）	3	6～10	20～35
绝缘电阻（兆欧）	300～750	400～700	600～1 500

（7）保护接地与接零。保护接地与接零是防止电气设备漏电或意外带电发生触电事故的重要防范措施。接地是在发生故障的情况下，对可能出现危险的对地电压的金属部分同地连接起来的一种防护措施；接零则是将电气设备正常状态下不带电的金属部分与电网零线连接起来的一种保护措施。接地应满足安全要求，连接必须牢靠，入地深度不得小于 0.6 米，并与建筑物保持 1.5 米以上的距离。

2. 规章制度要健全落实

要安全高效地使用好电气设备，除了要有完好的电气设备和灵敏可靠的安全装置外，还要制定相应的安全规程和制度，并在日常工作中认真贯彻实施。

（1）要实施工作票制度。在进行安装、维修、更换电气设备等作业时，要实施工作票制度。工作票上要写明工作任务、安全措施、安全负责人、开工和完工时间等内容。在作业前，要提前计划布置好，作业中按计划有序进行，以免作业时忙中出错。在执行工作票制度时，还应规定工作票签发人、工作负责人、工作许可人以及各作业人员在安装、维修、更换电气设备等时应负的安全责任。

（2）要落实作业监护制度。在电气设备上进行检修或在 1 千伏以上的电气设备上进行停送电倒闸操作时，至少应有 2 人一起作业，其中 1 人为监护人。监护的目的是防止因作业人员在工作中麻痹大意，或对设备情况不熟悉、不了解，错跑工作位置而发生意外，并随时提醒作业人员遵守安全作业的有关规定，而且在发生事故时，能迅速采取抢救措施，及时消除或控制事故，不使事故扩大。

（3）要执行倒闸操作制度。倒闸操作时要执行倒闸操作制度，使操作者事先了解操作内容和操作步骤，以保证操作时不颠倒、不遗漏。执行倒闸操作时，一定要有操作票，事前详细计划、周密部署，操作中按序进行，避免发生带负荷拉、合刀闸，引起不应有的设备损坏和伤人事故。

（4）要落实安全检查制度。电气设备在使用过程中，由于种种原因经常会出现这样或那样的问题，经常检查能及时发现问题并解决问题。

（5）实行持证上岗制度。电气设备安装维修和操作使用岗位的特殊工种人员，一定要经国家承认的培训教育机构培训取证，做到持证上岗，并定期复检；其他和电气设备相关的工种，其操作人员也应根据本岗位电气设备的特点，接受相应的岗位安全知识教育和业务技术培训，并经考试合格后上岗。未经培训教育和考试不合格者，禁止上岗操作。

（6）要执行安全用电制度。用电要申请，安装维修找电工；任何人不准玩弄电气设备和开关；非电工不准拆装、修理电气设备和用具；不准私拉乱接电气设备；不准私用电热设备和灯泡取暖；不准使用绝缘损坏的电气设备；不准擅自用水冲洗电气设备；熔丝不准用其他的金属丝替代和调换容量不符的熔丝；不准擅自移动电气设备的安全标志、遮栏等安全设施；不办手续，不准打桩动土，以防损坏地下电缆等。

3. 严格执行检修维护制度和措施

在电气设备的检修维护工作中，要认真检查落实事前各项防范措施，并保障安全有效，以防止事故的发生。

（1）停电。对检修维护部位所有能够送电的线路，要全部切断，并落实好防止误合闸的措施，每处至少要有 1 个明显的断开点；对于多回路的线路，要注意防止其他方面突然来电，特别要注意防止低压方面的反馈电。

（2）验电。作业前要对已被停电的线路进行验电，以防漏电，验电时应按电压等级选用相适应的验电器。

（3）放电。将待检修设备上残存的静电放掉，放电时应使用专用的导线，用绝缘棒或开关操作，一般应放电 10 分钟左右，注意线与地之间、线与线之间均应放电。电容器和电缆的残存电荷较多，放电时最好有专门的放电设备。

（4）装设临时接地线。为防止意外送电和感应电，应在设备的检修部分，装设必要的临时性接地线，接地线在装设时，应先接接地的一端，后接被修设备的一端；拆除时，按反顺序进行，先拆被检修设备的一端，后拆接地的一端。接地线应用截面不小于 25 平方毫米的软铜线制作。

（5）挂好标示牌。在被检修设备的断电处，应挂上“有人工作，禁止合闸”的标示牌；在临近带电部分的遮栏上，应挂上“止步，高压危险”“站住，生命危险”的警示牌等，以告诫他人注意安全。

（6）装设遮栏。部分电气设备停电检修时，应将带电部分遮栏起来，使检修人员与带电导体之间保持一定的安全距离。电压在 10 千伏以下时，设遮栏，检修人员与带电导体之间应保持 0.35 米的距离，不设遮栏，则应保持 0.7 米以上的距离；电压为 35 千伏时，设遮栏，检修人员与带电导体之间应保持 0.6 米的距离，不设遮栏，则应保持 1 米的距离；电压为 110 千伏时，设遮栏与不设遮栏，检修人员与带电导体之间均应保持 1.5 米的距离；电压为 220 千伏时，设遮栏与不设遮栏，检修人员与带电导体之间均应保持 3 米的距离。

（一）变电房无安全防护装置造成的儿童触电事故

1995 年 12 月 25 日上午，贵州省某实业有限公司变电房，因安全管理上疏于防范，存在漏洞，造成一名 5 岁儿童严重触电烧伤事故。

12 月 25 日上午 11 时许，贵州省某实业有限公司变电房，由于地理位置偏僻，且疏于管理，发生一起严重的意外伤害事故。一名 5 岁小男孩陈某进入无门、无安全防护装置的变电房内玩耍时，触碰到安装在地面上的高压 100 千伏安的变压器，因电流过大，陈某右手当即被烧焦（后截肢），肠子外溢，头部、小腹、生殖器等部位严重烧伤。

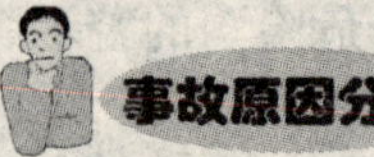

事故发生后，经过现场调查发现，该事故属于变电房无门、无安全防护装置、疏于管理造成的事故。变压器权属单位贵州省某实业有限公司应负主要责任，支付伤者全部医疗

费用；伤者监护人监护不善，应负次要责任，承担伤者的生活护理义务。

企业安全管理方面存在的漏洞，使一个天真无邪的5岁小男孩遭此厄运，成为终身残疾，这无论对于社会还是家庭以及本人，都是极为不幸的。供变电、用电单位应认真吸取事故教训，引以为戒，切实加强对电力设备的管理，防止此类事故的再次发生。实际上，预防此类事故的发生并非难事，只要安装房门，门上加锁，经常检查，事故就有可能避免，企业本身也能免受经济损失。在防范措施上，企业应针对安全管理上的死角进行检查，检查的重点应放在有可能造成的事故上，对检查出来的问题，应及时予以解决，不要心存侥幸、麻痹大意，否则在事故发生后后悔就来不及了。

（二）防爆开关内部放电引发的燃爆伤亡事故

1998年5月28日，江苏省某生产企业在生产过程中，由于防爆开关内部放电，产生明火，引燃生产现场空气中的可燃气体导致爆炸，造成4人死亡、数人受伤的重大事故。

1997年1月，江苏省某生产企业，为了防止危险作业场所发生火灾爆炸事故，在新投产的生产场所特地安装了防爆开关。

1998年5月28日14时左右，在企业的正常生产过程中，生产现场突然发生防爆开关内部放电，放电所产生的明火引燃生产现场空气中的可燃气体而导致爆炸，造成4人死亡、数人受伤的重大事故。

事故原因分析

经调查，该生产场所投产有一年多的时间，生产一直正常。据现场解剖该防爆开关发现：开关内部固定在胶木之间的一个电触头与连接的导线（相线）整体脱离固定物，与接地良好的开关金属外壳发生放电。线端放电的电疤痕清晰，金属外壳（铸铝）放电部位被击穿，留有不规则的孔洞。与之相对应的安装开关座的混凝土墙面留有熔融金属沫飞溅的印痕。专家一致认定，该防爆开关即是该起燃爆事故的罪魁。这个结论与目击者的反映相吻合。

事故教训

经分析，防爆开关不防爆的原因主要有：

（1）开关长时间过载、超负荷运行，致使电触头过热，开关的绝缘胶木老化、劣化。由于操作、振动或撞击等多种因素作用，带电触头从固定胶木的间隙中滑出，这时带电线头与接地良好的开关外壳即刻放电，壳体被击穿，明火蹿出，直接把空气中的可燃气体引燃，从而造成爆炸事故。

（2）可能原开关的质量就存在缺陷，电触头与胶木固定不良或绝缘胶木电性能不合格，发生漏电造成胶木老化、劣化，导致事故发生。

（3）由于工作环境恶劣，腐蚀性气体渗入开关内部，污损开关的绝缘胶木，致使开关的漏电增大，促使胶木损坏，酿成事故。现场实物检查证实开关的胶木劣化严重。

从上述分析来看，这三种情况都有可能造成带电触头从胶木中滑脱，与金属外壳放电，从而酿成重大事故。从现场检查中，还发现电气过载保护失灵，这也是造成这起事故的又一个重要原因。因此，使用防爆开关，要明确防爆开关管理失控和维护不当时也会不防爆。

事故之后所采取的防范措施：一是购买合格生产厂家的合格产品；二是运行中的防爆开关应加强维护保养和例行检查，根据定期检查结果和经验制定适时更换的制度，纠正当前普遍存在的“坏时方修”的传统陋习；三是严格防爆电器的过载保护、失压保护。

（三）电动机电源线绝缘老化引发的火灾事故

1995 年 5 月 3 日下午，浙江省某皮鞋厂在生产过程中，由于电动机内的电源线绝缘老化，发生短路而产生火花，引燃易燃物而导致火灾，造成严重的经济损失。

5 月 3 日 15 时左右，浙江省某皮鞋厂在生产过程中，烘干车间女工张某准备开启烘干机以便取鞋，在合上电闸刀的瞬间看到亮光一闪，紧接着发现离机器 1 米左右的胶盆内胶起火（胶中含有 60％的汽油）。起火后，现场职工奋力扑救，但由于车间内的可燃物多，火势已无法控制，并很快蔓延至全车间，现场职工立刻拨打 119 报警。县消防中队接到报警后，即刻出动两辆消防车、12 名指战员，于 15 时 40 分赶到火场，他们利用两台机动泵吸水，出四支水枪，采用堵截包围、重点突破的战术，同时组织群众进行破拆，大火于 17 时 20 分被扑灭。

该皮鞋厂主要以生产儿童胶鞋为主，厂房建筑为砖木结构。这起火灾烧毁建筑面积为 996 平方米，造成直接经济损失达 112.7 万元。

事故原因分析

事故之后经过勘察，认定造成这起火灾事故的直接原因是电动机内的电源线绝缘老化，发生短路而产生火花，引燃胶盆内的胶。造成事故的间接原因是，该厂在生产中使用易燃易爆危险化学物品，而电气设备却没有按照规定采用防爆电气设备，而是采用普通型电气设备，又没有经消防监督机关审核许可，从而导致火灾事故的发生。

事故教训

从有关的统计来看，在各种火灾和爆炸事故中，由于电气设备、电气线路原因导致的火灾爆炸事故在所有火灾事故中占有很大的比例，仅次于明火所引起的火灾爆炸事故，居第二位。发生电气火灾及爆炸事故，要具备两个条件：一是具有爆炸性气体、粉尘及可燃物质的环境；二是由电气原因产生的引燃条件。从安全生产管理的角度讲，要预防电气火灾及爆炸事故，一方面需要对作业环境进行治理，另一方面需要控制由电气原因产生的引燃条件。两个方面相比较，应重点预防由于电气方面产生的引燃条件。这是因为，作业环境总是处于不断的变化之中，由于各种因素的影响，有时很难保证作业环境处于安全状态。因此，对于有可能引发火灾爆炸事故的作业环境，应选用防爆电气设备，定期对电气线路进行检查、维修。如果对电气方面产生的引燃条件进行了有效控制，同时对作业环境进行相应的治理，那么就会降低火灾爆炸事故发生的可能性，从而保证安全生产。该企业应接受火灾事故教训，在使用易燃易爆物品的作业场所，选用防爆电气设备，并且定期对电气线路进行检查、维修或更换。

（四）电度表发热引燃配电板造成的火灾事故

1993 年 3 月 1 日凌晨 2 时许，浙江省温州市某中外合资网球生产公司，因电度表内部发热引燃配电板引起火灾，由于夜间值班人员既不会使用灭火器，也不会打火警电话报警，致使火势扩大，造成直接经济损失 102 万元。

3 月 1 日凌晨 2 时许，浙江省温州市某中外合资网球生产公司夜间值班人员听见厂内有异常声音即去查看，发现织带间东北角木门边起火。夜间值班人员是一名老人，遇到这一突然情况，一时束手无策，既不会使用灭火器，也不会打火警电话报警，只知跑到距厂最近的本厂职工家中叫人。等该职工赶到工厂时，织带间大火已冲出屋顶。这名职工先用灭火器进行扑救，没能扑灭，见火越烧越大，马上跑到门卫室去打电话报警，然后把车间内 2 桶汽油、2 桶甲基丙酸搬到厂外安全处。市消防支队直属四中队于 2 时 12 分接到报警，于 6 时 20 分将火扑灭。

这起火灾事故造成直接经济损失 102 万元，其中房屋损失 2.2 万元，进口橡胶、机械设备损失 100 万元。

事故原因分析

事故之后经调查分析，确认造成这起火灾事故的直接原因是：电度表内部发热，引燃配电板。造成事故的间接原因：一是厂房建筑耐火等级低，不适合化工生产；二是厂房无防火间距，整个生产车间和仓库毗连，导致织带间起火影响仓库；三是雇用老人夜间值班遇火情时束手无策，使小火变成了大火；四是日常管理不严，职工下班后未切断全厂电源，留下了火险隐患。

事故教训

一起本来可以尽早扑灭的火灾，却酿成一场损失惨重的大火，还发生在一家中外合资企业，有些令人不可思议。所以，不论什么企业，都需要加强防火安全管理，预防火灾事故的发生。企业在防火安全管理方面需要做到：

（1）实行防火安全责任制，确定本企业和所属各部门、岗位的防火安全责任人。防火工作实践证明，一个企业只有防火安全责任人明确、职责清楚，防火的具体工作才会有人抓、有人管，各项措施才能得到落实，才会及时发现和消除火险隐患。

（2）针对本企业的特点对职工进行防火宣传教育。企业应利用墙报、广播等形式，采取举办防火安全知识讲座、开展防火安全竞赛等方法，对职工进行经常性的防火法规和防火知识宣传教育，以增强职工的防火安全意识，提高职工的防火、灭火技能。

（3）组织防火检查，及时消除火灾隐患。要适时开展以查思想、查制度、查措施、查责任、查隐患为主要内容的防火安全检查，及时发现、纠正防火安全工作中存在的问题，使制度、措施、责任真正落到实处。加强夜间值班管理，不适宜聘用年龄过大的人员夜间值班，可以采取职工轮值的方式或者其他方式安排夜间值班。

（4）按照国家有关规定配置防火设施和器材、设置防火安全标志，并定期组织检测，确保防火设施和器材完好有效。

（5）保障疏散通道、安全出口畅通，并设置符合国家规定的防火安全疏散标志。疏散通道、安全出口是人员在火灾发生时逃生的主要途径。保障疏散通道、安全出口畅通，并在疏散通道、安全出口处设置疏散警示标志，这样一旦发生火灾就能引导人员迅速疏散逃生。

（五）空调器短路跳火导致的火灾伤亡事故

1994 年 6 月 21 日零点 30 分左右，山东鲁西南某煤矿供销公司招待所由于空调器短路跳火，引燃易燃物发生火灾，造成 8 人烧死、2 人烧伤。

6 月 21 日零点 30 分左右，山东鲁西南某煤矿供销公司招待所二层 5 号餐厅，由于空调器短路跳火，引燃易燃物，发生火灾。尽管火情很快就被发现，并及时进行了扑救，然而，由于一、二层门窗全部装有防盗护栏，被大火围困的人们逃生无路，造成 8 人烧死、2 人烧伤。

事故原因分析

造成这起火灾事故的直接原因是，空调器明线短路起火，引燃易燃物，导致火灾的发生。造成这起事故的间接原因：一是 1993 年空调器曾发生故障，为了排除故障，到邻县一家电视机维修部请专业人员来维修，在维修中，维修人员将原有的过流、过热装置当作可有可无的东西给拆掉了；二是该单位专职电工，用铜丝代替熔断丝装在配电盘的一个 30 安三相闸刀开关上，使配电盘失去自动保护作用；三是起火后值班保卫人员很快就闻到了烟味，并寻踪发现招待所楼内有烟，可是面对全封闭的门窗却束手无策，既未采取果断的破门措施，也没有立即报警，而是一再喊招待所值班员开门（该值班员已被烧死），后又跑到 50 米外的大门口喊人，折回来发现着火才向消防队报警，而延误了报警时间。

宾馆、饭店以及招待所的用火、用电、用气设备多，如果疏于管理极易引发火灾。这起火灾事故就是疏于管理和缺

乏知识造成的。将空调器的过流、过热装置拆除，是缺乏专业知识的表现；用铜丝取代熔断丝，则是疏于管理，因为这是明显的危险行为、违章行为，但是，该招待所却没有及时发现、及时纠正，从而埋下事故隐患。此外，宾馆、饭店以及招待所，由于装饰装修使用可燃物多，且建筑结构易产生烟气扩散效应，同时又是人员比较集中的地方，发生火灾时，许多人要通过楼梯疏散，拥塞在通道上，势必会造成秩序混乱，给疏散和救援带来困难，加之如果门窗设置防盗护栏不当，则更会增加这种困难。

在这起火灾事故中，招待所不仅把一层的门窗和二层的窗户都装上了护栏，夜间还把楼梯从里面上了锁。这样，防盗措施虽无懈可击，但却给人员逃生和消防灭火造成了极大困难。火灾发生后，被惊醒的旅客和服务人员难以逃生，绝大多数人被死死地困在里面。假设没有防盗护栏，死伤就不会这么严重。所以，宾馆、饭店以及招待所在安装防盗护栏时，既要注意防盗护栏是防盗的有效手段，同时也要注意防盗护栏也是火灾时阻止人员逃生和救火的障碍。因此，应慎用防盗护栏，切实保障消防和救援通道的畅通。

（六）配电盘连接不当灭火不利造成的火灾事故

1997 年 11 月 20 日上午 8 时许，浙江省温岭市某鞋厂，配电盘出现故障，引燃绝缘层及四周鞋革下脚料（可燃物），由于组织灭火和救援不利，火势迅速蔓延，造成 17 人死亡、1 人重伤的重大伤亡事故。

事故经过

浙江省温岭市某鞋厂属于股份合作制企业，1994 年 5 月成立，1997 年 2 月搬入现厂房，共有职工 92 人。厂房为四间三层砖混楼房，东西朝向，其中南边两间的一楼和二楼租给他人，三楼全部用作职工宿舍。三楼第二间与第三间之间原有门框没有装门作为通道，后为管理方便将通道堵死，使三楼四间从中间一分为二，分别由南北两个楼梯上下。二楼北面两间用于踏鞋帮。一楼北面两间前段放鞋机、纸箱，后段放鞋料。该厂经营者嫌白天工业用电价格高，未经电力部门批准，从外地购入两台发电机，私自安装发电，并雇用无证电工林某管理发电机。

11 月 19 日，鞋厂职工上班，至第二天凌晨 2～3 时，陆续下班回三楼睡觉。20 日上午 6 时许，经营者潘某到厂上班，并叫醒电工林某。7 点 30 分，林某启动发电机后，便离岗吃饭去了。8 时许，一楼北屋发电机房发现火情，火势迅速蔓延，并听到两声油桶爆炸声。当时厂内有 80 多名职工，其中一楼有 10 多名职工在扎鞋帮，约有 6 人在外蒸饭；二楼有 7 名职工在踏鞋帮，三楼 50 多名职工在睡觉。一楼和二楼的职工发现火情后，曾用灭火器灭火，但因灭火器离起火点较远，待取灭火器到起火点后，火势已蔓延，无法扑灭。职工曾两次想把北面两间西头一楼的卷闸门关上，将火源与厂房隔离，但因火势已蔓延无法关上。此时，一楼、二楼的职工先后逃出，三楼正在睡觉的职工中，部分惊醒后从三楼的窗口跳到邻近鞋厂二楼屋顶逃出，其中 15 人因在慌乱中来不及逃离而死亡。二楼有 2 名职工发现火情后，上三楼叫人逃离，因火势扩大，这 2 名职工来不及逃生而死亡。

这次火灾，造成 17 人死亡（其中男性 2 人，女性 15 人），1 人重伤，过火面积 500 平方米，烧毁缝纫机、粉碎机等设备和大量原料，直接财产损失 13 万元。

事故原因分析

火灾发生后，调查组人员根据火灾勘查记录以及调查访问情况等，进行分析研究，认定造成这起火灾事故的直接原因：一是配电盘 B 相输出端与市供电进户线 B 相闸刀间隙过小，且铜铝跨接，出现电弧，高温铝线熔珠掉落在市供电进户电缆橡胶绝缘层上，破坏了其绝缘性能，引起市供电进户线路短路，引燃绝缘层及四周鞋革下脚料（可燃物）燃烧成灾；二是鞋厂经营者潘某等发现火情后，没有及时组织人员向三楼睡觉的职工报警，没有采取有效的扑救措施，使火势迅速蔓延，事态扩大，在消防人员到现场后，又没有及时告诉消防人员三楼还有职工没有撤离，使三楼人员得不到救援；三是鞋厂经营者聘用无证电工林某，林某在事故当天启动发电机后，擅离岗位，致使出现火情后不能及时发现并进行处置。

造成事故的间接原因：一是鞋厂未经电力部门批准，擅自安装和使用发电机。1997 年 7 月份配电盘闸刀电线接头曾出现接头螺丝发红的事故，但却没有引起足够的重视，留下事故隐患。二是鞋厂忽视安全生产，未对职工开展安全教育，职工自救能力差，没有操作规程和应急措施，消防设施严重不足，致使发生火情后职工不能采取及时、有效的扑救措施和及时相互报警撤离现场，最终造成火势迅速蔓延，事故扩大。三是该厂集车间、仓库、宿舍“三合一”，没有采取严格有效的分隔措施，逃生通道不畅，只有一个出口，起火后迅速蔓延，烟火封住了仅有的一个楼梯后，里面的人无法逃生。四是职工劳动时间过长，事故前一天连续工作时间长达17个小时，死者到事发当天凌晨2～3时才下班休息，发生火灾时还睡得很熟。五是企业管理水平低下，物料堆放混乱，易燃物到处可见，发生火情后使火势迅速蔓延。六是该镇没有消防组织，火灾自救能力差，靠水盆救火，无济于事，市消防大队距离事故现场较远，消防车在接警后20分钟赶到现场，延误了扑救时间。

事故教训

这起火灾事故的发生令人十分痛心，在白天生产工作时间，一场火灾却造成17人死亡、1人重伤，教训极其深刻。《中华人民共和国消防法》规定，防火工作实行防火安全责任制。防火安全责任制就是要求各级人民政府，各机关、团体、企事业单位和个人在经济和社会生产、生活活动中依照法律规定，对防火工作各负其责的责任制度。因此，各级人民政府、各地区、各部门、各行业、各单位以及每个社会成员都应努力学习防火法律、法规和规章，不断增强防火法制观念，提高防火安全意识，切实落实本地区、本部门、本单位的防火安全责任制，认真履行法律规定的防火安全职责。

事故之后所采取的防范措施：一是认真落实安全生产责任制和各项安全生产措施，对危险性较大的生产企业和岗位制定应急救援预案。特别要做好“三合一”企业的整顿工作，查禁无证伪劣锅炉，对用电安全（包括自发电企业）等进行专项治理，消除事故隐患；二是广泛开展安全生产宣传教育和培训工作，特别要强化企业法人、特种作业人员和外来民工上岗前的安全培训，以提高广大职工的安全生产素质，强化其火灾爆炸事故的应急处理和自我保护能力；三是加强企业内部消防设施的配备，努力提高企业的自救能力。

（七）电线接触电阻过大发热引燃的吊顶火灾事故

1995 年 5 月 4 日零时 20 分，某内衣针织厂成衣车间发生火灾，门卫发现火情后用灭火器灭火，但由于衣物燃烧快，火势无法控制，于是急忙报警，消防人员经过 2 个多小时的奋战，终于将大火扑灭。

事故经过

5 月 4 日零时 20 分，其内衣厂二楼成衣车间中间过道后半间突然起火，由于衣物燃烧快，火势向东西两侧迅速蔓延。门卫发现火情后，先用灭火器灭火，看到火势无法控制后，急忙打电话向消防部门报警。市消防队于零时 46 分接到报警后，迅速出动，经过 2 个多小时的奋战，于 3 时 10 分将大火扑灭。

这起火灾烧毁厂房 850 平方米，设备 145 台，成品、半成品 30 000 件及其他财物，造成直接经济损失 144.4 万元。

事故原因分析

火灾后经消防部门勘察，确认造成这起火灾事故的直接原因是：内衣厂成品车间后半部的电线接触电阻过大发热，引燃三合板吊顶。造成事故的间接原因：一是该厂厂房不符合规范，厂房与厂房、车间与仓库防火间距不足，而且厂房为砖木结构，成衣车间采用可燃的三合板吊顶，致使发生火灾后火势迅速蔓延；二是车间、仓库不分，车间内超量堆放半成品；三是值班制度不落实，失火当天全厂仅有 2 名门卫值班，该厂行政人员无人值班、巡逻，安全管理制度形同虚设；四是电线安装不规范，车间内电线乱拉乱接，大部分线路没有套管保护；五是企业领导不重视消防安全工作，对保卫部门提出的火险隐患不整改，厂里既无义务消防队又未配足消防器材，自防、自救能力相当薄弱。

事故教训

这起火灾事故发生后，有关部门对该厂有关责任人员进行了处罚，并免去该厂厂长、车间主任、保卫科长的职务。对有关责任人员进行处罚是必要的，但是，更加重要的是切实做好火灾事故以及其他事故的预防工作。在防火安全管理工作中，首先需要从基础抓起，对不符合防火规定的事故隐患，如采用可燃的三合板吊顶、电线安装不规范、车间内电线乱拉乱接、大部分线路没有套管保护、值班制度不落实、消防器材配备不足等问题，应该去抓、去管、去解决，而且实际上解决起来也并不难，所需资金也不多，只要有较强的安全意识，认真去抓就能抓好。对于厂房不符合规范，厂房与厂房、车间与仓库防火间距不足等问题，解决起来有一定的难度，需要采取其他安全防范措施予以弥补。安全生产管理不能等到发生事故之后再去总结教训，再去对责任人员进行处罚，这只是弥补性措施。只有采取积极的预防措施，才能有效地消除事故隐患，保证安全生产。

（八）电气线路短路引燃配电箱造成的火灾事故

1995 年 3 月 28 日 6 时左右，某电器厂职工发现该厂注塑车间起火，于是急忙报警，市消防大队接到报警后迅速赶往火灾现场，经奋力灭火，到 8 时 20 分成功地将大火扑灭。这起火灾造成直接经济损失 124.4 万元。

事故经过

3 月 28 日 6 时 2 分，某电器厂职工邹某吃过早饭走向该厂注塑车间时，看到车间东侧中间的窗口突然冒出一股浓烟，随即就看到火苗蹿出，邹某立刻向 119 火警台报警。6 时 5 分，市消防大队接到报警后，迅速赶往火灾现场，经过 2 个多小时的奋战，于 8 时 20 分成功地将大火扑灭。

这起火灾造成直接经济损失 124.4 万元，其中，房屋损失 19.8 万元，机械设备、成品及半成品损失 104.6 万元。

造成这起火灾事故的直接原因是，该厂注塑车间 2 千克注塑机配电箱电表输出端电气线路短路引起铜芯线飞溅，飞

溅熔珠引燃电气线路绝缘层及木质配电箱。造成事故的间接原因：一是该厂领导消防意识淡薄，管理不严，制度不全；二是该厂注塑车间管理混乱，生产区与仓储区混淆不清，车间内大量存放成品、半成品和原料，严重违反消防规范的要求；三是厂内消防条件和自防、自救能力差，发生火灾后扑救不力，导致火灾失控蔓延。

事故教训

对于中小企业来讲，预防此类电气故障引发的火灾事故需要特别注意两个方面：一是电气设备的设计和安装要符合规范要求，不能马虎、凑合，留下事故隐患。例如，采用木质配电箱就不符合安全要求，容易引发火灾事故。二是加强安全检查。如果本企业缺乏专业人员，可以聘请外单位的专业人员进行定期安全检查，及时消除不安全因素。电气安全检查包括检查电气设备绝缘有无破损，绝缘电阻是否合格，设备裸露带电部分是否有防护，屏护装置是否符合安全要求，安全间距是否足够，保护接零或保护接地是否正确、可靠，保护装置是否符合要求，安全用具和电气灭火器材是否齐全，电气设备安装是否合格，安装位置是否合理，电气设备连接部位是否完好，电气设备或电气线路是否过热等内容。

（九）夜班生产中电气线路故障引发的火灾事故

1993 年 12 月 4 日 22 时 5 分左右，宁波市某农业公司职工发现配电间内有异味并冒黑烟，遂通知班长切断电源，其他职工闻讯后纷纷投入扑救，但火势越烧越旺，并迅速蔓延到 4 楼。市消防支队于 22 时 15 分接到报警后迅速出动，于 22 时 50 分将大火扑灭。这起火灾造成直接经济损失 128.4 万元。

事故经过

12 月 4 日 22 时 5 分左右，宁波市某农业公司职工蔡某在夜班生产过程中，发现配电间内有异味并冒黑烟，遂通知班长切断电源，其他职工闻讯后纷纷投入扑救。由于大量烟气弥漫，人无法进入室内灭火，于是，所有职工只得集中在二楼扑救，直到灭火器全部用光。而此时，火势却越烧越旺，并迅速蔓延到 4 楼。市消防支队于 22 时 15 分接到报警后，迅速出动，经过约半个小时，于 22 时 50 分将大火扑灭。

宁波市某农业公司是一家中外合资企业，共有职工 110 人，固定资产 1 200 万元，年销售额 4 445 万元，属于亏损企业。这起火灾无异于雪上加霜，造成直接经济损失达 128.4 万元。其中，烧毁变配电设备 2 台，损失 30 万元，烧毁机械设备 2 台，损失 58.5 万元，烧毁电缆 1 500 米，损失 34.7 万元；其他损失 5.2 万元。

事故原因分析

经过调查，认定造成这起火灾事故的直接原因是：配电车间电气线路短路。造成事故的间接原因：一是公司领导安全意识不强，安全管理方面存在漏洞；二是向消防部门报警不及时，致使火势扩大；三是消防设施不足，自救能力差。

从这起火灾事故发生、发展的过程来看，该公司存在着明显的不足：一是发现火情后报警不及时，延误了灭火时机；二是消防设施不足，无法抑制火势发展。企业应针对存在的问题，加强对职工的电气安全教育和消防安全知识教育。电气安全教育的目的是使职工懂得电的基本知识，认识安全用电的重要性，掌握安全用电的基本方法，从而能安全、有效地进行工作。新入厂的工作人员要接受厂、车间、生产小组三级安全教育。一般职工应懂得电和安全用电的一般知识，使用电气设备的一般生产工人除懂得一般电气安全知识外，还应懂得有关的安全规程、电气灭火方法、触电急救方法等；独立工作的电气工作人员则更应该懂得电气装置在安装、使用、维护、检修过程中的安全要求，应熟知电气安全操作规程，学会电气灭火的方法，掌握触电急救的技能，并应通过考试，取得合格证明。消防知识安全教育包括报告火警的要求、灭火器的使用技巧、灭火的基本方法等。如果该公司平时就注意加强安全知识教育，使职工能够了解和掌握有关的电气知识、消防安全知识，这起火灾事故的损失就不会如此惨重。

（十）照明线路短路导致的火灾事故

1994年6月15日零时30分，某县机电生产厂第三装配车间内突然起火，火势迅速蔓延至整个车间。该县消防大队于1时15分接到报警后，迅速出动，3时30分将火扑灭。这起火灾造成直接经济损失约194万元。

事故经过

6月15日零时30分，某县机电生产厂第三装配车间内突然起火，由于该厂主要产品为扬声器，车间里堆积了大量纸张，极易燃烧，加上正是夜间，发现火情迟、报警迟，火势迅速蔓延至整个车间。该县消防大队于1时15分接到报警后，迅速出动，于3时30分将火扑灭。

这起火灾烧毁厂房611平方米、生产流水线两条及一大批扬声器，直接经济损失约194万元。

事故原因分析

造成这起火灾事故的直接原因是：该厂第三装配车间5 ~6轴之间的照明电线受雨淋，绝缘性能降低造成短路，引起旁边的纸张起火。造成火灾事故的间接原因：一是建筑布局不符合消防要求；二是电气线路不符合安全要求；三是消防设备严重不足，消防给水系统不符合规范要求，水压低，流量小，配套设施不全（无水带、水枪、无阀门开关），灭火器配置不符合要求，数量严重不足；四是企业领导消防安全观念淡薄，责任不落实，车间管理人员下班后门未锁，电源末切断，夜间巡逻组没有工厂的大门钥匙，徒有形式。

事故教训

火灾事故发生后，经对现场勘查，发现这起火灾之所以造成如此严重的损失与建筑布局不符合消防要求有很大的关系。该厂三车间、四车间和成品仓库连在一起，车间与车间之间、车间与仓库之间没有砌防火分隔墙，而且建筑物耐火等级低。车间和仓库都用油毛毡、洋瓦作屋顶，吊顶采用可燃纤维板作装饰，以致三车间发生火灾后，火势迅速向成品仓库和四车间蔓延。而且，该厂的电气线路也不符合安全要求，吊顶内的电线没有阻燃套管保护，熔断丝用铜丝代替，电源线路敷设混乱，照明电源零线未经过分间控制。一般来讲，事故的发生有偶然因素，但是偶然因素中存在着必然性。这起火灾事故就是如此。该厂在建筑布局和电气线路上都不符合安全要求，存在着严重的事故隐患，同时在安全观念、安全管理、消防设施上又存在严重问题，事故的发生只是或早或迟的事情。企业应接受事故教训，针对存在的问题，从基础设施和安全管理两个方面着手进行认真整改。

（十一）高压电线被污染造成的开关跳闸停电事故

2003年3月9日，云南省某化工有限责任公司合成氨厂在生产中发生开关跳闸停电8个多小时的事故，造成生产上的重大损失。

事故经过

3月9日4时47分，云南省某化工有限责任公司合成氨厂在生产中，因35千伏专用6#电线杆上连接电线的瓷瓶突然拉电弧短路，造成1 303开关跳闸停电8个多小时，使合成氨厂的产量比正常情况下减少80吨，造成重大经济损失。

事故原因分析

经过调查分析，6$^{\#}$电线杆上的瓷瓶突然拉电弧短路的原因是，瓷瓶上积有焦油状煤灰，使瓷瓶绝缘性能降低。煤灰等污染物均来自处于电线杆西面的煤场、9 台造气炉旋风除尘器的干式敞开排灰和同方向离电线杆 20 米处造气冷却循环水塔顶部风扇扇出的腐蚀性热水雾。焦油状煤灰漫腐电线、电线杆、瓷瓶，日积月累，降低瓷瓶绝缘性能，最终导致电弧短路。

事故教训

事故之后所采取的防范措施：一是对煤场上的煤灰定人定时喷水清扫，控制住南风扬煤尘的状况；二是对造气炉的排灰改用封闭加湿工艺，杜绝最大量的尘源，同时加强设备管理，最大限度地控制和减少工艺生产过程中的跑冒滴漏；三是对造气冷却循环水塔顶部风扇扇出的腐蚀性热水雾采用加高风罩或封闭负压吸收等方法，控制腐蚀性热水雾对电线、电线杆、瓷瓶的漫腐。与此同时，对受污环境中的电气设施作全面的清污扫尘，确保电气设施保持良好状态。

（十二）疏于防范电线绝缘被鼠咬引起的火灾事故

1993 年 12 月 28 日凌晨 1 时 40 分，浙江省某市胶鞋厂鞋帮车间发生火灾，由于发现晚而延误了灭火时机，酿成大火。市消防中队于 2 时 23 分接到报警，于 4 时 50 分将大火扑灭。这起火灾事故造成直接经济损失 156.9 万元。

事故经过

12 月 28 日凌晨 1 时 40 分，浙江省某市胶鞋厂鞋帮车间突然发生火灾，由于着火时正是夜间，发现晚，延误了灭火时机，酿成大火。市消防中队于 2 时 23 分接到报警，迅速出动，经过奋战，于 4 时 50 分将大火扑灭。这起火灾造成直接经济损失 156.9 万元。

事故原因分析

造成这起火灾事故的直接原因是：该厂鞋帮车间电线绝缘被老鼠咬破后发生短路。造成事故的间接原因：一是电线安装不规范（非正式电工安装）；二是厂内管理混乱，物资堆放不符合“五距”要求，而且擅自搭建简易棚，占用防火间距；三是厂内消防设施缺乏，职工消防意识差，自防自救能力弱。

事故教训

对这起火灾事故需要注意的是，造成火灾事故的直接原因是该厂鞋帮车间电线绝缘被老鼠咬破后发生短路。老鼠咬破电线，造成火灾爆炸事故的事例很多，尤其是南方鼠害严重地区，这样的事故屡见不鲜。因此，加强对鼠害的预防，也是保证安全生产、预防事故的一项重要内容。

据统计，我国每年仅因老鼠咬噬电线造成的经济损失就达 5 000 万元以上。因此，防鼠、驱鼠、灭鼠是一项持久性的工作。对生产企业来说，秋末冬初小动物往往钻入室内过冬和寻找食物，在这段时间内，变电所尤其需要加强检查：变电所的门应安装弹簧，做到能自行关闭；门窗破损要及时修补，不能留有缝隙和孔洞，变电所屋檐和墙的结合处的缝隙及墙体通往室外的孔洞要堵塞；通风进出口要加金属保护网，网孔不能大于 10 毫米×10 毫米；进入高压开关室的电缆沟管要封堵严密，不留孔隙，室外操作电源箱孔也要严密封堵；变电所内不可堆放杂物，严禁值班人员在变电所内吃饭和吃零食，以防因残菜剩饭和垃圾不能及时清扫而招鼠入室；室外电气设备附近的杂草要铲除干净，地面可铺上煤渣或做成水泥地面，以防老鼠躲藏。这些措施不仅可预防老鼠，也可预防黄鼠狼、猫、狗、蛇、鸟等动物进入变电所、配电间或者生产车间，从而避免对电气设备设施以及线路的安全构成威胁。这些措施，不仅冬季要检查落实，而且平时也要严格执行各项规章制度，加强安全检查，堵塞漏洞。

（十三）印花厂仓库电线短路导致的火灾事故

1996 年 10 月 7 日凌晨 1 时许，海宁市某压花印花厂仓库发生火灾，1 时 38 分海宁市消防队接到报警后迅速出动赶赴火场进行扑救，于凌晨 3 时 10 分将大火扑灭。这起火灾造成直接经济损失约 80 万元。

10 月 7 日凌晨 1 时许，海宁市某压花印花厂仓库发生火灾，1 时 38 分海宁市消防队接到报警后迅速出动，消防

车赶赴火场进行扑救，于凌晨3时10分将大火扑灭。这起大火烧毁仓库建筑面积64平方米，烧毁印花纸1 170 000米、伊力布10 000米、棉12 000米及金丝绒等物品，造成直接经济损失约80万元。

事故原因分析

造成这起火灾事故的直接原因是：该厂仓库西墙整体倒塌后电线短路。造成事故的间接原因：一是消防制度不健全，管理混乱，仓库内物品堆放不符合消防规范；二是消防器材缺乏，发生火灾后，值班人员无法救火。

事故教训

由于电气设备故障和电气线路短路引起的火灾事故屡见不鲜，尤其是近几年，随着经济的快速发展和用电设备设施以及用电量的增加，电气火灾事故也随之增加。因此，加强电气防火管理，是所有企业都必须重视的问题。从电气火灾事故发生的原因看，电气防火安全管理上存在的问题，一是企业领导对用电安全问题认识不足，往往强调生产任务的完成，而忽视对电气设备的管理和检修，对如何搞好电气线路和设备的维修保养计划缺乏应有的管理。特别是条件较差的企业，一切本着因陋就简的原则，使用旧材料、旧设备，不考虑环境要求，电气安装线路和设备不遵守电气设备安装规程，甚至使电气线路和设备处于带病运行的状态。二是电工的素质差，甚至没有经过必要的培训，缺乏电工知识和技能，技术水平低，不懂安装规程，而且有的电工责任心不强，检查和维修不认真、不经常。三是安全管理制度不健全，缺乏完整的电气安装、使用和维修管理制度。就这起火灾事故而言，围墙倒塌后影响供电线路，必然会造成事故，这是显而易见的；但是，没有及时发现或者没有及时采取措施，则说明该厂在安全管理上存在着较为严重的问题，应针对问题进行整改。

（十四）仓库防爆灯接触不良短路造成的火灾事故

2002 年 1 月 11 日，广东省清远市某卫生纸有限公司仓库，防爆灯接触不良造成短路引起火灾，过火面积 8 300 平方米，烧毁原材料仓库内设备、原纸和毗邻的某纸业有限公司成品仓库成品纸、纸箱等物品，造成直接财产损失 1 939 万元。

1 月 11 日 22 时 10 分左右，广东省清运市某卫生纸有限公司生产车间员工谭某在倾倒杂物时，看到原材料仓库的西南角附近有火光，随即跑过去看个究竟，并大喊“着火了”。同班职工陈某听到喊声后按响警铃，车间保安立即拨打“119”电话报警，并通知厂有关领导和其他各部门。保安与值班主管一边组织人员疏散，一边从车间和室外消火栓接出 10 支消防水枪进行扑救。

22 时 15 分，清远市开发区消防中队接到报警后，立即出动 2 辆消防车赶赴火场。22 时 20 分消防车到场时，原材料仓库浓烟滚滚，部分屋顶已塌落，火焰正从仓库四面的窗口喷出，引燃原材料仓库与成品仓库之间过道存放的原纸木垫和原纸，并且向北面的成品仓库蔓延。而此时厂内消火栓水压过低，消防水池的水在义务消防队自救时已经被用完，整个厂区均已断电，无法启动消防水泵供水，需要到 1～3 千米外运水灭火，火场情况十分危急。消防中队指挥员一边向支队值班室汇报情况，一边指挥救火。22 时 24 分，市区消防中队及附近县市也出动消防车赶赴现场增援，广州市公安消防支队 9 辆大功率消防车也到场增援，直至将火扑灭。

这起火灾过火面积 8 300 平方米，烧毁该卫生纸有限公司原材料仓库内全部物资，包括叉车 4 辆、竖纸机 1 套、天车 1 部、油压拖拉车 1 辆、原纸 1 600 吨；烧毁毗邻的某纸业有限公司成品仓库部分物资，包括成品纸 200 吨、纸箱 23 万只。造成直接财产损失 1 939 万元，间接财产损失 60 万元。这起火灾还对厂区周围大气造成了严重污染。

事故原因分析

经现场勘查发现，起火部位位于该卫生纸有限公司原材料仓库西南角处。其依据是，距南墙 14.4 米的锌铁皮拱形屋顶天窗处有浓密的烟熏痕迹，且烟熏痕迹由南往北依次减轻，而且发现火情的现场人员也是发现此处最先起火。火灾发生的原因是，该卫生纸有限公司原材料仓库内距西墙 16.4 米、距南墙 16.8 米处，屋顶安装的隔爆型高压水银白炽两用防爆灯的灯座内电源舌片与灯头舌头接触不良过热，使灯头焊锡熔化造成短路，产生的高温熔珠滴落在下方堆放的原纸上。

事故教训

（1）公司领导对消防工作重视不够，防火安全责任制还没有真正落实到位。主要表现在：一是仓库管理人员工作责任心不强，没有及时发现火情；二是公司对员工的消防安全知识培训不够，员工消防安全意识淡薄，责任心差，对火灾易发生的重点部位巡查不够仔细；三是员工对消防供水系统操作不熟练，消防泵没有及时启动，致使厂区内的室内外消防管网水压严重不足，影响了单位员工在消防车到达前对初起火灾的扑救。而且，原材料仓库与成品仓库之间 20 米的防火间距上搭建挡雨篷，并堆有原纸、木垫板等易燃可燃物品，造成火势向成品仓库蔓延，增加了火灾损失。

（2）公共消防设施缺乏。消防车辆及装备极为落后，难以适应扑救大面积火灾的需要。整个开发区约 9.6 平方千米，没有一个市政消火栓。同时，消防个人防护装备也比较落后，隔热服、空气呼吸器、防烟防毒面具、火场照明灯具等都不够。

（3）仓库面积过大，原纸储存过多，且堆放混乱，管理不到位。按《建筑设计防火规范》，没有设自动喷水灭火系统的耐火等级为一、二级的丙类单层库房，每座最大允许建筑面积为 6 000 平方米，每个防火墙间不能超过1 500平方米，但该卫生纸有限公司原材料仓库 6 144 平方米平面无任何防火间隔，内部除有原纸外，还有纸箱、胶水、叉车、刨车、木垫板等，严重影响了火灾扑救工作。

班组应对措施与讨论

在预防机械设备、电气设备以及其他设备事故上，班组可以实施危险预知方法和危险源点监控管理方法，从实际效果来看，这两种方法简单易行，比较适合于生产班组。

班组参考方法之一：危险预知方法

危险预知是一种简单、有效的风险辨识方法。中国铝业中州分公司在生产作业中广泛地应用这一方法，取得了良好的效果。

1. 危险预知的要求

危险预知主要是指生产班组在班前对本班的作业进行预知，对清理检修作业要做出预案，从而科学地规范员工的作业行为。

（1）危险预知要遵照的原则。危险预知要遵照六项原则：一是消除原则，即通过合理的计划、组织和操作，从根本上消除物、机、环境中存在的不安全因素，努力消除人的思想和行为上的危险及有害因素，实现本质安全化；二是预防原则，即当消除危险有困难时，可采取预防性技术措施，如增加防护罩、高处作业系好安全带、按《岗位作业标准》作业等；三是减弱原则，即在无法消除危险源和难以采取预防措施时，可采取减少危害的措施，如降温、降噪、高温作业间断休息等；四是隔离原则，即在前者都无法实现的情况下，应将有害因素与人员隔开，如加隔离栏、防护棚等；五是联锁原则，即当操作者失误易造成伤害或设备运行达到危险状态时，可通过联锁装置，终止危险进行，如皮带的联锁系统等；六是警告原则，即在易发生故障、事故或危险性较大的地方，配置醒目的识别标志，必要时可采用声、光等报警装置，如设置标志牌等。

（2）危险预知要落实的措施。危险预知需要落实四项措施：一是直接安全技术措施，即生产设备本身应具有本质安全性能，不出现任何事故和危险；二是间接安全技术措施，即若不能完全实现直接安全技术措施，必须为生产设备加装安全防护装置，最大限度地预防、控制事故的发生；三是指示性安全技术措施，即在间接安全技术措施也无法实现或实施时，须采用报警、警示标志等，警告或提醒作业人员注意，以便采取相应的对策或紧急撤离危险场所；四是若指示性安全技术措施仍不能避免事故发生，则应采用岗位作业标准、安全教育和个体防护等措施来预防、降低系统的危险、危害程度。在采取上述四项措施后，还应落实工作票制、挂牌制、确认制、监护制等基本的安全制度。

2. 危险预知的应用

员工上岗前特别是各类检修、施工项目作业前，必须开展危险预知活动，做到“三不开工”，即：没有危险预知不开工，没有安全交底不开工，没有安全监护人不开工。危险预知的过程如下。

第一步是根据作业内容进行危险辨识。员工按照相关的技术标准，查找作业项目中的危害因素，从而了解可能产生的危险。

具体措施：班组长在班前会上，首先检查组员工作服穿戴是否规范和作业前精神状态是否良好；班组长总结上一个班的工作，分析是否会给本班带来危险；安排本班工作任务，进行安全交底，明确责任人、安全监护人、作业时间、作业地点和环境状况；班组长询问组员，干此项工作有什么潜在的危险（包括固有的、作业中产生的）；组员要假想自己已置身于任务当中，尽力找出有何危险因素（包括人、机、物、环境、管理等方面的不安全因素），积极、大胆地发言，充分发挥自己的想象力，不论是否正确；推想找出的危险因素会引发的影响（可能不止一种后果，应尽可能找全），进行讨论；班组长就大家找出的危险，逐一进行宣读确认，避免漏掉不是主要的却是危险的项目。

第二步对找出的危险因素进行分类，通过大家的讨论，从诸多危险中找出大家一致认为是危险且易造成伤害的因素。

具体措施：班组长应询问每个组员，检查确认其是否了解找出的危险且有所重视；对查出的危险因素进行适当分类。第一类为“这个危险不会造成伤害”，第二类为“这个问题可能造成危险”。将第一类危险剔除，对剩下的第二类危险进行第二次分类，即大家认为最有可能造成伤害的因素，不能靠举手表决，也不能靠班组长的主观臆断，而应以客观事实、科学推理为依据，要分析得细、分析得透。班组长第二次向大家确认，“对这样的重要因素大家必须记清楚”。

第三步是制定技术措施。根据前面查找出的重要危险因素，有针对性地制定出合理、有效的措施，并进行确认。

具体措施：对第二类中的重要危险因素，班组长向组员提问或组员之间相互提问，启发大家思考；集体讨论，拿出切实可行的措施；对具体措施进行分类，把“作业前必须马上实施的事、必须干的事”作为重点实施项目确定下来；对班组处于危险状况的作业应采取措施以符合安全作业的要求；班组长就确定的内容向组员进行最后的确认，看是否有遗漏的危险和措施。

危险预知后，要根据预知结果逐项落实，如果作业现场发生意想不到的情况，还应适时纠正预知结果，并及时通知每一个作业员工。要做到作业前静思一分钟，即静思危险预知中确认的作业危险存在的特征、原因及应采取的措施，静思自己的一举一动如何在作业中避免危险，要做到有完全的心理上和行动上的把握才可以行动；作业中沉思一分钟，即检查作业中的一举一动是否符合《岗位作业标准》《安全检查表》以及危险预知结果的要求；作业后反思一分钟，即反思作业行为的合理性，看其是否已按预知的要求予以落实，一旦发现存在还没有做到的行为，就应提醒自己下次加以注意，并在下次的班前会上进行说明，与其他组员进行交流。检查行为后果是否满足了技术上、设备上、安全性能上的要求，以免由于自己一时的不经意，给自己或别人留下危险。

班组参考方法之二：危险源点监控管理方法

江苏江阴兴澄钢铁公司系重点冶金企业，共有员工近3 000名，年产优特钢 120 万吨，轧材 120 多万吨。冶金生产作业中危险性较大，稍有不慎便会造成伤害。为了保障广大员工在生产过程中的安全与健康，1999 年 7 月，该公司开始推行“事故隐患和职业危害监控法”，经过几年的运行，取得了明显成效。

1999年8月初，公司制定了《关于推行危险源点监控管理工作的通知》，要求把这项工作作为安全生产的重点来抓，从思想认识、组织发动、具体组织实施等方面做出明确部署。在宣传发动、建立组织的基础上，公司安全管理部门对全公司重点设备、重点要害区域、常发易发事故的部位和岗位进行了排查摸底，并对危险源点进行了评估、定性、分级，而且对监控责任人进行了落实。全公司共确认了152个危险源点，其中A级40个，B级82个，C级30个，对危险源点统一制作了监控警示牌，挂到危险源点上。同时，公司还按各自的职能分工，明确责任，各负其责。A级危险源点，由厂有关职能部门负责人担任检查责任人；B级危险源点由分厂领导、分工会主席和安全员担任检查责任人；C级危险源点由各当班班长、兼职安全员担任检查责任人。由安保处根据公司制度每月考核，一般隐患，一处不及时整改扣罚200～400元，较大隐患限期不整改扣罚500～1 000元，重大隐患不采取整改措施责令停产并根据情节扣罚1 000～5 000元，而且还与月奖发放直接挂钩。

危险源点分级监控管理工作，改变了过去安全生产只靠公司安全管理部门几个人孤军作战的无力状态，使员工都能明白本岗位、本部门的不安全因素是什么、防范措施是什么，从而自觉重视生产中的安全，并能相互督促，使安全生产保持了稳定。1999年公司全年实现了“七无一降”的安全目标，千人负伤率控制在0.04％，取得了建厂40多年来安全生产最长周期的好成绩。公司也因此被评为1999年度江阴市安全生产先进企业。

进入 2000 年，兴澄钢铁公司对危险源点监控的目标，每月做好检查记录，对列入危险源点及尚未列入危险源点的一些重要部位和设备进行汇总后分三类着手解决：一是对查出的隐患，分厂、部门有能力整改的，限期整改并督促限时整改，验收考核；二是影响生产、必须停炉停机整改的和必须由横向部门帮助整改的，如涉及基建、技改、机动、水电工区等危险源点，应在每周安全、生产综合会议上提出，请系统领导协调，根据生产计划安排停产整改或协调横向有关部门采取措施帮助整改；三是在短期内无条件进行整改的，从管理体制角度加强监控手段，落实并指定责任人，在大修或条件成熟时逐步逐项整改。截至 2002 年，公司已排查出并整改掉大大小小 200 多个监控点上的不安全隐患，使设备正常运转，减少了因故障导致的停产时间，从而保证了每月生产任务的完成。此外，公司还将查出的 13 项短期内难以进行整改的重大隐患，组织三班重点监控，书面上报公司总经理裁决，为此公司花费 1 000 多万元大修资金请 30 多支外施工单位逐个进行整改，排除了险情。

2001 年，兴澄钢铁公司进一步加大了对重点设备设施的监控、管理、检查、考核力度，对一些重大事故隐患及时得到发现并整改。例如，花山两个沉井式水泵房由于以前设计上的缺陷，抽水管过高，一旦河里水位降低，就吸不到水。而水泵停转几分钟，钢炉、轧钢腰炉、钢水拉浇的连铸都将因得不到水冷却而发生钢炉、腰炉爆裂。系统领导在分析会及安全例会上提出将两个沉井式水泵列入 A 级危险源点，定责任人监控，确保安全运行。事隔六天，在对水泵立式减速箱进行检查监控时，发现箱体崩裂，班组责任人立刻逐级汇报。有关部门立刻到现场采取措施，拆下箱体检查，发现箱体已崩裂成三片。若不是检查仔细，使用年久变色的箱体裂缝根本看不出来，而及时换新则避免了一起可能由此而造成的事故减轻了公司的损失。

面对新形势，公司计划对原有的危险源点重新评估，这是因为：一方面，一些危险源点已彻底整改，已不构成危害；另一方面，近年来公司又增加了不少新的重要设备设施，必须列入监控管理范围。同时，公司还将加强分级监控的力度，进一步注重分厂、班组对危险源点的监控管理和日常的安全检查、记录，并将其纳入每月的安全生产考核范围。对成绩突出的班组以及三级责任者总结经验并进行推广、表彰。对监控实施过程中出现的新情况、新问题，及时研究对策，协调解决，使之逐步制度化、规范化。

班组讨论话题

- 当电气设备出现故障时，你准备怎么办？是停机报告班组长，还是自己找电工来修，或者先看一看是什么故障，自己能修就自己修？
- 当电气设备出现事故隐患时，如开关打火、电线绝缘破损等情况，你准备向班组长或安全员报告吗？如果报告后班组长或安全员置之不理，你准备怎么办？
- 发生电气火灾时，你知道怎么扑救吗？你会使用灭火器材吗？如果不知道有关知识，你准备学习吗？你准备怎样学习？

●作为班组长，你会引导班组成员学习和掌握有关电气设备的知识吗？会引导班组成员学习和掌握有关消防知识吗？如果班组成员对此不感兴趣，你准备怎么办？

第三部分　压力容器管理存在问题导致的事故

压力容器不仅是工业生产中的常用设备，同时也是一种比较容易发生事故的特种设备。要防止在压力容器使用过程中发生事故，确保它的安全运行，促进企业的安全生产，必须做好压力容器的安全管理工作。

1. 压力容器安全技术管理的主要内容

压力容器安全技术管理工作具有很强的专业性，应由专业人员从事，其主要内容包括：

（1）贯彻执行“容规”和有关的压力容器安全技术规定；

（2）编制压力容器的安全管理规章制度；

（3）参加压力容器安装的验收及试车；

（4）检查压力容器的运行、维修和安全附件校验情况；

（5）加强压力容器的检验、修理、改造和报废等技术审查；

（6）编制压力容器的年度定期检验计划，并负责组织实施；

（7）向主管部门和当地安全监察机构报送当年压力容器

数量和变动情况的统计报表及压力容器年度定期检验计划的实施情况和存在的问题等；

(8) 压力容器事故的抢救、报告、协助调查和善后处理；

(9) 检验、焊接和操作人员的安全技术培训管理；

(10) 压力容器使用登记及技术资料的管理、建档。

2. 压力容器安全技术管理要点

(1) 领导重视是搞好压力容器安全技术管理的关键。只有企业和车间领导都予以重视，积极支持管理人员的工作，管理工作才能有力度，专职人员也才能很好地发挥作用。

(2) 层层负责是搞好压力容器安全技术管理的基础。企业机动部门设专职管理人员，负责控制设备入厂质量、检验、修理和改造等关键环节；各分厂、车间、班组做到按规程操作，不违章检修，避免事故的发生；企业安全管理部门进行定期和不定期检查；车间操作人员和维修人员每天定时巡检，消除隐患。

(3) 依法管理是搞好压力容器安全技术管理的根本。法规、标准、规范都是理论和实践的科学总结，是压力容器安全运行的根本保证，因此，必须严格执行。

3. 压力容器的全程管理

压力容器自设计至报废，每一环节都与安全有关。一个环节出现漏洞，都会为其安全使用埋下隐患或直接造成事故。因此，必须对压力容器实行全程管理。

(1) 压力容器的购置与验收。购置的压力容器或受压元件必须由具有相应制造资格的单位制造。验收包括实物验收和资料验收。实物验收时需检查实物内外表面质量和几何尺寸，对有怀疑的还需进行无损检测。所购置的压力容器或受压元件均应符合图纸、制造标准及《压力容器安全技术监察规程》的要求。出厂资料必须有竣工图样、产品质量证明书、压力容器产品安全质量监督检验证书等。竣工图样上应有设计单位资格印章且不能是复印章；产品质量证明书应内容齐全、正确，且质量证明书、竣工图样与实物均应一致并符合标准和规程的要求。验收记录经专职管理人员认可方可办理入库手续。出厂资料移交企业档案室保存。

（2）压力容器的安装和登记。安装单位的资质应经专职管理人员审查。安装单位必须是有相应制造资格的单位或省级安全监察机构批准的安装单位，其监理工程师应持证上岗。安装方案须经专职管理人员审核、总机械师审批。对属第三类的、容积大于或等于10立方米的、成套生产装置等的压力容器，还应到安全监察机构办理报装手续。安装中应做好记录，安装过程应接受专职管理人员检查，安装质量须经专职管理人员、分厂机动部门和使用车间的验收。

压力容器在投入使用前，使用车间应填写《压力容器（普查）注册登记表》，专职管理人员审核后按照《压力容器使用登记管理规则》带出厂资料到安全监察机构进行注册登记，并办理压力容器使用证。未办理使用证的压力容器不得投入使用。

（3）压力容器的使用管理。专职管理人员应建立压力容器台账。分厂机动部门（无分厂一级的为专职管理人员）和使用车间应分别建立压力容器使用技术档案。

压力容器操作人员应定期进行专业培训和安全教育，持证上岗。

压力容器的使用车间应制定工艺操作规程和岗位操作规程，明确提出操作工艺指标、岗位操作法、运行中重点检查项目和部位、可能出现的异常现象和防止措施、紧急情况的报告程序等安全操作要求。

压力容器的拆除、移装（包括备用的替换）、非临时性停用，车间应通知分厂机动部门和专职管理人员；更换衬里、停用 2 年以上的启用和改变运行参数、介质、用途等，必须提前报告专职管理人员，以便安排检验和办理有关手续。

压力容器在运行中，一般不得进行任何修理。日常维护中，主要受压元件（筒体、封头、人孔盖、人孔法兰、人孔接管、膨胀节、开孔补强圈、设备法兰、球罐的球竞板、换热器的管板和换热管、M36 以上的设备主螺栓及公称直径大于或等于 250 毫米的接管和法兰）不得乱动。

（4）压力容器的检验。压力容器的内外部检验和耐压试验应根据规定周期和上次检验确定的时间安排计划，另外，还应包括由使用车间对容易产生腐蚀等缺陷的和有怀疑的容器报送的计划。因情况特殊不能按期进行内外部检验或耐压试验的压力容器，使用车间应提前填写《超检验期使用审批表》，经专职管理人员审核、总机械师批准、锅检所同意，并报安全监察机构备案后，可推迟或免除内外部检验或耐压试验。使用车间应按检验时间提前做好准备工作，并及时通知专职管理人员安排检验。

(5) 压力容器的修理与改造。对压力容器进行修理或改造之前，应由使用车间编制修理、改造方案，经分厂机动部门和分厂总机械师（或设备副厂长）同意后，还应报专职管理人员审核和公司总机械师审批。

施工单位必须是取得相应制造资格的单位或是经省级安全监察机构审查批准的单位。施工单位经专职管理人员审查合格确认其资格后才能接受施工任务。施工单位根据车间的修理、改造方案编制施工方案，施工方案须经过专职管理人员审核和公司总机械师批准。重大修理（指主要受压元件的更换、矫形、挖补和筒体、封头对接接头焊缝的焊补）和重大改造（指改变主要受压元件的结构或改变压力容器的运行参数、介质或用途等）还须报安全监察机构审查备案（改变移动式压力容器的使用条件应经省级以上安全监察机构同意）。

专职管理人员应对修理、改造质量进行监督检查。施工单位修理、改造后的图样及施工质量证明文件等技术资料经专职管理人员审查合格后存档。

压力容器在经过重大修理或重大改造后应接受耐压试验检验。

(6) 压力容器的事故处理。压力容器出现超温、超压、产生裂纹、筒体变形和鼓包以及泄露等异常现象时，使用车间必须按操作规程及时处理并向分厂和公司有关领导及单位报告，专职管理人员应参与组织检验鉴定和事故处理工作。发生重大事故或特大事故后，按照《锅炉压力容器压力管道特种设备事故处理规定》，安全部门必须立即报告企业主管部门，机动部门必须立即报告质量技术监督行政部门，并且必须严格保护事故现场，保存现场相关物件及重要痕迹等各种物证，并采取措施抢救人员和防止事故扩大。

（7）压力容器的安全附件管理。购买的压力容器用爆破片装置必须是持有国家质量技术监督局颁发的制造许可证的单位生产的，安全阀、紧急切断装置、液面计、快开门式压力容器的安全联锁装置应是省级以上安全监察机构批准的单位生产的。以上附件及压力表、测温仪表必须经验收人员检验合格。

企业（有分厂一级的为各分厂）的安全部门和使用车间应建立安全附件台账和档案（包括校验、修理、更换记录等）。

安全附件必须按规定周期校验。校验应由有资格的或国家有关部门认可的单位进行，校验人员必须经过培训考核。有条件的企业，安全阀可由分厂的安全部门、机动部门和使用车间共同校验，安全阀的校验铅封应有标明校验编号、所装设备使用证号、整定压力、下次校验日期的标牌，并有安全部门的铅封标记；压力表可由企业的计控部门校验，并应有防止校验标签脱落和字迹掉色的措施。

使用车间应在压力表刻度盘上划出指示最高工作压力的红线。红线划在封面玻璃上的应防止玻璃转动或在玻璃上标出零位点。

使用车间改变安全阀、爆破片的型号规格，必须经过设计部门的核算和安全部门、专职管理人员的同意。

（8）压力容器的停用与判废处理。经检验判废的压力容器不得继续作为压力容器使用、转让或销售。

判废或因其他原因停止使用或不作为压力容器使用的压力容器，使用车间应报告专职管理人员，专职管理人员须到安全监察机构办理注销手续。

4. 压力容器的技术档案管理

压力容器的技术档案是正确使用压力容器的主要依据。它可以使压力容器的管理和操作人员全面掌握压力容器历史的当前安全技术状况，了解压力容器的运行规律，以防止压力容器事故的发生。每台压力容器均应按有关规定建立档案。压力容器技术档案的内容包括如下。

（1）压力容器登记卡片。使用单位在压力容器投入使用前，应按《压力容器使用登记管理规定》的要求，向地、市级锅炉压力容器安全监察机构申报和办理使用登记手续。

（2）设计单位向用户提供的设计图样，必要时提供的设计、安装（使用）说明书，对中、高压反应压力容器和储存压力容器的强度计算书。

（3）压力容器制造、安装单位向用户提供的技术文件和资料：竣工图样；产品质量证明书；压力容器产品安全质量监督检验证书；检验、检测记录，以及有关检验的技术文件和资料；修理方案，实际修理记录情况，以及有关技术文件和资料；压力容器技术改造方案、图样、材料质量证明书、施工质量检验及技术文件和资料；安全附件的校验、修理、更换记录；有关事故的记录资料和处理报告。

（一）设备存在质量问题造成的水煤气发生炉爆炸事故

1994 年 4 月 19 日，江西省某化肥厂一台水煤气发生炉在使用过程中，因设备存在严重的质量问题以及操作不当，发生爆炸事故，造成 4 人死亡、5 人重伤。

事故经过

4 月 19 日 9 时 30 分，江西省某化肥厂 6# 水煤气发生炉在使用过程中发生爆炸，致使数吨重的炉体倾塌，700 千克重的炉条机碎块炸飞至距炉体 13 米远处，造成 4 人死亡、5 人重伤的恶性事故，直接经济损失达 30 万元。

该水煤气发生炉属一类压力容器，1984 年 4 月出厂，1989 年 12 月投入使用。夹套内外筒体、U 形封头材质均为 20 克，纵焊缝为双面埋弧自动焊，环焊缝为带垫板的单面焊。

事故发生后经现场勘察，水煤气发生炉爆破口在夹套内筒体上沿夹套内筒周向朝上下两个方向向炉内翻起，其张口尺寸，轴向最长为 200 毫米，周向最长为 1 815 毫米，破口撕裂总长度为 2 962 毫米。检验发现，设备夹套内筒体上有一块面积达 1 600 平方毫米×1 400 平方毫米的挖补痕迹，有 1 240 毫米长的补焊缝破裂；在挖补焊缝的断口上有大量密集气孔、夹渣、未熔合和未焊透，其中未焊透最深达 13.2 毫米；在挖补焊缝打底层上有三处塞有 $\phi 7.2$ 毫米的钢筋，总长达 710 毫米。

该水煤气发生炉承压的夹套上未安装安全阀，与此设备夹套相连通的汽包上装设了安全阀，但该安全阀与汽包之间装有一个 Dg50 的截止阀，经取证，此截止阀在设备爆炸前处于闭合状态。

事故原因分析

据了解，该设备在使用期，曾于 1991 年 3 月和 1992 年 12 月发生夹套缺水，造成内筒壁大小 11 处鼓包，其中最大鼓包面积达 570 平方毫米×920 平方毫米。1993 年 9 月，使用单位对该设备进行大修，将面积为 1 600 平方毫米×1 400 平方毫米的严重鼓包部位割下，用废旧锅炉汽包材料补焊上。当时，对挖补焊缝没有进行任何方法的无损检测，只是对设备进行了水压试验，但试验的压力、结果均无记载。设备大修后第一次运行就发生了这次爆炸事故。

从事故调查结果可以确认，这起爆炸事故发生的原因有三个方面。

（1）违章操作致使设备憋压。操作工人违反操作规程，设备运行前不检查汽包安全阀下截止阀的状态，运行时也不注意观察压力表。闭合状态的截止阀使其上面的安全阀失去了保护作用，夹套筒体内产生了蒸汽使夹套和汽包内的压力上升超过其所能承受的极限压力时，首先强度最薄弱的夹套内筒体发生破坏。

（2）设备有重大隐患。1993 年 9 月，使用单位对夹套内筒体鼓包进行修理，既未报告锅炉压力容器安全监察部门，又未制定修理方案、焊接工艺等，更未进行必要的检验和检测，焊接质量极差，设备强度严重不足。

(3) 使用单位压力容器安全意识淡薄，管理混乱。该设备从 1989 年运行至发生爆炸事故之日，未到有关部门办理使用登记手续，也从未安排定期检验，设备的修理是由本厂无证焊工完成的。

化工企业是压力容器比较集中的地方，做好压力容器的安全技术管理工作，消除隐患，预防事故，对保证人身和财产安全，促进安全生产意义重大。在安全技术管理中，企业应设专职管理人员；对压力容器的质量、检验、检修和改造等关键环节，企业以及车间班组要按规程操作，杜绝违章检修，以避免事故的发生。企业安全部门和设备管理部门要对设备进行定期和不定期检查，班组操作人员和维修人员要每天定时巡检，及时发现和消除隐患。

事故发生后，该化肥厂采取防范措施时应注意以下几点：

(1)《压力容器安全技术监察规程》第 133 条 4 款规定："压力容器与安全阀之间不宜装设中间截止阀。"而与该设备夹套相连通的气包上安全阀根部则装有截止阀，且无保证在运行状态下截止阀处于全开位置的措施，于是留下严重的事故隐患。因此，设备管理部门在技术改造时应严格执行有关规定，把好设计关。

(2) 压力容器的维修和改造必须遵守《锅炉压力容器安全监察暂行条例》和有关规程、标准的要求，维修单位必须具备资格，受压元件重大修理和改造方案必须报当地锅炉压力容器安全监察机构审查批准，任何单位不得擅自违章修理和改造。

（3）建立并严格执行燃气炉开车和停车操作票制度，加强对操作人员的培训和教育，提高其操作技能。

（二）设备存在缺陷导致的变换预热换热器爆炸事故

1995 年 7 月 28 日，福建省某化工联合总公司化肥厂在生产中，变换预热换热器时发生事故，人孔盲板飞出，气体将一名水处理操作工冲出 13 米，盲板飞到 22 米远处稀氨水槽墙壁后落下，造成一人死亡。

事故经过

7 月 28 日 0 时 16 分，福建省某化工联合总公司化肥厂在生产中，变换操作工李某发现变换系统出口压力下降了 0.02 兆帕，约 2 分半钟后压力迅速上升，出口压力达 0.84 兆帕（正常生产时出口压力应为 0.69 兆帕）。此时，李某立即打超压铃到压缩岗位要求减量，并赶紧去开系统出口放空阀，刚走到楼梯口就听到气体冲出声，当时是 0 时20 分。发生事故的设备是变换预热换热器，事故发生时，人孔盲板飞出，气体将 10 米远处的水处理操作工胡某冲出 13 米（人孔口朝向水处理操作室，胡某在操作室门口就座），盲板飞到 22 米远处稀氨水槽墙壁后落下。现场人员急忙将胡某送到医院急救，最终，胡某经医院抢救无效死亡。

事故原因分析

造成这起事故的直接原因：一是设备存在缺陷。变换预热换热器系自制设备，设计不符合规范，人孔直径偏大，人孔盲板厚度不够，未进行强度计算，且采用法兰加钢板焊接，非整体钢板加工制造。盲板制造质量差，无坡口焊接，未焊透；二是工艺上操作超压，0 时 16 分碳化岗位调塔时，气相管被碳铵结晶堵死憋压，引起变换岗位超压近 0.2 兆帕。

造成事故的间接原因：一是 27 日晚班碳化岗位操作不认真，工艺指标执行不严，主塔冒液带到串连阀前，造成气相管被碳铵结晶堵死，28 日早班调塔时未吹通气相管，未观察压力变化，未听气流声响，调塔后也未全面检查压力状态；二是公司对自制设备管理不严，没有及时发现和消除事故隐患。

事故教训

在这起事故中，引发事故的两个因素，一是人员操作失误，二是设备存在缺陷。两个因素相对比，企业更应重视设备缺陷问题，因为在人员操作设备过程中，技术水平不高、责任心不强、偶发事件、紧急状况等因素都会导致人员操作出现差错，甚至导致操作失误。因此，在安全技术管理中往往要求设备具有可靠性，只要设备可靠，即使操作人员存在一定的操作失误，也不至于引发重大事故。在这起事故中，发生事故的变换预热换热器系自制设备，设计不符合规范，盲板制造质量差，设备本身就存在安全隐患。我们可以设想，如果设备本身不存在安全隐患，那么这起事故还会发生吗?

压力容器自设计至报废，每一环节都与安全有关，任一个环节出现漏洞，都会为安全使用埋下隐患或直接引发事故，所以，必须对压力容器实行全程管理。按照规定，压力容器或受压元件必须由具有相应制造资格的单位制造，应符合图纸、制造标准及《压力容器安全技术监察规程》的要求，出厂资料必须有竣工图样、产品质量证明书、压力容器产品安全质量监督检验证书等。竣工图样上应有设计单位资格印章且不能是复印章；产品质量证明书内容应齐全、正确，且质量证明书、竣工图样与实物均应一致并符合标准和规程的要求。

这起事故发生之后，该厂所采取的防范措施：一是严禁自行设计、制造压力容器；二是对在用压力容器进行专项检查，对检查不合格的，该报废的报废，该更换的更换；三是严格控制工艺指标，严格执行安全操作规程。碳化操作不能冒液，调塔前要用水蒸气吹煮气相管，用木棒敲打气相管，确认无堵后方可进行调塔；调塔时严格按程序操作，开关协调，并随时注意压力变化，听气流声响，调塔后要全面检查阀门开关状态是否正确，压力是否正常，确认无误后方可离开。

（三）设备管理混乱导致的汽化锅伤亡爆炸事故

1989 年 4 月 4 日，湖北省武汉市某化工厂氟制冷剂工段在生产中，设备存在问题，导致液氯汽化岗位发生汽化锅爆炸事故，造成3人死亡、1人重伤、3人轻伤。

4月4日上午，湖北省武汉市某化工厂氟制冷剂工段在生产中，因电气问题，F22工段处于停车状态。12时30分再开车后，反应组分不好，当时班组长提出向反应釜通氯。考虑到原液氯汽化锅有过倒吸现象，不好计量，便决定启用备用的1#汽化锅。操作工向汽化锅内压入30～70千克液氯后，开启蒸汽阀门将液氯汽化。14时30分以前，汽化锅内压力为0.78～0.98兆帕（8～10千克力每平方厘米）；14时30分升至1.08兆帕（11千克力每平方厘米）；15时50分升至1.27兆帕（13千克力每平方厘米），16时05分时压力表到达极大值；16时12分发生爆炸。

汽化锅发生爆炸前，接班组长、交班组长和副工段长正在研究和处理汽化锅超压问题：开启了汽化锅上夹套的冷冻盐水阀门，打开了下夹套的冷却水阀门并关闭了蒸汽阀门。汽化锅突然爆炸，将在场3人当场击倒并致死。汽化锅被炸成121块碎片，一片1.55千克重的碎片飞出120多米远，这块碎片上还附有炭迹。据现场目击者证实，爆炸时有火光和黄色气流。

（1）该汽化锅原是回收F21的，由于回收中经常发生带油带水现象而停止使用，停用近两年后又改为液氯汽化

锅。锅内原有大量油污，经冷水冲洗后油污没有被清洗干净。在这次通氯汽化时，锅内的油、水、铁锈和氯发生化学反应，经历了近 2 个小时的诱发过程，最终导致不可控制的强烈爆炸。

（2）设备管理混乱。该设备是 1972 年设计并制造的 F46 单体计量槽，1987 年 2 月改为 F21 回收锅，1989 年 2 月又改为液氯汽化锅。后两次改动都没有经过设备科，且车间自行在设备上焊接夹套、改换接管口等，违反了有关压力容器的使用规定。

（3）原化工部明确规定液氯汽化锅不能用蒸汽加热，而该厂却是用蒸汽通入夹套加热的。

事故教训

这起事故的发生与违反有关压力容器的使用规定，擅自在设备上焊接夹套、改换接管口等有直接的关系。由于压力容器在使用中容易发生事故，故此对压力容器的修理、改装等都有明确、严格的规定。通常在对压力容器的检验中如果发现缺陷，需要进行必要的修理，须注意的要点：一是修理前应认真检查缺陷的性质、特征、范围及形成原因，并制定修理方案；二是进行挖补或更换受压部件时，必须保证受压部件原有的强度和制造技术条件的质量要求；三是补焊、挖补、更换筒节和封头等重大的修理项目及其焊接处理的技术要求，应参照执行有关的规范要求；四是修理所使用的材料必须与容器母体材料相适应；五是裂纹缺陷可打磨消除，焊缝成形超差部分也可打磨或与母材平滑过渡；六是在补焊前用无损探伤方法确认缺陷已完全铲除后，按预先制定的补焊工艺进行补焊；七是挖补受压部件时，补板不能带尖角，其焊工应持有锅炉压力容器焊工操作证等。

事故之后，该厂所采取的防范措施：一是严格执行有关压力容器设计、制造、使用的规定，没有取得制造许可证不得在设备上乱改乱焊；二是挪作他用的设备必须有完整的审批手续，应经过核算论证，主管技术、设备的负责人应签字负责；三是液氯汽化锅改用热水加热，并增加紧急排放装置。

（四）设计存在缺陷导致的干燥器爆炸伤亡事故

1997 年 1 月 9 日，河南省焦作市某化工总厂科研所在试验生产过程中，干燥器存在严重缺陷，导致发生爆炸事故，造成 4 人死亡、3 人受伤。

1 月 9 日 15 时，河南省焦作市某化工总厂科研所在试验生产过程中，硅酸锆试验室的平板式干燥器在蒸汽压力为 0.7 兆帕的工况下干燥硅酸锆时，干燥器突然发生物理爆炸，角焊缝大部分开裂，上下板之间的 9 根连接拉杆全部拉开，蒸汽进口管与箱体之间焊缝断裂。爆炸的气浪将干燥器上方的简易棚摧毁，室内门窗损坏，墙壁产生裂纹，窗上排风扇被推出 4.5 米。

事故发生时，正在干燥器周围的 7 人被气浪推倒，造成

1 人当场死亡，3 人在送医院抢救过程中死亡，其余 3 人受伤。

事故原因分析

该干燥器长 1 900 毫米、宽 895 毫米、高 80 毫米、上下板厚 8 毫米、四侧板厚 6 毫米、上下板间有 9 根 ϕ22 毫米的拉杆。蒸汽直接通入该干燥器内，冷凝水通过疏水器排出。

（1）该干燥器为自行设计、自己制造，设计与制造上都存在严重缺陷（主要是设计缺陷）。设计上没有考虑该干燥器能承受多大压力，因而也就没有考虑在蒸汽管上安装减压阀、压力表、安全阀等安全附件。蒸汽进入干燥器后，蒸汽压力超过干燥器所能承受的压力而发生破裂（即物理爆炸）。而且制造上存在焊缝熔合缺陷，焊肉最薄处只有 1 毫米厚。爆炸后，根据破坏能量与爆炸能量估计，爆炸压力应在 0.4～0.7兆帕之间。

（2）串岗是多人伤亡的另一原因。该岗位安排 2 人操作，而事故发生时竟有 7 人在现场，其中有 5 人属串岗，造成伤亡人数增加，这说明该厂劳动纪律管理不严。

（3）该厂的各管理部门重生产，轻科研，以致在科研所形成死角，各项安全管理不到位。

预防类似事故，可以参考和借鉴哈尔滨汽化厂加强设备管理的经验。近几年，哈尔滨汽化厂在设备管理中开拓新的

管理思路，强化设备的全员、全过程管理，狠抓设备的日常管理工作，不断改善设备运行状况，为装置的安全、平稳、大负荷运行奠定了物质基础。该厂压力容器分布广，种类多，介质易燃易爆，工作环境高温高压，运行条件极为苛刻，潜藏着各种不安全因素。因此，压力容器的安全经济运行对全厂的安全生产和发展有着重要的意义。该厂一直坚持以下四点做法：一是，新制造的压力容器和新管线安装前必须具有制造厂提供的质量合格证明书，并要符合设计要求，对于没有合格证或不符合设计要求的压力容器、管线、管件及紧固件一律不准使用；二是，压力容器和管线施工后，进行严格的理化检验，焊口不符合有关质量要求的，一律返工；三是，对压力容器和五类管线进行全面检验，及时对存在缺陷的压力容器采取有效措施，更换有缺陷的管线；四是，坚持每天对装置工艺设备和管线做外部检查，对于压力容器和管线发生泄漏以及紧固件松动、变形、损坏和振动超标等，均及时采取措施处理，确保装置工艺设备和管线长期、连续、安全运行。同时，该厂在备品备件管理、施工管理、备用机泵管理等方面都力求做到规范化，在实际应用中取得了较好的效果。

事故之后，焦作市的这家化工总厂采取的防范措施：一是设备的设计和制造涉及安全问题，因而必须在厂里形成严格的制度，加强对这个环节的管理，有关管理部门要把关，杜绝谁想设计就设计、谁想制造就制造的混乱状况；二是加强劳动纪律管理，管住脱岗、串岗等违反劳动纪律的行为。

（五）异径管安装错误造成的废热锅炉着火事故

1991 年 8 月 24 日，山东省某化肥厂合成塔后废热锅炉的进口管（异径管）因安装错误，发生破裂着火事故，造成 6 人死亡、1 人轻伤。

事故经过

1987—1989 年，山东省某化肥厂进行了较大规模的技改工程，整个工程投资 1 600 万元，新上了 4M20—75 大型压缩机三台、φ800 系列合成一套、φ700 系列精炼一套、φ3 200变换一套、年处理 1 080 万立方米 T3 系列药剂闭路循环水一座，新建 35 千伏变电站一座。整个技术改造工程于 1989 年 12 月初结束，12 月 31 日投入试生产。

1991 年 8 月 24 日 7 时 03 分，该厂合成塔后废热锅炉的进口管（异径管）三处破裂，高压气冲出着火，7 名正在操作室工作的职工被烧伤，其中 6 人死亡、1 人轻伤。

事故原因分析

（1）合成车间的高压设备（包括中置废热锅炉及管件）是由山东省淄博某工业安装公司安装的。进厂的设备及管件经厂方验收后，交给了该安装公司，安装公司在安装时，将 20# 碳钢、尺寸相同的异径管错装在了中置废热锅炉进口管的连接处，又将 1Cr18Ni9Ti 异径管安装在了循环机的连接管道上。由于两处温度不同、压力不同，从而导致了爆炸事故的发生。

（2）1991 年 4 月 26 日，山东省安丘化肥厂合成塔至中置废热锅炉的弯道变管部位发生了爆炸事故。为此，有关部门下发了文件，要求各单位高度重视，组织检查，发现不符合要求的应尽快更换。但是该厂在检查时却重视不够、思想麻痹、不够细心，未能查出安装上的错误。

事故教训

这起事故发生的原因在于设备安装错误，在发现和预防上都比较困难。有的企业为了预防此类事故的发生，针对设备、配件及原材料采购质量差、规格不符的问题，强化采购管理，从源头抓起，理顺进货渠道，实行定点网络淘汰制，采取入库把关与生产单位使用认可等办法。这样，不仅将假冒伪劣产品拒之门外，而且也优化了设备、配件及原材料；不仅提高了备品备件采购质量，而且也大大降低了生产中工艺控制难度，减少了停车频次。

事故之后所采取的防范措施：一是选择化工专业施工队伍安装；二是安装材料管理应将特殊材料标注清楚，按管道、管线对号发料；三是加强竣工验收工作。不论是技术改造、设备检修还是新上项目，从设计、制作、施工安装、竣工验收上都必须严格按照有关部门的规定执行。

（六）钢材质量不合格导致的氯乙烯泄漏爆炸事故

1991 年 12 月 1 日，河北省张家口市某树脂厂聚氯乙烯树脂车间在生产中，由于用于制作法兰的钢材质量不合格，输送管道连接法兰沿圆周处开裂，大量氯乙烯单体泄出，引起氯乙烯单体空间爆炸，造成 5 人死亡、8 人受伤。

12 月 1 日 15 时，河北省张家口市某树脂厂聚氯乙烯树脂车间聚合工段 1#，3#，5# 聚合釜正常生产。中班接班后，2# 釜因轴瓦损坏排气待修，4# 釜进料完毕待升温生产。15 时 35 分，氯乙烯工段停车。16 时 30 分，聚合工段 3#，5# 釜已降压，因氯乙烯压缩机未修好不能排气。19 时 50 分，氯乙烯工段压缩岗位开车，3#，5# 釜先后出料。20 时 40 分，氯乙烯工段分馏岗位向单体计量槽送料聚合工段聚合岗位向 3# 釜进料，为 5# 釜配水。

20 时 50 分，氯乙烯单体从单体高位槽至聚合釜的输送管道处突然泄漏，大量白色雾状氯乙烯单体喷出。20 时 55 分，在现场人员查找泄漏点时，发生氯乙烯单体空间爆炸事故。爆炸导致 1# 单体储槽（存量 9.8 立方米）、2# 单体储槽（存量 9.4 立方米）和正在进料的 3# 釜内氯乙烯外泄着火，同时造成多人中毒。市消防队经到报警后，迅速赶到事故现场，经过奋力扑救，大火于 21 时 30 分被扑灭。

事故原因分析

经事故调查确认，造成这起事故的主要原因是，用于制作法兰的钢材质量不合格，单体高位槽至聚合金的单体输送管道连接法兰沿圆周处开裂，大量氯乙烯单体泄出。聚合厂房系砖结构而非防爆厂房，不符合安全生产要求，则导致了事故的扩大。

此外，这起事故的发生还暴露了该厂安全管理中的薄弱环节，主要问题是管理不严，制度不落实。在事故的伤者中还包括一个9岁的小女孩，由此说明该厂没有落实原化工部“禁止带小孩进入厂区”的安全生产禁令。该厂对脱岗、串岗、带小孩进入厂区等违纪现象虽然多次进行过批评教育和处分罚款，但仍屡禁不止，说明了其安全管理不到位。

预防类似事故，可以参考和借鉴湖北兴发化工集团的设备管理经验。湖北兴发化工集团在生产中，坚持设备综合管理，为公司做大、做强起到了关键性的保障作用。

该公司在设备综合管理中，特别注意从源头抓起，以确保设备备件采购质量。为及时满足生产单位设备维护需求，避免使用假冒伪劣备件，确保设备正常连续运转，该公司除实行设备备件定点网络采购外，还实行因设备备件质量引起的经济损失与采购员工资、差旅费、奖金挂钩并直至追究法律责任的制度，从而有效地堵住了次品备件流入的源头，为经济、高效、安全生产创造了良好的外部环境。

此外，该公司还坚持设备年度检修与设备技改同步进行，严把质量关口。具体的做法：一是设备检修前期认真拟定项目，并派出生产单位相关人员进行考察论证，将“四新”技术及时运用于生产系统；二是从检修人员入手，认真筛选检修人员，即挑选懂技术、业务精、有丰富经验和工作责任心强的人员参与检修，推行《设备检修安全责任卡》，实行片段检修安全、质量负责制，即各工段的工段长为检修安全、质量第一责任人，并立下“军令状”，百分之百与检修质量奖挂钩；三是检修结束后，由检修单位会同公司安全、设备、技术系统等职能部门相关人员组成的设备检修质量验收、试车小组，对设备检修项目逐一进行质量验收和试车工作，确保检修质量过关；四是落实职工岗前教育工作。检修结束开车前，由职能部门会同检修单位组织对职工进行为期一周的系统理论与实地操作教育培训，并以检修后的设备、工艺变化等为侧重点。这样就避免了因操作不知、不熟练等原因而可能造成的意外事故的发生，以确保检修后开车顺利。

这起事故之后，这家树脂厂所采取的预防措施：一是严格原材料、设备和备品配件的检验，防止不符合质量要求的原材料、设备和备品配件投入生产；二是防爆场所的建筑物要符合防爆要求，厂房应为框架结构；三是严格执行安全管理制度，对违反安全管理制度的人员，按照规定进行处罚。

（七）存在质量隐患导致的有机热载体炉爆炸事故

1999 年 8 月 10 日，湖北省某化工厂正在升温运行的一台有机热载体炉突然发生爆炸，热载体流出引起大火，锅炉房内的设备和隔壁备用发电设备全部烧毁，并造成 1 人死亡。

事故经过

8 月 10 日下午 7 时 46 分，湖北省某化工厂正在升温运行的一台有机热载体炉突然发生爆炸，热载体流出引起大火，锅炉房内的设备和隔壁备用发电设备全部烧毁。冲击波还把正在进行拨火操作的司炉工冲出房外 2 米远，并被热载体烫、烧而亡。当时热载体温度为 220 摄氏度，车间工人正等待该炉升温，以便热载体达到要求温度时正常作业。突然发生的爆炸使锅壳与下脚圈和冲天管连接焊缝全部开裂。

通过事故现场勘察，该有机热载体炉爆炸后，锅壳与下脚圈和冲天管的连接焊缝全部开裂，焊缝根部整圈未焊透，许多部位母材完全未熔，仅靠填充金属连接；下脚圈扭曲；锅壳向上冲起击穿房顶，现场测量其平均抬起高度为 825 毫米；锅炉房内管道、阀门、循环泵、仪表等全部烧毁；膨胀箱热载体回流管道上的压力表和温度计损坏。同时，大火还引起放置在房外的盛有半成品的数只器皿爆炸，并将隔壁房间的备用发电设备烧毁。事故调查中没有发现锅炉铭牌、自动保护装置、与自动保护装置相连的一次元件及其残留物。

通过分析论证，该有机热载体炉发生爆炸的直接原因是，在升温运行时，热载体产生的油气和锅内存在的空气不能及时排出，在冲天管壁的高温作用下，发生热载体燃爆产生高压，同时，因该炉焊接质量低劣，锅壳与下脚圈和冲天管焊缝开裂，高温热载体流出遇炉火燃烧。

（1）该厂没有按《有机热载体炉安全技术监察规程》第 24 条的规定，在锅壳最高处设置排气阀。因此，热载体产生的油气和进入锅内的空气在升温运行时无法排出；另外，连接在热载体进油管道上的倒 U 形排空管的接入点低于锅壳最高点 450 毫米，高于该点以上的油气和空气也不可能由排空管排出，从而热载体蒸汽和空气形成可燃爆的混合气体。

(2) 有机热载体炉密封性不好，空气进入锅内。该炉及其管道系统在安装中采用的密封材料为石棉垫，由于石棉材料对载热体的密封性不是很好，因此极易造成载热体泄漏、挥发。《有机热载体炉安全技术监察规程》第 23 条规定，有机热载体炉中不能用石棉密封材料。再者，倒 U 形管无法形成油封，热载体蒸汽长期由此挥发泄漏，用户反映，经常看见此处有油气和液态油冒出。以上两个方面都会造成油损过大，锅内缺乏热载体，空气由排空管等泄漏点进入锅内。用户称，该炉运行以来已消耗热载体 2.2 吨，这已超出了热载体的正常补充量。另外，循环泵在开启瞬间，锅内形成负压状态，空气也可由无油封的倒 U 形排空管进入。

(3) 冲天管壁附近温度过高，形成燃爆的温度条件。设计上该炉未考虑启动时的循环问题，事故前升温运行循环泵未启动，给油管道上的阀门关闭，热载体处于循环停滞状态；另外，锅内上部气体的热容量、传热效果远低于液体。因此，冲天管壁的热量无法有效地被锅内介质吸收和带走，因此，热量不断聚集，使其附近温度升高，最后达到热载体的燃点。

(4) 该炉的锅壳、炉胆与下脚圈和冲天管采用角接密封焊连接，且焊接质量低劣，存在整圈未焊透缺陷，达不到应有的强度要求。

（5）该炉无自动控制和自动保护装置，在处于危险工况时，不能自动报警和保护。

事故教训

（1）根据《有机热载体炉安全技术监察规程》第 4 条规定，“生产有机热载体炉的单位，须持有有机热载体炉专用制造许可证”。而该炉的制造厂家不仅不持有专用制造许可证，且不了解国家对有机热载体炉的安全管理规定，不熟悉有关的技术要求和规范，也没有执行设计、制造、安装等标准，并认为该炉是无压运行，因此在设计、制造、安装上留下许多安全隐患。所以，为了保证锅炉压力容器的安全运行，企业需要从源头抓起，所购买的产品要保证质量，而不能购买无专用制造许可证厂家生产的产品。

（2）有机热载体炉由于介质的特殊性而有别于以水为介质的锅炉。对于液相抽吸式有机热载体炉，一般认为不太可能发生爆炸事故，而多为热载体泄漏引起火灾。但事实表明，由于结构不当，这种炉子也会发生爆炸。因此，在设计、制造、安装以及安全附件的设置上要充分认识其特殊性，在结构上要做到防止缺油、排气可靠，并考虑启动循环保护问题。另外，立式冲天管结构用于有机热载体炉则很值得商榷。这种结构火界很高，一旦锅内产生气体不能及时排出，很容易造成冲天管壁热量聚集、温度升高，使油气达到着火的温度条件。

通过对该起事故的分析，发现锅内的燃爆能量不是很大，如果焊接质量符合标准要求，则可能不会引起焊缝开裂造成爆炸。所以，较好的制造质量是锅炉安全运行的重要保证。

(3) 要严格执行使用登记和司炉工持证上岗制度。据调查，该厂未向当地锅炉压力容器安全监察机构办理该炉的使用登记手续，以致安全隐患未能得到及时的发现和纠正；另外，司炉工未经培训，无司炉操作证，不了解有机热载体炉的运行特点，因此没有正确认识到该炉在运行中存在的一系列安全隐患。

(八) 制造质量低劣导致的环氧乙烷计量槽爆炸事故

2000 年 7 月 10 日，陕西省某饲料添加剂厂内一环氧乙烷计量槽突然开裂，致使液态环氧乙烷喷出汽化发生大爆炸，造成 2 人死亡、4 人重伤、11 人轻伤，直接经济损失 640 万元，其他损失 178 万元。

事故经过

7 月 7 日 16 时，陕西省某饲料添加剂厂因环氧乙烷原料短缺而全厂停车待料。7 月 9 日晚，由辽宁省某公司运送的 35 吨环氧乙烷到货，运输工具为汽车槽车。7 月 10 日 11 时许，汽车槽车进入饲料添加剂厂储罐区即开始卸料。12 时 20 分，合成车间二楼环氧乙烷 1# 计量槽突然从下封头和筒体连接环缝处撕裂 150 毫米长的焊缝，液态环氧乙烷在计量槽内 196.133～294.2 千帕（2～3 千克力每平方米）压力下高速喷出后急剧汽化，使周围空间迅速达到爆炸极限，而且喷出的高流速物料与裂缝处的摩擦产生大量静电，加之合成车间的设备管道无静电跨接装置，随即发生了第一次爆炸并引发大火。第一次爆炸使合成车间二层部分建筑倒塌，两名操作工被埋在废墟中。12 时 30 分，大火蔓延烘烤引起了距合成车间仅 4.5 米处的 50 立方米环氧乙烷储槽内约 9 吨物料大量吸热汽化，罐内压力急剧上升，储罐终因超压而爆炸。

爆炸造成大量环氧乙烷泄漏燃烧，使距该储槽仅 6 米的汽车槽车被引燃（因槽车当时出料阀没有关闭）。13 时 20 分，汽车槽罐发生爆炸，爆炸冲击波及热辐射造成现场的消防官兵、周围群众 30 人受伤，厂内及周围建筑物不同程度受损，爆炸飞溅物同时引起厂区内多处起火。

事故原因分析

事故发生后，经现场勘察，确定造成这起事故的直接原因是：

（1）环氧乙烷 1# 计量槽属非法自制容器，制造质量低劣，焊缝、钢板存在着严重缺陷。

（2）生产车间属于四类易燃易爆生产作业场所，没有按规范设计、安装防静电接地装置，环氧乙烷泄漏汽化后，集聚电荷无法排除。

（3）装有环氧乙烷的液化气槽车没有及时脱离事故现场。

（4）该饲料添加剂厂对本厂压力容器、压力管道的安全管理没有执行国家的有关法律、法规、标准，而进行非法设计、制造、使用，造成各个安全环节严重失控。

造成事故的间接原因是：

（1）该饲料添加剂厂擅自在技改项目中增添氯化胆碱合成车间，对安全生产的重要性认识不够，对环氧乙烷的危险性认识不足，而且安全管理机构、规章制度、操作规程不健全。对有关部门检查提出的问题置若罔闻，没有落实整改。整体设计布局不合理，储罐与储罐之间、储罐与生产厂房之间及周围建筑物之间，安全距离均不符合有关规定，导致连锁反应。

（2）人员培训教育不到位。特种作业人员没有经过法定部门培训考核，无证上岗作业，安全意识淡薄。厂内安全管理也无专职人员，责任没有落实。

（3）项目主管单位没有严格遵照国家关于技术改造项目的有关规定，对该厂饲料添加剂扩建项目进行严格管理，监督不力，没有及时对项目进行全面竣工验收，导致可能发生事故的不安全因素没有被及时发现。

这起事故的发生与该厂非法自制压力容器且制造质量低劣，焊缝、钢板存在着严重缺陷有直接的关系。按照规定，国家对压力容器的设计、制造、安装、使用、检验、改造、修理等七个环节进行严格管理，有明确的规定和标准。

在压力容器的设计上，为了保证压力容器的设计质量，国家对压力容器设计单位实行设计资格认可制度。压力容器的设计单位资格、设计类别和品种范围的划分应符合《压力容器的设计单位资格管理与监督规则》的规定。设计单位必须严格执行有关设计标准和规范，保证设计质量，并向用户提供内容齐全的设计文件。

在压力容器的制造上，国家对压力容器制造（含现场组焊）单位实行制造资格认可制度，并进行分级管理。根据《压力容器制造资格认可与管理规则》规定，固定式压力容器制造单位应取得 AR 级或 BR 级压力容器制造许可证；移动式压力容器制造单位应取得 CR 级压力容器制造许可证。没有制造许可证的单位一律不得制造或组焊压力容器。制造单位应严格执行国家法律法规、标准规范，按设计文件制造和组焊压力容器。

在压力容器的安装上，从事压力容器安装的单位必须是已取得相应的制造资格或者是经安装单位所在地的省级安全监察机构批准且具有资质的单位。从事压力容器安装监理的监理工程师应具备压力容器专业知识，并通过国家安全监察机构认可的培训和考核，持证上岗。

在压力容器的使用管理上，压力容器使用单位购买压力容器时，应选择具有相应制造资格的压力容器设计、制造（或组焊）单位。使用单位技术负责人（主管厂长、经理或总工程师）应对压力容器的安全管理负责，并指定具有压力容器专业知识、熟悉国家相关法规标准的工程技术人员负责压力容器的安全管理工作。

使用压力容器的单位要加强安全管理工作，主要有以下几点：一是贯彻执行《压力容器安全技术监督规程》和有关的压力容器安全技术规范、规章，并制定本企业压力容器的安全管理规章制度；二是参与压力容器的订购、设备进厂、安装验收及试车，检查压力容器的运行、维修和安全附件校验情况；三是对压力容器的检验、修理、改造和报废等进行技术审查，编制压力容器的年度定期检验计划，并负责组织实施；四是重视压力容器使用登记及技术资料的管理。压力容器的使用单位必须建立压力容器的技术档案，并由管理部门统一保管。

（九）选材不当与检测不认真导致的水解釜爆炸事故

1992 年 6 月 27 日，内蒙古通辽市某油脂化工厂癸二酸车间在生产中，由于选材不当和对压力容器检测不认真，导致水解工段水解釜发生爆炸事故，造成 8 人死亡、4 人重伤、10 人轻伤。

事故经过

6 月 27 日 8 时 40 分，内蒙古通辽市某油脂化工厂癸二酸车间在生产中，该车间三班 1 名操作工向 1# 水解釜泵入蓖麻油，加水和氧化锌，加料完成后，向 2# 水解釜中泵入蓖麻油，加水和氧化锌。待这次加料完成后，两台釜同时升温。该操作工从 11 时开始对两台水解釜进行正常操作，当时两台釜的气压正常。反应进行 4 小时后，15 时 20 分，水解釜突然爆炸。爆炸造成 6 人当场死亡，2 人被送往医院后经抢救无效死亡（其中 1 人非本厂职工，在厂外路旁聊天时被炸飞的水解釜碎片砸死），另有 4 人受重伤，10 人受轻伤。

事故原因分析

造成这起事故的主要原因：一是选材不当，水解釜中水解生成的“油酸”对碳钢器壁腐蚀严重，加之催化剂冲刷，使器壁减薄，强度下降。据爆炸后检查，该釜体筒身已由1989年投用时的14毫米被腐蚀减薄到不及5毫米。水解釜用碳钢制造，选材时未考虑到随压力温度增高腐蚀加快这一问题。二是压力容器检测不认真，厂方没能及时发现问题。厂方曾请地方锅检所对爆炸的这台水解釜进行“检验”，而锅检所看其是投用时间不长的设备，因而没有检验就填写了检验合格证，并发了使用证。厂方过分依赖检验单位，认为检验单位填发了证书就意味着没问题。

事故教训

这起事故的发生比较意外，没有想到投入使用仅仅三年的设备会由于催化剂冲刷严重腐蚀而使器壁减薄导致爆炸。

在对设备的管理上，泰安双丰化肥公司的十大动态安全管理法经验则值得注意，对于预防设备事故具有参考和借鉴意义。

泰安双丰化肥有限公司推行的“零起点”动态安全生产十大管理法，就是把安全文明生产以零为导向，最大限度地挖掘安全生产管理潜力，建立起一套科学完善、运行有效的安全生产管理模式。具体说来就是：使全员不重视安全生产的麻痹思想永远保持在“零”状况；全系统一切静止设备和运转设备的故障率永远保持在“零”水准；影响企业安全生产的危险源及危险系数永远保持在“零”位置；全方位保证生产全过程的事故率永远保持在“零”起点。十大管理法包括：安全思想管理、安全目标管理、安全技术基础管理、安全经济管理、安全设备管理、安全培训管理、安全重点管理、安全信息管理、安全监督管理、安全群体网络管理。

在安全设备管理上，双丰公司从设备的申报、购进、安装、调试、运行、检查、维修各方面对其可靠性、技术性、经济性实行了全过程的管理，设备科建立了专门的设备台账，避免了设备的积压和浪费，延长了设备的使用寿命，提高了技术装备水平。根据从设备日常检查、定期检查、状态监测得到的信息，在故障发生前有计划地进行维修处理，对大型设备则实行重点加覆盖的检查维修方式，即检修人员每次仅对一个重点做详细检查，而对其他方面进行一般性检查。这样就使检查到的问题及时得到处理，其他作为预知问题，均在故障发生前检修处理，通过运用预知维修，使设备运转率和设备完好率保持在最佳状态，真正实现了“零故障、满负荷、长周期、高效率”的安全运转。

事故之后所采取的防范措施：一是化工设备的选材，要根据介质腐蚀性质决定；二是对压力容器的管理应严格遵循“监察规程”，不得松懈；三是加强职工的培训教育，充实压力容器管理知识。

（十）反应釜无安全装置导致的爆炸伤亡事故

1995 年 5 月 11 日，哈尔滨市某助剂厂在生产过程中，由于 500 升搪玻璃反应釜釜底盲板的密封橡胶垫老化，发生渗漏，使空气进入釜内引起爆炸，造成死亡 1 人、伤 3 人、厂房破损的重大事故，直接经济损失达 10 余万元。

哈尔滨市某助剂厂所用的 5# 500 升搪玻璃反应釜是江苏省江阴化工设备厂 1993 年 9 月的产品，1994 年初投产使用，出厂技术资料齐全；容积 500 升，夹套设计压力 0.6 兆帕，釜内设计压力 0.3 兆帕。该反应釜没有报有关部门注册登记，无安全装置，只是釜盖上装有真空压力表及温度计。

5 月 11 日晚上 17 时左右，5# 500 升搪玻璃反应釜正在运行中。当时反应釜内主要是羟乙基亚胺基甲乙醚、硫酸、盐酸等介质，在运行中进行放热分解反应，最后生成物为四氮唑乙酸。其生产工艺为：釜内压力为 0.3 兆帕，真空负压为 300～350 毫米水柱，温度为 105～140℃之间，夹套通 0.4 兆帕的蒸汽及冷水控制反应温度。

爆炸发生前，操作人员发现反应釜的窥视镜有剧烈反应的红光出现，在操作人员跑去放冷水降温时，釜内物料发生爆炸。爆炸使反应釜上盖飞起，打穿钢筋预制板房顶，飞出 20 余米远，搅拌器上电动机飞出 10 余米远砸入地内；新厂房墙体震裂，当场死亡 1 人、轻伤 3 人。

事故原因分析

事故发生后，经过调查分析，认为造成爆炸事故的原因是：

（1）这起事故是由釜底盲板的密封橡胶垫老化、渗漏，使空气进入釜内引起爆炸的（当时釜内是负压）。羟乙基亚胺甲乙醚在温度80℃以上时遇氧发生剧烈的氧化反应会导致爆炸。在事故分析中，发现该厂在安装设备时，没有按规定对压力容器进行耐压和气密性试验；法兰、盲板的垫板没有采用石棉密封垫。

（2）原生产工艺不合理。原来可以用常温、常压操作的而采用了高温带压工艺，原来可以用冷、热水控制反应温度的而采用了水蒸气、冷水控制反应工艺，增加了事故隐患。

（3）该生产岗位的操作人员未接受系统的岗位技术培训，不了解反应介质的化学性能及安全生产工艺。而且事故发生前操作人员不在操作岗位上，未能及时采取降温操作。

事故教训

事故之后，该厂认真吸取事故教训，在设备的管理上积极消除事故隐患，所采取的措施：一是改进工艺。在有关专家帮助下，把有压反应及负压反应改为常温、常压反应工艺；把反应温度控制在90摄氏度以下，釜内为常压。温控方法由夹套通水蒸气、冷水改为夹套通冷、热水控袍反应。同时在反应罐上部加装防爆膜及超温报警器。二是对不允许有微量泄漏的压力容器及新安装的压力容器，要进行耐压及气密性试验，对压力容器的定期检验工作必须长期执行，对到达检验期的容器，应主动和检验单位联系，确保设备在有效检验期内运行。三是所有设备都建立档案，制定各项规章制度和安全操作规程。四是对在岗的管理人员、操作人员进行系统的岗位技能培训压力容器操作工必须经过培训合格后，领取压力容器操作证方可上岗操作。

（十一）设备存在缺陷导致的水贮桶爆炸伤亡事故

1998 年 9 月 23 日，内蒙古某化工厂碱液制备车间在生产中，由于设备缺陷没有及时消除，导致发生冷凝水贮桶爆炸事故，造成 2 人死亡、4 人受伤，直接经济损失 60 多万元。

事故经过

9 月 23 日早晨 7 时左右，内蒙古某化工厂碱液制备车间化碱工段班长梁某，接到段长指令，为苏打车间增加清液供量。梁某到事发现场指示泵工再启动一台清液泵，并协助其操作。约 7 时 20 分，车间副主任刘某巡检至现场询问夜间生产情况，梁某回答一切正常，当刘某走出距事发现场十几米处时，猛然听到“轰”的一声，回头一看，厂房倒塌。

事后经检查，该车间冷凝水贮桶下封头炸裂，冲击力将墙推倒，同时，桶体向上弹起，将屋顶水泥横梁击断，导致屋面预制板塌落。7 时 40 分左右将 5 名伤员送到本厂医院抢救，其中一名重伤员经抢救无效死亡，并于 12 时 30 分在废墟中又找到 1 名死者遗体。

事故原因分析

碱液制备车间的冷凝水贮桶接收来自烧碱车间和芒硝车间的工效冷凝水，闪发蒸汽由排空管引至化碱沙堆和杂水桶，冷凝水用泵送至热电车间。事后经现场检查，排除了人为破坏和违章操作因素。

该冷凝水贮桶是一个常压设备，1993 年从原小化工车间搬迁至此，其制造厂家、使用年限以及在小化工车间的用途已无从考证，也没有图纸等技术资料。冷凝水贮桶直径 2.5 米，高 10 米，壁厚 10 毫米，下部为蝶形封头，上部为锥形封头。事发后经检查，该设备从下部蝶形封头与桶体角焊缝处炸裂，裂口焊缝有严重的焊接质量问题，焊缝局部厚度仅为 3 毫米，且伴有被腐蚀现象，桶体有几处补丁，事发前一天因上部泄漏进行过一次补焊。设备强度有严重问题。

导致该设备爆炸的原因是超压运行。从工艺角度分析，该设备进口是两条 ϕ108 毫米管线，正常情况下，一条管线进的是冷凝水，一条管线进的是气水混合物，设备通过 ϕ159 毫米管线排出气体，冷凝液被泵抽走，正常情况下，设备应为常压状态。

经分析，认定造成超压的原因主要有三条：一是液位过高使冷凝水进入排空管，导致排空不畅，使压力升高；二是烧碱车间在调节过程中打开液位自调装置旁通阀，使进入冷凝水贮桶中的成分气多水少，致使压力升高；三是芒硝车间没有液位自调装置，冷凝水排放阀开启过大。

在这起事故中，设备存在缺陷是导致事故发生的重要因素。由于冷凝水贮桶一直作为常压设备，因此在安全生产管理上没有引起足够的重视，从而未考虑到生产工艺过

程中有非正常状态。而且正常状态下是常压这个概念已长期被人们普遍接受，无论是在安全管理、工艺设置方面还是在设备管理方面都忽视了“非正常状态”这一极其重要的因素。

事故之后所采取的防范措施：一是冷凝水贮桶应设置液位高低限报警，应进出阀联锁，应设溢流管；二是用旁通阀操作时间尽量缩短，并严格控制进水不进气；三是放空管和溢流管要定期检查和清理。

（十二）工艺设计存在缺陷导致的物料爆燃火灾事故

1990 年 10 月 18 日，天津某油漆厂在生产过程中，由于工艺设计存在缺陷以及组织管理存在问题，导致发生爆燃事故并引发大火，造成 1 人重伤、8 人轻伤。

事故经过

10 月 17 日，天津某油漆厂树脂车间热炼三组，在试制丙烯酸改性醇酸树脂过程中，往 10# 树脂反应釜（3 立方米）中投入醇酸树脂、脱水蓖麻油醇酸树脂（2 种原料中均含 50%的 200# 溶剂汽油）以及二甲苯，为 18 日试生产备料，准备于第 2 天热炼。

10 月 18 日 8 时，操作人员点燃了 10# 反应釜的加热灶，由厂涂料所的 1 名助理工程师与 3 名操作工按工艺要求进行二次投料，将甲基丙烯酸甲酯、苯乙烯、过氧化苯甲酰混合溶液向 10# 反应釜内边搅拌边滴加，滴加完毕，未发生异常情况。10 时 30 分，第二次向釜内滴加混合液时，釜内物料发生外溢现象，关闭滴加阀门以后，外溢现象得到了控制。第三次往 10# 反应釜内滴加混合液时，釜中突然发生剧烈反应，物料大量外溢，在关闭了滴加阀门后，外溢仍未停止。因物料外溢，无法开冷却水阀门，工人即到三组办公室叫人处理。第三次加料的工人听到女工叫人后，与该女工跑到炉前关闭了煤气阀门停止加热。此时，大量含有溶剂的高温树脂溢流到临时存放在 10# 反应釜操作台下的装有 15 千克左右过氧化苯甲酰的桶内，引起了爆燃。

事故发生后，厂消防队及厂职工奋力扑救，很快将火扑灭。市消防队赶到时，火已经完全扑灭。在发生火灾时有 9 人分别受到程度不同的化学灼烫，其中 1 人严重烧伤，烧伤面积 40%，烧伤程度 2～3 度；其余 8 人为轻微烧伤。

事故原因分析

（1）工艺设计存在缺陷。滴加过氧化苯甲酰（一级有机强氧化剂）的数量、流速没有严格的定量标准。操作人员在第二次滴加发生外溢现象后，未认真分析原因，仅做草率处理，又盲目进行第三次滴加，致使事故发生。

（2）组织、管理方面存在问题。在试生产时，没有进行安全生产教育，没有采取安全措施。在人员安排上，试生产岗位由 1 名调岗的新同志单独顶岗，没有经验丰富的老同志指导，由于缺乏实际操作经验与事故处理能力，酿成了这起事故。

（3）现场物料管理混乱，将强氧化剂过氧化苯甲酰随意放在反应釜下，导致爆燃。

事故教训

事故之后，该厂认真吸取事故教训，总结经验，加强管理，采取积极措施预防类似事故再次发生。所采取的措施包括：一是在开发新工艺、新产品或试生产过程中，必须进行严格的工艺设计、工艺分析，分析可能发生的意外情况，并制定切实有效的安全措施。二是加强科研、产品试制的管理，安全知识不够或工艺知识较差的人员，不能单独从事科研与试制工作。对新工人、新调入的人员、换岗人员，必须在经验丰富的老同志带班下工作，在具有较长时间的熟悉本岗位工作以及经过多次安全教育与训练后，经考试合格方能独立顶岗。三是要重视安全生产，防止麻痹大意，防止蛮干，尤其是在出现事故预兆的情况下，更不能盲目蛮干，以防造成更大的事故。四是反应釜下严禁存放危险物品。

（十三）造漆厂反应釜加料口爆炸引发的火灾事故

1995 年 11 月 4 日，某市造漆厂树脂车间在生产过程中，工艺、设备存在不安全因素，导致反应釜加料口突然发生爆炸，引发火灾，烧毁厂房 756 平方米，造成直接经济损失 120.1 万元，所幸无人伤亡。

事故经过

11 月 4 日 21 时 50 分，某市造漆厂树脂车间工段 B 号反应釜加料口突然发生爆炸，并喷出火焰，烧着了加料口的帆布套，并迅速引燃堆放在加料口旁的 2 176 千克松香，松香被火融化后，向四周及一楼流散，使火势顷刻间扩大。当班工人一边用灭火器灭火，一边向消防部门报警。市消防队于 22 时 10 分接警后迅速出动，经过消防官兵的奋战，于 23 时 30 分将大火扑灭。

这起火灾烧毁厂房 756 平方米，仪器仪表 240 台，化工原料产品 186 吨以及设备、管道等，造成直接经济损失 120.1 万元。

事故原因分析

火灾事故发生后，经调查确认，造成这起火灾事故的直接原因是，B 号反应釜内可燃气体受热媒加温到引燃温度，被引燃后冲出加料口而蔓延成灾。

造成事故的间接原因：一是工艺、设备存在不安全因素。在树脂生产过程中，按规定，投料前要用 200 号溶剂汽油对反应釜进行清洗，然后必须将汽油全部排完。但在实际操作中，观察者仅靠肉眼观察是否将汽油全部排完，且观察者与操作者分离，排放不净的可能性随时存在。以前曾经发生过的两次喷火事件，均未引起领导重视，也没有对其认真分析原因和提出整改措施，致使养患成灾。二是物料堆放不当，导致小火酿大灾。按规定，树脂反应釜物料应从三楼加入，但由于操作人员图方便，而将松香堆放在二楼反应釜旁并改从二楼投料，反应釜喷火后引燃松香，松香大量熔化流散，使火势迅速蔓延。三是消防安全管理规章制度不落实、措施不到位，而且具体生产中的安全操作要求、事故防范措施及异常情况下的应急处置都没有落到实处。

事故教训

在这起火灾事故发生前，公安消防部门在检查中曾指出该厂的控制室没有用砖墙分隔及厂内消火栓管道小、压力不足等问题，但未引起厂方重视，一直未予整改。在这起火灾事故中，导致经济损失扩大的一个原因，就是未能及时对存在的问题进行整改。企业在生产过程中，由于各种因素的影响和作用，必然会产生不安全因素。而产生不安全因素并不可怕，真正可怕的是发现问题后不予理会。安全检查只是手段，目的在于发现问题、解决问题。企业应该在检查过程中或检查后，本着自力更生的原则和态度，发动群众及时整改。整改应实行“三定”（定措施、定时间、定负责人）和“四不推”（班组能解决的不推到工段、工段能解决的不推到车间、车间能解决的不推到厂、厂能解决的不推到上级）。对于一些长期危害企业安全生产的重大隐患，整改措施应件件有交代，条条有着落。

（十四）化肥厂管丝扣脱开造成的合成气体爆炸事故

1990 年 10 月 27 日 23 时 35 分，河北省某县化肥厂联合车间循环机出口管丝扣突然脱开，大量高压合成气冲出，引起化学气体爆炸并同时起火，造成 5 人死亡、5 人烧伤、经济损失 148 万元的重大事故。

10 月 19 日，河北省某县压肥厂联合车间合成工段开启

循环机，合成开始升温。23 日因合成升温后期用气量大，停用 1 号循环机，开启 3 号循环机。24 日晚班发现 3 号循环机回气管弯头漏气，上午 10 时白班接班后，工人们反映车间氨味较大，呛得厉害。当班调度决定停用 3 号循环机，开启 1 号循环机时，因跳闸未能启动，于是又启动 3 号循环机。当班工人找来电工将 1 号循环机保险换好。小夜班于 18 时接班时，白班班长孙某告诉小夜班操作工："1 号循环机保险已换好，发现注油管漏气。"接班后，小夜班操作工梁某叫来维修工武某进行了处理。19 时左右启动 1 号循环机，停用 3 号循环机。这时全厂 5 机生产，合成塔温度为 455～460℃，设备工艺达到正常生产运行状态，车间内的氨味逐渐减小。23 时 35 分左右，合成工段 1 号循环机出口管法兰丝扣突然脱落，高压 U 形负管打出，高压氢氮混合气和氨气向外喷射，顿时联合车间发生空间爆炸并起火，当场死亡 4 人、烧伤 5 人，11 天后又死亡 1 人，联合车间厂房全部摧毁，部分机电设备损坏。

事故原因分析

根据现场调查和技术鉴定，确认这是一起由多种原因引发的重大责任事故。事故的发生有偶然性，也有必然性。

造成这起事故的直接原因：

(1) 联合车间合成工段 1 号循环机西侧出口法兰变形，致使连接高压 U 形管与法兰丝扣脱落，大量高压混合气喷出爆炸。高压法兰变形是由于工人在紧固法兰螺栓时任意给套筒扳手加长力臂，而且由几人同时用力紧固，使法兰长期处于螺栓的超强压力下，逐渐产生塑性变形；再加上该循环机机体内的活塞和密封填料易损，需要经常更换，这样频繁拆卸及多次超强紧固使法兰塑性变形一次次加重。

(2) 该循环机配管在设计上不尽合理。出口与中心管中心距为 1.8 米，所配 U 形管连续出现 2 个 90°弯，并且斜向状态安装，U 形管中部没有支撑。循环机工作时 U 形管同时受到重力、机体振动、高压气流冲击等几个力的作用，丝扣连接部位产生疲劳和磨损，降低了丝扣的强度。

(3) 1 号循环机及其他连接法兰变形长期无人发现，历次检修中都没有认真测试检修。经拆卸测试 24 块法兰，结果发现 23 块有不同程度的变形。由于这种潜在的重大事故隐患长期未被察觉，因此，事故的发生是必然的。

造成这起事故的间接原因：

(1) 设备管理较差，制度不落实。该厂按照上级的要求制定了设备管理制度，但贯彻落实很差。如在《锅炉、压力容器管理标准》中规定：高压管道每 6 年进行一次检查，车间可将对管道、阀门的检查分段进行。可是，1 号循环机出口法兰与高压胶管自 1982 年安装运行以来从未进行检修，其他设备检修也不及时，跑、冒、滴、漏现象严重，很多设备带病运行。

(2) 安全意识薄弱，机构不健全，人员不得力，特别是在生产滑坡、经济效益不好的困难时期，领导只重生产，不讲安全，生产与安全的关系处理不当。全厂的安全工作只由生产科一名副科长兼管；全厂只有一名专职安全员，但同时还兼管着消防、环保工作，由于工作兼职过多，不能经常深入现场检查。车间、班组的安全员全部由车间主任、班组长兼任，他们对安全工作也没有尽职尽责。

（3）对职工的安全技术培训、安全知识教育不够深入，特别是对近几年入厂的新工人、年轻工人经常性的安全教育抓得很松。不少职工只参加过入厂的三级安全教育就上岗，对本岗位的设备、工艺、安全操作方法了解甚少。操作过程中不讲科学、无知蛮干的情况时有发生。

（4）生产现场管理混乱，劳动纪律松弛。职工上班串岗、脱岗、睡岗、干私活等现象经常发生，而且长期得不到纠正。

事故教训

面对惨痛的事故，要吸取教训，避免同类事故再次发生，确保安全生产。该厂在事故之后采取的防范措施：一是加强企业的安全检查，清除事故隐患，把日常检查、专业性检查和季节性安全检查结合起来，查出隐患要立即整改；二是成立安全专职机构，配足安全管理人员，认真执行安全生产条例，严格奖惩制度，加强现场监督检查；三是加强安全教育和安全培训工作，提高职工的安全意识和业务技术素质，特别是对职工的三级安全教育和日常教育要持之以恒，并且要加强劳动纪律管理；四是严格执行化工生产各种设备维护检查规程，严格执行业务主管部门制定的和本企业制度中的各项设备管理制度，加强设备管理体制建设，要定人、定机、定制度，做到台台设备有人管。

对这起事故，班组应吸取的一个教训就是要加强班组的安全业务建设。班组的安全业务建设是指班组在安全生产、安全技术和安全活动中，应不断学习和掌握各项安全管理技术，增强班组在安全生产中的计划、组织、指挥、协调和控制能力，使企业各项安全管理工作在班组得以落实。就这起事故而言，紧固法兰螺栓并不是越紧越好，紧固过度会使法兰长期处于螺栓的超强压力下而逐渐产生塑性变形，从而产生事故隐患。

班组安全业务建设的内容很多，也很丰富。它包括班组的安全生产管理、安全技术管理、安全活动、设备工具管理、安全文明生产、事故防范、推行现代安全管理方法、推行标准化作业等。例如，针对班组职工年龄、文化结构的特点，开展形式多样、喜闻乐见的岗位技术练兵、技术表演以及组织提合理化建议、职工身边无违章、班组无事故等群众性活动，从而引导职工增强安全意识，加强职工基本技能训练，使在岗职工熟练掌握操作要领、设备维护和故障判断与处理等技能，确保本岗位生产操作安全。

(丨五) 旅馆开水器盘管断裂造成的爆炸事故

1995 年 2 月 21 日 19 时许，某旅馆三楼开水房一台开水器发生爆炸，造成直接经济损失 3 万多元，所幸未造成人员伤亡。

事故经过

2 月 21 日早上 8 时许，某旅馆停电，锅炉停止运行。18 时来电，锅炉重新开始运行。18 时 40 分左右，三楼服务员发现有大量蒸汽从开水房冒出，进而发现开水房内充满蒸汽，于是立即跑向楼下去叫维修工。刚跑到二楼，只听一声巨响，开水器爆炸，开水器盖和两根断裂的盘管飞出，开水房内很多设施遭损坏。巨大的冲击波还使二楼所有客房的门都遭损坏，走廊两头窗子的玻璃也被震坏。值得庆幸的是，爆炸时刻正是用餐时间，走廊内没有行人，没有造成人员伤亡。

事故原因分析

事故发生后，据服务人员反映，该开水器已经运行 18 个月，未见异常，但在爆炸的前几天常听到开水器内有水击声。据判断，由于当天停电，锅炉停止运行近 10 小时，管道已经冷却（当天气温为－4 摄氏度）。锅炉重新投入运行送汽后，蒸汽同时受到管子和冷水的冷却，开水器盘管内产生了大量的冷凝水。由于疏水不及时（爆炸前几天所听到的水击声响说明疏水器有问题），盘管内的冷凝水不能及时排出，发生了水击现象，而盘管根部（与蒸汽母管连接处）焊缝热影响区本来就应力集中，塑性又比其他部位低，因而发生断裂；大量的蒸汽从盘管冲出直接加热冷水，而开水器的水容量很小，使冷水很快受热汽化，但排汽口又不能排出全部蒸汽，因此，当压力升到一定程度后，筒体与上盖的角焊缝开裂，而此时开水器的水温已超过 100 摄氏度，突然全部沸腾，造成爆炸事故。

事故教训

造成事故的主要原因是，开水器盘管断裂，排汽管又不能及时排出蒸汽。近年来，许多单位都发生过开水器爆炸事故，造成很大损失。为了防止此类事故的再次发生，除了在开水器的设计上应做适当改进外，在使用上也应注意以下几点：

（1）严格按照使用说明书的要求进行操作，对不明确的问题应及时向制造厂问清，否则不应投入运行。

（2）在开水器前方的管道上，应安装减压阀和安全阀，以保证管程不超压运行。

（3）应定期检查零部件，特别是换热管的质量；可采用外观检查和水压试验等方法，检查管子有无裂纹、腐蚀，是否泄漏。

班组应对措施与讨论

对于生产班组来说，对压力容器进行安全管理主要包括两个方面：一是严格按照安全操作规程进行操作；二是认真做好巡回检查，发现异常情况及时处理或报告。

在安全操作方面，压力容器投入使用后，应按要求对每台压力容器进行编号、登记，建立设备档案。根据生产工艺要求和压力容器的技术性能制定压力容器安全操作规程、工艺操作规程、维护保养制度等，并严格执行。不任意改变原设计单位所设计的工艺条件；压力容器的修理和技术改造必须保持受压元件的原有强度和制造质量要求。容器的焊补、挖补、更换筒节及热处理等技术要求，应按现行技术规范要求，制定具体施工方案和工艺要求，经审批后方可进行。

在巡回检查方面，加强容器现场安全管理，应定时、定点、定线进行巡回检查，严禁超温、超压运行。经常检查安全附件是否齐全、灵敏、可靠。发现有异常现象，如工作压力、介质温度、壁温超过许用值且不能使之下降，受压元件发生裂缝、鼓包、变形、泄漏等危及安全缺陷，安全附件失灵，接管断裂，紧固件损坏时，都应采取紧急措施，及时处理并向有关部门报告。

需要注意的是，压力容器通常都设置有安全阀，当压力容器内的压力超过某一规定值时，安全阀会自动开启迅速排放压力容器内的过压气体，并发出声音，从而引起操作人员注意并予以处理；待压力回复到规定指标内时，安全阀会自动关闭，使容器内压力始终处于允许范围内，从而避免因超压而造成爆炸事故。因此，在压力容器的使用中，要抓好安全阀的日常维护。由于生产长期正常，安全阀处于待用状态过久，阀体弹簧等就有可能沾满油污或锈住，导致安全阀失灵，从而失去防护作用。所以，必须加强日常维护检查，保持安全阀清洁。同时还应检查安全阀的铅封是否完好，温度过低时有无冻结现象，是否泄漏等。如果发现安全阀出现问题，应及时校正或更换。类似事故案例很多，例如，2004年8月6日10时许，某化肥厂CO_2压缩机四段超压，压力指标为8.4兆帕，而当压力表指示到13.5兆帕时，安全阀仍未起跳。幸好操作工巡检时发现，及时停车处理，这才避免了一起事故。经过分析，造成这起未遂事故的原因，就是安全阀长期未用，弹簧发生变形、锈死，未能在超压的情况下发挥作用。

在安全检查上，班组可以按照本企业所制定规章制度、操作规程、安全检查要求，对压力容器进行日常检查、定期检查、重点检查等，发现问题及时处理或者及时报告。表3—1 和表 3—2 是压力表和安全阀的安全检查表，可供参考。

表 3—1　　压力表安全检查表

序号	检查内容	检查标准	检查方法
1	压力表选型	根据被测介质的性质、压力、温度及工作条件正确选型	现场检查
2	精度等级	满足工艺及设备要求	现场检查
3	选型、安装	与压力容器或设备内的介质相适应，便于观察和清洗；与压力容器之间应装设三通旋塞、针型阀或隔离罐	现场检查
4	工作压力	刻度盘上划出最高压力红线	现场检查
5	外观	刻度盘清晰，表针清洁、无破损，表内无泄漏	现场检查
6	压力指示	正确无误，不超量程	现场检查
7	压力表校验	定期校验，校验记录、校验合格证齐全，校验日期铅封完好	现场抽查、查校验记录

表 3—2　　安全阀安全检查表

序号	检查内容	检查标准	检查方法
1	技术资料	产品质量证明书、检修维修记录齐全	查档案
2	选型、安装	符合《石油化工企业防火设计规范》要求；动作灵敏、可靠无泄漏；铅封、铭牌完整，标示字迹清晰	现场抽查、查设备档案
3	定压	操作压力的 1.25 倍	查设备档案
4	排放量	大于工艺所需的安全泄放量	查设备档案
5	与设备间的隔离阀	全开，加铅封或联锁，有专人定期检查	现场抽查、查记录
6	安全阀校验	定期校验，运行、检修、试验等技术资料齐全，铅封完好	抽查设备档案、查校验记录

班组讨论话题

● 如果你是压力容器操作人员，你是否能主动学习掌握有关压力容器的知识？别人的经验教训对你是否有启发？当别人出现违章行为时，你是否敢于制止？

● 如果你是压力容器操作人员，你在压力容器操作中遇到过危险情况吗？如果遇到，你是怎么发现和处理的？

● 如果你不是压力容器操作人员，你愿意了解有关压力容器的知识吗？你认为了解有关压力容器的知识有什么意义？

● 作为班组长，你愿意组织本班组成员学习和了解有关压力容器的知识吗？你愿意组织本班组成员学习和讨论有关压力容器的事故案例吗？

第四部分　气瓶管理存在问题导致的事故

气瓶主要装压缩气体和液化气体，是一种特殊的压力容器。从安全角度看，气瓶与其他压力容器相比具有自身的特殊性：一是气瓶内装的压缩气体、液化气体的压力受温度的影响大，要求以 60 摄氏度时的瓶内压力作为设计压力；二是由于气瓶直径小，无法进行内部检查，对耐压试验要求高，即要求的试验压力比一般压力容器要高，试验压力要求为设计压力的 1.5 倍。

气瓶虽然结构简单，但瓶内承受压力大，应力状况复杂，瓶内介质种类多且性质各异再加上气瓶流动范围广、使用条件恶劣等危险因素较多，所以极易发生火灾爆炸事故。因此，应加强对气瓶的安全检查，主要检查内容应包括：

·气瓶的产权单位应建立气瓶管理档案，包括制造单位、气瓶编号、合格证、产品质量证明书、气瓶改装记录、充装使用记录、定期检验证与记录、气瓶判废通知书及管理责任人等。

·气瓶使用单位必须对气瓶的入库与发放实行登记制度，登记内容应包括气瓶的类别、编号、定检周期、外观检查、入出库时间、领用单位和管理责任人等。

·必须在检验周期内使用。

·外观无缺陷、无机械性损伤和严重腐蚀。

·表面漆色、字样和色环标记应符合规定。

·瓶帽、瓶阀、易熔合金塞、底脚圈及防震圈等附件应完好。

·气瓶应储存于气瓶专用库内，库房应符合有关规定，库房门口应有醒目的安全标志。

·库房应远离热源，严禁明火，有防止阳光直射库内的措施；库内应通风良好，并保持干燥，不允许有通往室外的沟道等。

·盛装易发生聚合反应或分解反应气体的气瓶，必须规定储存期限，并应避开放射性射线源。

·空瓶、实瓶应分开放置，有明显的标记并保持间距1.5米以上，并且有预防倾倒的可靠措施。

·盛装毒性气体或盛装的气体在相互接触后能引起燃烧、爆炸以及产生毒物的气瓶，应分库存放，并在附近设置防毒护具或消防器材。

·在作业现场，气瓶同一地点放置数量不应超过5瓶；超过5瓶但不超过20瓶时，应有防火防爆措施；超过20瓶时，必须设置二级瓶库。

对于使用气瓶较多的企业，应该对气瓶的管理制定专门的规章制度，使气瓶的使用、存放、检验等工作有章可循，预防管理上的疏漏。陕西飞机工业（集团）有限公司针对本企业的情况，制定了《工业气瓶管理规定》，明确了有关事项和责任，可供有关企业和班组参考。

第一章　总　则

第一条　为加强工业气瓶的安全管理，防止气瓶事故的发生，依据国家有关气瓶安全管理的规章和标准，特制定本规定。

第二章　工业气瓶的检验

第二条　凡未按期检验、钢印或颜色标记不符合规定及附件不全或损坏的气瓶，严禁充装、经销和使用。检验期规定如下：

（一）盛装腐蚀性气体的气瓶，每两年检验一次。盛装一般气体的气瓶，每三年检验一次。

（二）盛装惰性气体的气瓶，每五年检验一次。

第三条　气瓶在使用过程中，发现有严重腐蚀、损伤或对其安全可靠性有怀疑时，应停止使用，并提前进行检验，立即报告技安环保处。

第四条　库存和停用时间超过一个检验期的气瓶，启用前应进行检验。

第五条　钢瓶检验或钢瓶改变用途，必须按规定由批准的检验单位进行及确认。

第六条　外购气体的气瓶，不得超过检验期，瓶帽（防护罩）、防护胶圈应齐全，气瓶外部无明显超标伤痕。

（一）气瓶入库时，超过检验期、安全附件不齐全、有明显超标伤痕的气瓶不得入库，否则由入库验收员或批准人员负责。

（二）气瓶发放时，不合格的气瓶不得外发，应返回供气单位更换合格的气瓶。

（三）使用者不得接收不合格的气瓶，在使用现场发现不合格的气瓶时，由接收者负责。

（四）回收的不合格气瓶，由回收者负责。

（五）采购、发放返回的气瓶应建立台账，并履行双方签字手续。

第三章　工业气瓶的运输、储存和使用

第七条　气瓶在运输、储存、使用过程中发生故障时，应立即采取如下措施：

（一）一般性气体气瓶，在不伤害人和设备的情况下，气体放净后送回充气单位处理。

（二）有毒性气体气瓶泄漏后，首先疏散人员，防止中毒事故，有条件时可将气瓶移到无人区域做中和处理。气体放净后送回充气单位处理。

（三）可燃性气体气瓶泄漏后，要采取防止产生火花的措施，50 米之内不得有火源、火花产生。气体放净后送回充气单位处理。

第八条　运输和装卸气瓶时，应遵守下列要求：

（一）必须佩带好瓶帽（有防护罩的除外），轻装轻卸，严禁抛、滑、滚、碰，溶解乙炔瓶不得倒置。

（二）吊运时，严禁使用电磁起重机和链绳。

（三）瓶内气体相互接触能引起燃烧、爆炸、产生毒物的气瓶，不得同车运输。

（四）易燃、易爆、腐蚀性物品或与瓶内气体可能起化学反应的物品，不得与气瓶一起运输。

（五）气瓶装上车后，应采取措施加以固定。横放时，头部应朝向一方，垛高不得超过车厢高度；立放时，车厢高度应大于瓶高。

（六）夏季运输时，要有遮阳设施，防止曝晒。

（七）运输可燃气体气瓶时，要严禁烟火，同时备有灭火器材。

第九条　储存气瓶时，应遵守下列要求：

（一）应置于专用仓库储存，气瓶仓库应符合《建筑设计防火规范》的有关规定。

（二）仓库内不得有地沟、暗道，严禁明火和其他热源；仓库内应通风、干燥，避免阳光直射。

（三）盛装易发生聚合反应或分解反应气体的气瓶，必须规定储存期限，并应避开放射性射线源，距明火或散发火花 15 米以上。

（四）空瓶与实瓶应分开放置，并有明显标志。毒性气体气瓶和瓶内气体相互接触能引起燃烧、爆炸或产生毒物的气瓶，应分室存放，并在附近设置防毒用具或灭火器材。乙炔气瓶不得存放在地下室或半地下室。

（五）气瓶放置应整齐，并佩带好瓶帽；立放时，要妥善固定；横放时，头部朝向一方，垛高不宜超过 5 层。

（六）乙炔瓶在使用现场储存量不得超过 5 瓶；储存量超过 5 瓶时，应用非燃烧体或难燃体隔离出单独储存间。

第十条　使用气瓶时，应遵守下列要求：

（一）不得擅自改变气瓶的钢印和颜色标记。

（二）气瓶使用前应进行安全状况检查，并对盛装气体进行确认。

（三）气瓶放置地点不得靠近热源，并应距明火10米以外。

（四）盛装易发生聚合反应或分解反应气体的气瓶，应避开放射性射线源。

（五）气瓶立放时，应采取防止倾倒措施。

（六）夏季防止曝晒。

（七）严禁敲击、碰撞。

（八）严禁在气瓶上进行电焊引弧。

（九）严禁用温度超过40摄氏度的热源对气瓶加热。

（十）瓶内气体不得用尽，必须留有剩余压力。永久性气体气瓶、乙炔气瓶的剩余压力不应小于0.05兆帕；液化气体气瓶应留有规定充装量0.5%～1.0%的剩余气体。

（十一）在可能造成回流的使用场合，使用设备上必须配置防倒灌的装置，如单向阀、止回阀、缓冲罐等。

（十二）气瓶投入使用后，不得对气瓶进行挖补、焊接修理。

（十三）乙炔气瓶使用时要立放，并有防止倾倒的措施和通风良好的场地，严禁卧放使用。

（十四）停止使用气瓶时，应立即关闭。

（十五）正常使用时，乙炔气瓶减压器放气压力不得大于0.15兆帕。

（十六）移动作业时，须用专用小车搬运，如与氧气瓶同车搬运时，必须用非可燃材料隔板隔开。

（十七）乙炔气瓶在使用过程中，发现泄漏应立即处理，严禁在泄漏情况下继续使用。

（一）氧气充装中忽视检查造成的氧气瓶爆炸事故

2004 年 8 月 17 日，某公司所属制氧站在氧气充装过程中，突然发生氧气瓶爆炸事故，造成厂房倒塌，直接经济损失 3 万元，所幸未造成人员伤亡。

8 月 17 日 12 时 10 分，某公司所属制氧站在氧气充装过程中，操作人员未能按照《气瓶安全监察规程》的有关规定，对气瓶逐只进行充装前的检查，结果一只氧气瓶突然发生爆炸，造成制氧站充装车间整个厂房倒塌并遭到严重破坏，生产被迫停止，所幸未造成人员伤亡。这起爆炸事故造成直接经济损失约 3 万元。

事故原因分析

事故发生后，经过组织相关人员进行分析，认为造成事故的原因有以下几点。

造成这起事故的直接原因是：

（1）该氧气瓶在使用过程中，留有的压力太低，致使杂质进入气瓶，违反了《气瓶安全监察规程》中的第 9 章第 70 条第 9 款“瓶内气体不得用尽，必须留有剩余压力，永久气体气瓶的剩余压力应不小于 0.05 兆帕，液化气体气瓶应留有不少于 0.5％～1.0％规定充装量的剩余气体”的规定，是导致事故发生的一个主要原因。

（2）气瓶在充装过程中，操作人员违反了《气瓶安全监察规程》中第 59 条“未能对气瓶逐只进行充装前的检查”和第 61 条“瓶内无剩余压力；氧化或强氧化性气体气瓶沾有油脂的气瓶不得充装”的规定，也是导致事故发生的一个主要原因。

（3）事故发生后，经过对气瓶的爆炸残片进行分析，发现爆炸的气瓶本身也存在一定的缺陷。该气瓶已使用 29 年，即将报废，是导致事故发生的次要原因。

造成事故的间接原因是：

（1）该制氧站安全管理不严，致使安全生产规章制度流于形式，员工违章作业现象时有发生，没有及时进行教育和纠正。

（2）该制氧站在重要的气瓶充装岗位雇用临时人员，而且人员安全素质差，人员流动性特别强，也是导致事故发生的一个重要原因。

事故教训

事故发生后，该制氧站认真吸取教训，加强安全管理，所采取的防范措施如下：

（1）加强气瓶生产、运输、储存、使用等环节的安全管理，严格执行《气瓶安全监察规程》和公司制定的《岗位安全操作规程》，杜绝违章作业发生。

（2）气瓶的生产单位要强化气瓶生产岗位人员的安全教育和培训工作，提高生产岗位人员对高危行业潜在危险性的认识，提高岗位操作人员安全知识水平，增强员工的安全意识和事故防范能力。

(3) 气瓶生产单位应加强对气瓶生产岗位人员的管理，对一些重要岗位、关键岗位应尽量安排文化素质高、安全知识水平高、安全意识强的人员进行操作，禁止雇用一些临时人员，以确保能够严格执行安全生产规程，确保高危行业的安全生产。

(二) 现场管理不严导致的灌装站气瓶爆炸事故

1988 年 4 月 15 日，天津市某煤气公司第二灌装站在充装过程中，由于操作人员违章操作，让用户自己进行灌装，从而导致爆炸事故，造成 7 人受伤。

4 月 15 日 9 时 30 分，天津市某煤气公司第二灌装站 3 000只（装量 10.15 千克）液化石油气瓶和一台 50 立方米的液化石油气卧罐，在充装过程中发生爆炸。爆炸后，燃烧火球高达数十米，震碎了附近的门窗玻璃。为保护相邻卧罐不致因烘烧超压爆炸，操作人员放空燃烧储气，时间长达 68 小时。

这起爆炸事故，烧毁了厂房和由丹麦进口的液化石油气自动灌装线（价值 37 万美元），烧掉液化石油气 118 吨，直接经济损失估计 100 万元，并造成 7 人受伤。

造成这起事故的直接原因是，操作人员违章操作，让用

户（天津注射器厂、玻璃器皿厂）自己操作灌装4只大瓶（液氯钢瓶改装液化石油气），其中一只瓶超装，忙乱中未关闭瓶阀就拔掉充气管，致使液化石油气从瓶中猛烈喷出，一时关不住瓶阀，4～5秒后由静电火花引燃着火，无法扑灭，高温烘烤引爆3 000多只液化石油气瓶，最远的飞出206.2米，同时还引爆一台50立方米的卧罐。

造成事故的间接原因主要是领导安全意识淡薄，安全教育工作抓得不紧，安全监督管理不严。

近几年，不断发生液化石油气灌装站气瓶充装事故，尤其是随着气瓶的大量使用，充装事故呈现出逐渐增多的趋势。充装事故的发生，与人员操作有关，也与安全管理有关。例如，2004年2月14日，齐齐哈尔市某民营氧气厂在气瓶充装过程中发生气瓶爆炸事故，造成2人被当场炸死，充装间楼板炸塌。据了解，造成事故的充装工于2003年10月进厂，进厂后不但没有操作资格证，而且也没有进行过相关的操作培训和安全教育。这反映出该氧气厂在安全管理上的混乱与松懈。

气瓶的充装工作，站在业外人士角度上看，似乎是一项技术含量不高的工作，是一种简单劳动；但从专业角度看，充装工作是一项安全技术含量比较高的工作。它不但需要有气瓶充装操作技能、气瓶识别和介质鉴别的知识，而且还需要有一定的实践经验及掌握应急处理的措施方法。因此，国家把气瓶充装工定位在“特种设备操作人员”上，而且必须是经过地（市）级压力容器监察机构培训获操作资格证的人员才能从事气瓶充装工作。

（三）连接胶管脱落液体泄漏造成的火灾事故

1990 年 8 月 30 日，天津市某化工厂在用汽车槽罐车往钢瓶灌装环氧乙烷时，由于连接胶管脱落与水泥地面摩擦闪现火花，引起爆燃事故，造成 3 人重伤。

8 月 30 日 20 时 22 分，天津市某化工厂因生产需要，用盛装净重 5.5 吨汽车槽罐车往 300 千克钢瓶灌装环氧乙烷。由于槽罐出口控制阀门至灌装钢管连接胶管处环氧乙烷液体泄漏，胶管脱落，受 0.539 兆帕罐压冲击的法兰、铁管或紧固胶管铁丝落下，并与水泥地面摩擦闪现火花，瞬间引起爆燃。3 名灌装工发现泄漏，在抢险关闭阀门时，被爆燃火焰灼烫，烧伤面积分别达 54％、63％和 88％，均为重伤。

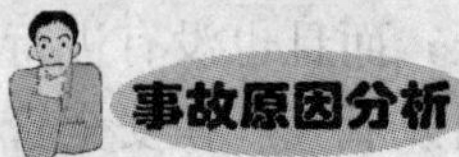

造成这起事故的主要原因，是灌装钢管与胶管未扎紧，泄漏的环氧乙烷液体遇到摩擦产生的冲击火花引燃环氧乙烷而导致爆燃。

这起事故的发生过程简单，事故后所采取的安全防范措施也比较简单。所采取的措施：一是改进灌装管连接方式，

改用防静电金属软管；二是采用不发火地面材料；三是加强操作人员的安全教育与培训，要求操作人员严格谨慎操作。

对这起事故或者类似事故，需要反思的问题是：为什么在事故发生前没有发现事故隐患；为什么在事故发生前不采取安全措施；假设在事故发生前，班组长或者安全管理人员提出整改意见，会有什么反应呢。可能有人认为没有必要，因为以前没有发生过类似事故；可能有人认为过于胆小怕事，因为即使发生环氧乙烷液体泄漏，也不一定会造成爆燃以及火灾事故。一般来讲，人们通常会从好的方面、安全的方面对事物的发展变化进行推断，而不会从不好的方面、不安全的方面对事物的发展变化进行推断，由此而形成思维定势，从而忽略工作场所中的不安全因素。这也是为什么总是在事故发生后采取措施的一个重要原因。安全管理所需要的思维方式，应该是“防患于未然”，对一些人司空见惯、习以为常的事情，应做到能够发现其中的不安全因素，从而采取措施，事先预防。

（四）过量充装造成的液化气体钢瓶爆炸事故

2001 年 8 月 5 日，某化工实验厂在使用液氯气瓶过程中，气瓶突然爆破，造成 1 人死亡、2 人受伤。

8 月 4 日，某化工实验厂因生产需要，从充装单位运回 4 只已充装的液氯气瓶。8 月 5 日下午 4 时，正在使用的 1 只气瓶突然爆破，使现场操作的 2 名女工和 1 名闻讯赶来救

助的管理人员受伤，其中 1 人经多方抢救无效于第二天死亡。

事故原因分析

事故后经调查分析，事故中爆破气瓶有明显的均匀塑性变形，成“腰鼓形”。从充装单位运回的 4 只气瓶，除已爆破的气瓶外，仍有 2 只同样发生了“腰鼓形”变形，其称重结果是超装，最多超装 81 千克。

造成这起事故的直接原因是过量充装。造成这起事故的间接原因是，使用单位在夏日高温季节，无防晒降温措施，直接将这些气瓶放在水泥地上，为事故的发生提供了条件。

事故教训

为什么过量充装会使气瓶发生变形（腰鼓形）以致爆破呢？这是因为充装到气瓶内的液化气体（氯气属于低压液化气体）随着温度升高体积膨胀，气瓶内壁的压力也随之增加，而这个压力与所盛装介质的膨胀系数成正比，与压缩系数成反比。液体的压缩系数很小，而膨胀系数却相对较大。因此，这个压力随着温度升高就会骤然增加，增加到气瓶的屈服压力而使气瓶发生变形，外观上呈现“腰鼓形”。当增加到气瓶的爆破压力时就会使气瓶发生爆破。

目前，有些充装单位缺乏安全管理制度和安全操作规程，充装设备和操作人员的思想、技术水平不能适应气瓶充装的要求。据了解，有些充装单位充装前不按规定逐只进行检验，而将变形的气瓶继续充装；不按规定计算充装量；因无称单只气瓶重量的磅秤，故没有对单只气瓶称重，或在汽车上向多只气瓶一起充装，只估计一下总重量，虽充装总量未超装但各瓶充装量却不等，从而造成气瓶充装过量出厂（站）；个别操作人员收取用户的好处费使气瓶多装少收费。据查，该化工实验厂的液氯气瓶的充装单位就属于此类情况。还有的充装单位在充装时的充装量是由充装工依经验观察外表面的结霜高度来控制的。这种方法的误差较大，极易造成充装过量。液化气体钢瓶超装是极其危险的，这往往是导致液化气体钢瓶爆炸爆破的主要原因，因此，首要的安全对策是严禁过量充装。

（五）液氨钢瓶过量充装导致的爆炸事故

1997 年 10 月 21 日，河南省淅川县某肉联厂两只装液氨的钢瓶在充装结束返回途中先后爆炸，造成 1 人重伤、5 人轻伤，直接经济损失 2 万余元。

10 月 21 日上午，河南省淅川县某肉联厂因生产需要，派采购员周某随一辆北京牌农用车，将两只容积 400 升的空液氨钢瓶运到某化肥厂购买液氨。为了能多装点、少算点，周某到化肥厂后，先去找熟人打通关系，然后才去办理充装手续，在熟人的“关照”下，于上午 10 时充装结束。但是，采购员周某和司机罗某，因等人耽误了返回的时间，直到下午两点多钟才离开县城回厂。

下午 15 时 10 分，当农用车行至距县城约 8 公里地段时，一只钢瓶突然爆炸，飞出 30 多米，落到路边的沟里，爆炸冲击波将汽车挡板冲坏，驾驶室冲扁，玻璃全部震碎，另一只钢瓶冲滚下车。司机罗某和乘车人杨某均被灼伤，而且中毒。17 时左右，当地派出所民警和附近群众清理现场时，第二只钢瓶又突然爆炸，导致 2 人中毒受伤，从钢瓶喷泻出的大量液氨迅速挥发成气氨向周围扩散，致使 100 米外在下风头的 2 名过路群众中毒倒地。由于爆炸现场在远离村庄的旷野，所以才没有造成更大的损失。

事故原因分析

（1）过量充装是造成这起爆炸事故的直接原因。液氨是一种液化气体，只能在－33.4 摄氏度以下或在承压的密闭容器内储存。液氨钢瓶属移动式压力容器，容器内的压力随温度的升高而升高，液氨也随温度的升高而膨胀。当液氮充满容器时，若继续受热膨胀，液体具有的“不可压缩性”能使容器压力升得很高。据有关资料介绍：在 0～60 摄氏度范围内，容器每升高 1 摄氏度，压力相应增大 1.35～1.8 兆帕。因此，过量充装是造成钢瓶爆炸的直接原因。

（2）烈日下曝晒是造成钢瓶温度升高的主要原因。据当地气象部门记载，当时午后最高气温是 32 摄氏度，两钢瓶在烈日下曝晒 4 个多小时，其温度升高程度是可想而知的。

（3）运输中颠簸、碰撞是诱发爆炸的客观原因。两钢瓶在车上仅靠几块砖头垫着而没采取任何紧固措施，况且路面是山区土石公路，凹凸不平，颠簸碰撞相当厉害。

事故教训

（1）加强对液氨生产、储运、使用中的教育管理和监督检查。随着我国化学工业的不断发展，液氨的用途越来越广，逐步成为许多化工产品的基础原料，进而成为商品。液氨作为一种有毒有害的化学危险品，不仅广大群众，甚至有些使用单位人员也不了解液氨的性能、危害和防护措施。因此，加强对人民群众的宣传教育、特别是对储运和使用单位的管理监察，已成为不容忽视的社会问题。

（2）销售液氨单位要加强自身管理，严格规章制度，完善充装条件，自觉执行《危险化学品安全管理条例》和《气瓶安全监察规程》等有关规定，做到一瓶一卡、卡账相符，对达不到要求的坚决不予充装，严禁错装、混装和过量充装。

（3）液氨运输单位要持《化学危险品准运证》，运输中要采取有效的防震紧固措施，严禁抛、滚、滑、碰，夏季运输还要有遮阳设施，严禁在烈日下曝晒。

（六）管理混乱氢气瓶混入可燃气体导致的爆炸事故

1992 年 2 月 17 日，山东潍坊农药机械厂在生产作业中，因氧气瓶充装错误，导致发生氧气瓶爆炸事故，造成 4 人死亡、30 多人受伤。

事故经过

潍坊农药机械厂是一个生产农用喷雾器和小型装载机的

集体企业。2月17日上午9时，安丘氧气厂送来17个氧气瓶。下午1时51分，制作二车间从仓库领出其中2个准备使用，2名气焊工站在氧气减压表前，打开气瓶阀门放气时，2个氧气瓶发生爆炸，1个溶解乙炔气瓶爆炸着火，气焊工等3人当场死亡，另有4人受重伤，在医院抢救过程中又死亡1人，轻伤30余人，全厂因此停产。

这起爆炸事故，造成直接经济损失37.88万元，间接经济损失31.68万元，合计69.55万元。

事故原因分析

事故发生后，有关部门组成调查组进行调查分析，排除了人为破坏、碰撞、震动、受热、超温、超压、回火、瓶体缺陷等爆炸因素，认为这是一起瓶内混入了可燃性气体，在用户使用过程中发生爆炸的重大责任事故。

通过调查发现，目前社会上氧气瓶管理混乱。因氧气生产供大于求，各制氧企业为招揽用户，片面强调简化手续，对用户送来的空瓶和拉出的氧气瓶都不做任何检查登记，将不属于本厂的气瓶也拉回厂内使用，使得多数气瓶在不同的制氧企业和用户中循环周转。因此，各制氧企业和用户都不愿为氧气瓶的维修花钱，使得氧气瓶的胶圈、瓶帽等安全附件缺损且得不到及时更换修理。气瓶外表严重脱漆，有的气瓶瓶色已难以辨认，但也无人重新进行喷涂；有的气瓶已超过安全检测周期，但无人送检验部门检测，甚至有的已检测判废的气瓶又被从废品收购站买回重新在社会上流通使用。一些使用瓶装氢、氧、氦等多种气体的企业，气瓶使用、保管、运输管理不严，且存在混存、混放、混装、混卸现象，这些都容易酿成事故。

从工艺上看，该厂在生产氧气时不可能有可燃性气体充入气瓶，那么，瓶内可燃性气体从何而来呢？分析认为，这些气体均来自用户的气瓶。安丘氧气厂气瓶管理不细，收进了用户的含氢气瓶，而误当成氧气瓶进行了充氧，使瓶内原来单纯的氢气变成了可燃性的氢氧混合气体，最终在用户使用时发生爆炸。

这起事故是一起完全不应该发生的事故。其教训深刻，必须痛定思痛。强化氧气瓶的安全管理，才能防止类似事故再次发生。有条件的企业应自备气瓶，专瓶专用；不能自备气瓶专瓶专用的，要定点供应，使气瓶相对稳定，便于管理；使用氢、氧、氮等多种气瓶的企业，要加强对气瓶的保管、使用和运输管理，防止混瓶事故发生。制氧企业要建立严格的气瓶管理制度，对进出厂气瓶要按用户或瓶号进行检查登记；要检查钢瓶的安全附件是否齐全完好，钢瓶质量是否合格，是否在安全检测周期以内，瓶体着色是否规范明显，瓶内气压、气体成分是否合格；发现问题要立即整改，整改费用由瓶主、氧气厂和用户协商负担。

（七）生产管理混乱导致的液氯钢瓶爆炸事故

1979 年 9 月 7 日，浙江温州某电化厂液氯工段一只容积为 415 升、充装量为 0.5 吨的液氯钢瓶发生猛烈的爆炸。

爆炸气瓶的碎片又撞击到其附近的液氯钢瓶上，加上爆炸时产生的冲击波，又导致 4 只液氯钢瓶爆炸、5 只液氯钢瓶被击穿，爆炸后共泄漏 10.2 吨液氯，造成 59 人死亡、779 人住院治疗、420 余人到医院门诊治疗。

事故经过

9 月 7 日 13 时 55 分，浙江温州某电化厂液氯工段一只容积为 415 升、充装量为 0.5 吨的液氯钢瓶发生了猛烈的爆炸。爆炸气瓶的碎片又撞击到其附近的液氯钢瓶上，加上爆炸时产生的冲击波，又导致 4 只液氯钢瓶爆炸、5 只液氯钢瓶被击穿，另有 13 只钢瓶被击伤和产生严重变形。爆炸时不但有震耳欲聋的巨响，而且有高达 40 余米的冲天气浪。

爆炸所产生的强大气浪将 414 平方米钢筋混凝土结构的液氯工段厂房全部摧毁，并造成周围办公楼及厂区周围 280 余间民房不同程度的损坏。爆炸中心水泥地面上留下了深 1.82 米、直径为 6 米的大坑，爆炸碎片最远的飞出 830 余米。爆炸后共泄漏 10.2 吨液氯，其扩散后波及 7.35 平方千米面积。由于爆炸以及爆炸后散溢氯气的毒害，共造成 59 人死亡，779 人住院治疗，420 余人到医院门诊治疗，直接经济损失达 63 万余元。

事故原因分析

最初爆炸的液氯钢瓶是 9 月 3 日由温州市药物化工厂送到温州某电化厂来充装液氯的。温州药物化工厂的液化石蜡工段以液体石蜡和液氯为原料生产氯化石蜡。该工段由于生产管理混乱，设备简陋，在液氯钢瓶与生产设备的连接管路上没有安装逆止阀、缓冲罐或其他防倒灌装置，致使氯化石蜡倒灌入液氯钢瓶。电化厂液氯工段无安全操作规程和管理制度，操作人员缺乏严格的技术培训和安全教育，在液氯充装前没有对液氯钢瓶进行检查和清理，致使在再次充装液氯时，钢瓶中残留的氯化石蜡与液氯发生化学反应。瓶内温度、压力骤然升高，导致钢瓶发生粉碎性爆炸。可见，爆炸的主要原因是液氯钢瓶在使用和灌装过程中管理混乱。

在这起事故中，爆炸的主要原因是液氯钢瓶在使用和灌装过程中管理混乱。这种管理混乱反映出企业在安全生产管理上的混乱。要改变液氯钢瓶在使用和灌装过程中的管理混乱，需要改进和加强安全生产管理。

企业作为生产经营单位，需要遵循利益最大化的原则来组织生产，这无可厚非。但是，企业在追求利益的同时，还需要确保广大职工生命财产安全。要达到保证安全生产、控制事故的目的，需要构建企业安全生产管理的长效机制。在企业的安全生产管理中，生产班组作为企业最基层的组织，其安全管理的水平关系到企业安全生产工作的全局。因此，坚持不懈地开展班组安全工作建设，将班组安全生产工作纳入经常化、标准化、规范化的轨道，是安全生产管理长期努力的一个目标。要建立起一种“群体安全意识”，必须加强对班组长这个集体核心的教育培训，增强其安全管理技能。加强班组安全管理使班组安全管理逐步达到标准化、规范化，生产一线职工严格遵守安全操作规程是预防事故发生和扩大的关键因素。

（八）充装前瓶内混有可燃气体导致的氧气瓶爆炸事故

2004 年 7 月 17 日，某市地下管网改造施工工地，施工人员在气焊时发生氧气瓶爆炸事故，造成 2 人死亡、4 人受伤。

事故经过

7 月 17 日 11 时，某市市政建设公司在进行地下管网改造施工中，施工人员需要使用气焊进行焊割作业。就在施工人员进行气焊时，氧气瓶突然发生爆炸，1 名妇女当场被炸死，另 1 名离出事地点几十米远的妇女被爆炸炸飞的铁片砸死，另有 4 人在事故中受伤。

事故原因分析

事故调查表明，爆炸的氧气瓶是某氧气充装站充装的。该充装站在没有对气瓶进行充装前的预检、确认瓶内介质、做好预检记录的情况下，对气瓶进行了充装；加上没有对充装后、出库前的气瓶进行复检，也没有做复检记录，造成充装和出库的氧气瓶混有可燃气体，埋下了隐患。最终导致施工人员在打开瓶阀、点燃焊枪施焊时，发生爆炸。

造成这起事故的直接原因是充装站在对氧气瓶进行充装前，瓶内已含有与氧气混合后具备爆炸特性的可燃气体。

造成事故的主要原因：一是氧气充装站在氧气瓶充装

前，没有对气瓶进行预检；二是氧气充装站充装了未经预检的气瓶；三是氧气充装站在氧气瓶充装后，未进行复检。

此外，氧气充装站在气瓶充装过程中、充装后和出库前没有对气瓶进行瓶体温度变化的检查，也是造成事故的一个重要原因。

事故教训

事故发生后，经过确认，事故责任划分如下：

（1）充装前该氧气瓶的用户使用氧气不当，可燃气体倒灌进了氧气瓶而没发觉，还把该氧气瓶送氧气充装站充装。该氧气瓶的用户应对这起爆炸事故承担直接责任。

（2）氧气充装站的预检人员没有对充装前的气瓶逐只进行包括确认瓶内介质在内的预检，没有做预检记录。氧气充装站的预检人员应对这起事故承担主要责任。

（3）氧气充装站的充装人员充装了未经预检的气瓶，应对这起爆炸事故承担主要责任。

（4）氧气充装站的充装人员在充装过程中，没有适时对气瓶的瓶体温度变化逐只进行监测，因而未能及时发现瓶内混入了可燃气体的气瓶充装时的异常升温（因为混入的可燃气体和氧气发生了放热反应）。氧气充装站的充装人员应对这起爆炸事故承担重要责任。

（5）氧气充装站的主要负责人和现场专职安全员对充装前没有预检，无预检记录，充装中没有监测瓶温，充装后没有复检，也无复检记录，违反该充装站《工作质量管理手册》规定的不安全行为没有及时制止，更没有提出限期整改意见，对此类违规现象熟视无睹，没有很好地履行安全生产监督管理的职责。氧气充装站的主要负责人应对这起爆炸事故承担领导责任现场专职安全员应对此次事故承担管理责任。

（6）对充装站的安全生产负有监督管理职责的地方政府有关职能部门疏于对该充装站进行监督管理，应对爆炸事故承担一定的责任。

事故带来的血的教训再一次向人们敲响了警钟：氧气充装站的生产者和氧气瓶的使用者应该熟悉《安全生产法》，贯彻执行《气瓶安全监察规定》（国家质监总局令 2003 年第 46 号），绷紧安全这根弦。氧气充装站应对职工加强遵守安全生产规章制度、严格执行安全操作规程的日常安全教育，应确实履行安全生产监督管理的职责，力争把事故消灭在隐患状态。

（九）旧钢瓶内有异物导致的液氯钢瓶爆炸事故

1985 年 3 月 22 日，山东省德州某石化工厂电解车间液氯工段，在进行工作台校称（按 3 个月校定一次磅）时，发生钢瓶爆炸事故，造成 3 人死亡、2 人受伤。

3 月 22 日 14 时，山东省德州某石化工厂电解车间液氯工段，包装工曹某、赵某、张某在包装台灌液氯，市计量局何某、付某来该工作台校称（按 3 个月校定一次磅）。14 时 25 分左右，赵某、张某查看 157 号钢瓶的阀门合金塞及瓶

体外观，认为无问题，放上磅称，抽空 1～2 分钟即充氯。充氯 1 分钟后，157 号瓶发生猛烈爆炸。曹某、张某、何某当场死亡，赵某、付某身受轻伤，跑出现场。

事故原因分析

造成这起事故的主要原因是事故发生前由天津购来一批旧钢瓶，有的瓶内有异物，但工作人员未认真整瓶即将其投入使用。157 号瓶内含有环氧乙烷，环氧乙烷与氯气发生剧烈化学反应，导致猛烈爆炸。

事故教训

这起事故发生后，该厂所采取的防范措施：一是对外购来的钢瓶逐只认真整瓶、检查；二是对发现有问题的钢瓶立即搬出厂房，不得与厂房内钢瓶混放，及时、彻底检查处理。

氯气是一种应用比较广泛的基本化工原料，剧毒，具有强氧化性，与水发生反应生成的盐酸、次氯酸能对钢铁产生较强烈的化学腐蚀性。因此，液氯充装工作是一项危险性较大的工作，如果责任心不强、疏忽大意，就会造成重大事故。企业以及生产班组需要加强职工的安全教育，严格执行劳动纪律；应着力于安全生产规章制度的遵守及本岗位安全操作规程的执行，大力开展岗位技术练兵；应确保每位职工都能熟练掌握各自岗位的操作技能，提高其及时发现隐患和自觉改正习惯性违规行为的能力，做到不合格的钢瓶坚决不充装。

（十）盲目充装与取样瓶容量过小导致的爆炸事故

1997 年 4 月 14 日上午，广东省江门市某化肥总厂质监科 1 名分析工在将装有液体二氧化碳的取样瓶拿回分析室，准备安装减压阀对二氧化碳气体进行质量检验时，取样瓶突然发生爆炸，造成该分析工头部受伤。

事故经过

4 月 14 日上午 8 时 20 分，广东省江门市化肥总厂质监科 1 名分析工，从二氧化碳车间机房将装有液体二氧化碳的取样瓶拿回分析室，并直竖放在地下的支撑托盘上。与往常分析程序一样，准备安装减压阀对二氧化碳气体进行质量检验。8 时 30 分，取样瓶突然发生爆炸，瓶体炸开 2 块，该分析工被气浪冲击，头朝北面倒下，造成该分析工头部受伤。

事故原因分析

从回收的 2 块碎片钢印标记检查确认：钢瓶生产日期为 1989 年 3 月，设计壁厚 3.7 毫米，直径为 137 毫米，瓶高 375 毫米，瓶重 6.7 千克，容积 3.8 升，压力 14.7 兆帕。确认是氧气瓶。

该厂生产的二氧化碳当初只用于工业生产，后来被应用到食品饮料行业中去，因而需要具备完整的质量分析手段。根据食品二氧化碳质量分析需要，购回的这种规格钢瓶，容积为 3.8 升，按充装系数规定只能充装 2.28 千克液体二氧化碳。而根据分析要求，做一个全项目的二氧化碳质量检验分析，共需 3.5 千克的液体二氧化碳。

投产初期，因二氧化碳只用于工业，检验分析只需 2～2.4 千克液体二氧化碳，而且每次充装都称重，没有超装。1996 年底，该厂为加强对食品二氧化碳的质量管理，要求质监科把好检验分析关，按照食品二氧化碳分析项目所需的气样重量进行分析。因此，分析工根据分析规程，每次需 3.5 千克液体二氧化碳，但没有考虑二氧化碳的填充系数，只要求车间多充装液体，就这样充装人员顺应了分析工的要求。分析工说气样不够，就盲目充装。起初还过磅，重量为 2.7～2.9 千克，后来也就不称量了。从这次事故过程分析，样瓶里二氧化碳装量应有 3 千克以上，超装 30%以上。

从上述情况分析，造成这起事故的主要原因是过量超装，没有称重。

为了保证气瓶在使用或充装过程中不因环境温度升高而处于超压状态，必须严格控制气瓶的充装量。确定压缩气体及高压液化气体气瓶的充装量时，要求瓶内气体在最高使用温度（60 摄氏度）下的压力不超过气瓶的最高许用压力。对低压液化气体气瓶，则要求瓶内液体在最高使用温度下不会膨胀至瓶内满液，即要求瓶内始终保留有一定气相空间。在气瓶各种事故中，充装过量所引发的事故最为常见，属于常见多发事故，是气瓶安全管理与使用的重点。这起事故在发生前持续时间很长，危险显而易见，却没有引起注意（包括分析工本人）。因此，应该分析事故发生前在气瓶安全管理与使用中存在的漏洞，分析忽视安全的教训，从而改进管理工作。

事故发生后，该厂吸取教训，重新购置了符合要求的取样瓶。在防范措施上，该厂做好对《气瓶安全监察规程》的宣传教育工作，提高充装人员对气瓶安全工作重要性的认识，要求严格做好充装管理工作，执行充装规程，责任到人。

（十一）气瓶瓶嘴泄漏导致的氢气钢瓶爆炸事故

1986 年 2 月 20 日，内蒙古某石油化工科研所，因氢气钢瓶嘴与角阀螺纹连接处泄漏，遇静电火花发生爆炸，造成 1 人死亡。

2 月 20 日 15 时左右，内蒙古某石油化工科研所一楼东侧楼梯间（钢瓶存放处），工程师杜某在关闭氢气钢瓶阀门后，因氢气钢瓶嘴与角阀螺纹连接处泄漏，遇静电火花发生爆炸，杜某被当场炸死，钢瓶存放处周围的墙壁横板、室内门窗仪器设备等受到不同程度的破坏，直接损失 1.96 万元。

事故发生后，经过调查，排除了破坏性爆炸、违反操作规程引起爆炸、氢气钢瓶超期使用爆炸、氢气钢瓶材质不符合要求爆炸等因素，最后确认是氢气钢瓶嘴与角阀螺纹连接

处泄漏引起的爆炸。经查，氢气钢瓶嘴与角阀是锥形螺纹连接的，角阀共有 15 扣螺纹，按规定应旋入大于 10 扣以上，但该瓶的角阀螺纹部分只旋入钢瓶嘴内 7 扣，因长期使用引起丝扣松动，导致气体泄漏。

在事故现场，收集到钢瓶碎片 42 块，占钢瓶重量的 93%，属于化学粉碎性爆炸。根据气体爆炸三要素说，假如现场有火源，只要钢瓶内氢气成分不在爆炸极限范围内，只能是燃烧，绝不会爆炸。至于为什么工程师杜某在关闭阀门后产生爆炸，是因为氢气钢瓶嘴与角阀螺纹连接处是一个薄弱环节。从杜某右腿炸飞和腹部炸伤情况看，爆炸是在杜某关闭阀门后未离开现场时发生的。由于钢瓶嘴与角阀螺纹连接处有泄漏，加上丝扣连接不牢，再赶上工程师杜某关闭阀门，气体泄漏冲击在钢瓶嘴上产生静电火花，最终导致爆炸。

因此，调查结论是：造成这起事故的原因是瓶内氢气不纯，已达到混合气体爆炸极限范围，加上气瓶瓶嘴与角阀锥形螺纹连接处泄漏，气流冲击钢瓶嘴上，产生静电火花，造成爆炸事故。

为了预防气瓶发生泄漏、起火、爆炸事故，气瓶应配置有安全泄压装置和其他安全附件（防震圈、瓶帽、瓶阀）。

配置安全泄压装置的目的是防止气瓶在遇到火灾等高温情境时，瓶内气体因受热膨胀而发生破裂爆炸。气瓶常见的泄压附件有爆破片和易熔塞。爆破片装在瓶阀上，其爆破压力略高于瓶内气体的最高温升压力。爆破片多用于高压气瓶，有的气瓶不装爆破片。易熔塞一般装在低压气瓶的瓶肩上，当周围环境温度超过气瓶的最高使用温度时，易熔塞的易熔合金熔化，瓶内气体排出，可避免气瓶爆炸。

其他安全附件（防震圈、瓶帽、瓶阀）也是保证气瓶正常使用的重要附件，在管理与使用中需要注意。气瓶装有两个防震圈是气瓶瓶体的保护装置。气瓶在充装、使用、搬运过程中，常常会因滚动、震动、碰撞而损伤瓶壁，以致发生脆性破坏，这是气瓶发生爆炸事故常见的一种直接原因。瓶帽是瓶阀的防护装置，它可避免气瓶在搬运过程中因碰撞而损坏瓶阀，保护出气口螺纹不被损坏，防止灰尘、水分或油脂等杂物落入阀内。瓶阀是控制气体出入的装置，一般用黄铜或钢制造。充装可燃气体的钢瓶的瓶阀，其出气口螺纹为左旋；盛装助燃气体的气瓶，其出气口螺纹为右旋。瓶阀的这种结构可有效地防止可燃气体与非可燃气体的错装。

这起事故的发生与瓶阀泄漏有直接关系。预防此类事故需要管理者与使用者认真细致一些，注意检查，一旦发现有泄漏现象，立刻解决，不能麻痹大意。事故之后所采取的防范措施：一是要不定期检验购买氢气质量；二是钢瓶及配件一定要符合规范要求；三是氢气瓶是否泄漏要定期和经常检查。

（十二）储存时间过长造成的丁二烯钢瓶爆炸事故

1990 年 4 月 10 日，北京某化工学院在正常教学中，有机楼南侧钢瓶房内一只丁二烯钢瓶发生爆炸，由于该校教师及时组织做实验的学生撤出大楼，没有造成人员伤亡。

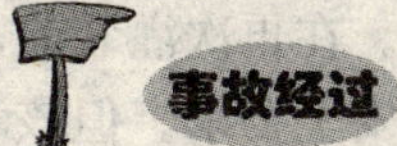

4 月 10 日 16 时左右，北京某化工学院在正常教学中，有机楼南侧钢瓶房内忽然发出“嘶嘶”响声，并冒出白色烟雾，紧接着变为黄色烟雾，约 3～5 分钟后，一只丁二烯钢瓶发生爆炸。有机楼南侧四层窗户玻璃大部分被摧毁，由于该校教师及时组织做实验的学生撤出大楼，没有造成人员伤亡。

为实验工作需要，该学院用一个 500 升液氨钢瓶盛装丁二烯。1989 年 4 月 27 日，该校去胜利化工厂装回纯度为 99.9%的丁二烯 50 千克，运回后使用 4 次，共用去 28.5 千克。按该校规定，丁二烯储存期不得超过一年，至爆炸日止，尚未超过期限。

事故原因分析

经调查分析，证实了钢瓶爆炸并非钢瓶制造质量或丁二烯超装所造成。其主要原因是：

(1) 丁二烯储存日期过长。丁二烯灌装时，可带入微量氧，在储存过程中形成过氧化物。这些低聚物即使在常温下，由于时间长，也会逐渐分解形成自由基，自由基累积到一定浓度，可引起丁二烯自聚，产生高温，高温又导致自聚加快，形成恶性循环。温升使未聚合的丁二烯大量气化，在瓶内形成 14.0～15.0 兆帕压力，超过钢瓶设计能力 3.0 兆帕数倍，引起钢瓶爆炸。

(2) 盛装丁二烯的钢瓶内表面处理不合要求。丁二烯储存日久后，形成聚丁二烯附在钢瓶壁上。在再次灌装前，应将瓶壁的聚丁二烯完全清除，方可达到安全要求。但该学院使用的液氨钢瓶共灌装 4 次，却只作一般清洗，无法检查清洗效果。实际上，瓶壁上的聚丁二烯不可能彻底清除，因而该钢瓶不利于丁二烯的长期储存。

(3) 灌装时未采取安全措施。在灌装丁二烯时若能加入阻聚剂，可以延续丁二烯的自聚。但灌装时，供需双方均未做出此安排。

为确保院校及研究单位在科学实验中的安全，要求如下：

(1) 凡使用丁二烯钢瓶的单位，都要加强对钢瓶的管理，指定专人负责，限制储存日期，在新规定未下达前，丁二烯的储存都不得超过半年。灌装前，钢瓶要严格清洗、置换，要清除钢瓶上的聚合物，用高纯氮气置换，防止氧气混入；灌装时，应要求供方加入阻聚剂；储存期间要确保钢瓶存放环境阴凉通风，并定期分析丁二烯成分，发现低聚物必须立即处理掉。

(2) 院校、研究单位要加强对各种钢瓶的管理，要有专门存放钢瓶的库房。要指定专人具体负责，按照有关规定对钢瓶进行外购、检验、使用等。储存使用钢瓶的地方要加防爆墙，防止钢瓶突然爆炸伤人。

（3）提高院校及研究单位各级领导的安全意识，加强安全管理工作。定期检查实验室里有无可导致发生爆炸、火灾、触电等事故的隐患，单位内有无危房等。

（十三）忽视安全随意排放钢瓶剩余物造成的中毒事故

1992 年 2 月 19 日，四川省自贡某化工厂在生产中，由于随意排放专用钢瓶内的剩余物，导致发生人员中毒事故，造成 4 人死亡、11 人中毒。

事故经过

2 月 19 日，四川省自贡某化工厂在生产中，有人未经请示，无视规章制度的规定，在未采取任何安全措施的情况下，就在包装车间女工休息室门口，随意长时间大量排放 HCFC-22 专用钢瓶内的剩余物。由于有毒物质随风扩散，致使处于下风口休息室内的 10 余名女工发生急性有机氟中毒，15 人吸入中毒，其中 4 人死亡。

事故原因分析

事故发生后，经对钢瓶进行分析发现，钢瓶内物料组分复杂，除有含量较高的 HCFC-22、HCFC-21 等氟氯烃外，还有多个未知组分难以定性。在明知组分复杂的情况下，该厂职工不采取措施而违章在人员众多的场合随意排放是造成事故的直接原因。该厂管理不严，规章制度形同虚设，无人监督管理，职工缺乏安全生产知识是造成事故的重要原因。

事故教训

这起事故所要吸取的一个惨痛教训，就是钢瓶中物料排放应有组织地进行，地点要安全，有的物料还要与吸收装置连接配合，不能任意排放。这起事故发生的原因，一方面是职工缺乏知识，另一方面是企业管理不严。只要这种情况存在，类似事故就会不断发生。

例如，2004年3月24日下午，广东省深圳市金地工业区内发生一起乱倒氰化物导致两名女工中毒事件。出事的公司原是一家合资企业，专门生产钻石首饰，由内地两家公司与香港一家公司共同投资兴办。因投资方产生分歧，公司于3月1日停产，部分员工留守负责清理公司废料。24日下午2时30分左右，公司主管图省事，命令工人们在四楼将本来需要由环保部门处理的化学品直接倒入了厕所里。此时，女工刘彩云正在三楼上厕所，伙伴王某见刘彩云10多分钟没动静，便进去寻找，发现刘彩云已晕倒，王某想上前搀扶，但没走几步也晕倒在地。其他工友发现后，随即将刘彩云与王某送往医院，王某经抢救脱离危险，刘彩云则中毒较深，被当地医院证实为脑死亡，就是所谓的植物人。当时刘彩云年仅18岁。

再如，2004年1月15日，原齐齐哈尔市化学制药厂为了给留守职工发薪水，将该厂内废弃多年的17只钢瓶作价1 700元出售给无业人员王某。王某等人发现钢瓶内尚有残液，便开车将废钢瓶运至建华区高头屯，随意排放残液，致使有毒气体泄漏而造成几百名村民中毒。

按照《使用有毒物品作业场所劳动保护条例》（国务院第352号，2002年5月12日起施行）的有关规定，有毒物品的包装应当符合国家标准，并应以易于劳动者理解的方式加贴或者应拴挂有毒物品安全标签。有毒物品的包装必须有醒目的警示标识和中文警示说明。经营、使用有毒物品的单位，不得经营、使用没有安全标签、警示标识和中文警示说明的有毒物品。有毒物品必须附具说明书，如实载明产品特性、主要成分、存在的职业中毒因素，并注明可能产生的危害后果、安全使用注意事项、职业中毒危害防护以及应急救治措施等内容；没有说明书或者说明书不符合要求的，不得向用人单位销售。用人单位有权向生产、经营有毒物品的单位索取说明书。

使用有毒物品的作业场所，除应当符合《职业病防治法》规定的职业卫生要求外，还必须符合下列要求：作业场所与生活场所分开，作业场所不得住人；有害作业与无害作业分开，高毒作业场所与其他作业场所隔离；设置有效的通风装置，可能突然泄漏大量有毒物品或者易造成急性中毒的作业场所，应设置自动报警装置和事故通风设施；高毒作业场所设置应急撤离通道和必要的泄险区。

（十四）安全管理混乱私拆液氯钢瓶造成的中毒事故

1990年3月13日18时30分，湖南省新化县某纸版厂因违章拆换液氯钢瓶易熔塞，引起液氯外泄144千克，导致227人吸入或中毒。

事故经过

1990 年 3 月，湖南省新化县某纸版厂一只满瓶的液氯因放置太久，瓶阀打不开。在这种情况下，该厂本应将钢瓶送交充装单位处理，然而，他们却指派本厂的液氯采购员私下与资江农药厂液氯包装工李某联系，并商定只要李某打开瓶阀或现场拆换阀门，即付给 500 元人民币酬金（其中李某给纸版厂采购员 250 元业务介绍费）。

3 月 13 日 18 时 30 分，李某到现场后，因找不到合适的场地，便在纸版厂内稻草中进行处理，拆下钢瓶尾部易熔塞，快速将瓶阀装上去。据当事人讲仅几秒钟便完成了拆装，但就在这短短的几秒钟内，氯气泄漏 144 千克，迅速汽化的氯气顺风扩散至 110 米远处两栋宿舍楼内，造成 227 名居民吸入或中毒，其中 5 名重度中毒。

事故原因分析

事故发生后，湖南省劳动厅与地区、县共同进行了调查，并对打不开瓶阀的原因进行了调查。这只钢瓶是 1989 年下半年由资江农药厂充装后运到该厂的。在近半年的时间里，该厂一直将钢瓶放在潮湿的场地而没有用氯，造成瓶阀严重锈蚀而打不开（阀杆已被拧断）。发现瓶阀打不开后，该厂又没有按正常渠道向资江农药厂求援，而是采取私下交易的方法。事故发生后，资江农药厂才知道此事。造成这起事故的主要原因是，该厂无视国家有关法律法规，不顾人员安全，违规蛮干。

事故教训

气瓶是用来储存和运输压缩气体、液化气体和溶解气体的金属密闭容器，而气瓶气阀则是控制气体出入气瓶的装置。在气阀阀体的侧面有一个带螺纹的侧接嘴，用来连接充装或放气的管道。侧接嘴上的螺纹分为右旋和左旋两种。其中，充装非可燃气体的气瓶侧接嘴气阀为右旋螺纹；充装可燃性气体的气瓶侧接嘴气阀为左旋螺纹。为避免侧接嘴螺纹受损和防止尘土、水分或油脂等落入气阀，在侧接嘴上装有一个堵帽（实际工作中，绝对不能把它作为堵住瓶内气体外泄的配件使用）。气阀下端是带阳螺纹的锥形尾部，其尾部制成锥形的目的是减少瓶内气体压力对瓶阀的作用面积，以减轻螺纹承受的负荷。

气瓶在使用过程中如要修理、试压，都要拆卸气阀。如何保证拆卸安全？《气瓶使用安全规则》中有明确规定：拆卸气瓶气阀前，须开启瓶阀，将瓶内的剩余气体放完，不能带压拆卸气阀。这是因为带压拆卸气阀很容易造成事故。

（十五）液氯钢瓶残液泄漏造成的中毒事故

2004 年 4 月 20 日 21 时左右，江西省南昌市某油脂化工厂发生液氯钢瓶残液泄漏事故，造成 282 人出现中毒反应，其中住院治疗 128 人，留院观察 154 人。由于该事故救援应急措施迅速有效，紧急处置有力，2 小时内就排除了险情，没有造成人员死亡。

事故经过

江西省南昌市某油脂化工厂为南昌市市属国有企业，原有职工 1 700 多人，由于企业效益不好，该企业在改制后处于半停产状态。

2000 年 8 月，该厂从南昌电化厂购进一瓶质量为 450 千克的液氯，用于该厂自办水场的水质处理。2002 年 9 月，该厂不再供应生活用水，停止使用液氯，液氯钢瓶仍放在加氯间。

2003 年 10 月，因水场拆迁，有关人员把液氯瓶搬到了几十米开外的一块空地上。2004 年 3 月，赵某和邹某等人把液氯钢瓶移至锅炉房前院内围墙边的一棵树下。

2004 年 4 月 20 日 21 时许，该液氯钢瓶发生泄漏，造成 282 人出现中毒反应，其中住院治疗 128 人，留院观察 154 人。由于该事故发生后救援应急措施迅速有效，紧急处置有力，2 小时内排除了险情，从而没有造成人员死亡。

事故原因分析

这起液氯钢瓶残液泄漏事故发生后，有关部门组成事故调查组，经过认真深入的调查、分析，确认这起液氯钢瓶残液泄漏事故是一起责任事故。造成这起事故的直接原因是，液氯钢瓶的瓶阀出气口及阀杆严重腐蚀，由于气温升高，瓶体内气体膨胀，将阀门腐蚀堵塞物冲出，导致液氯钢瓶残液泄漏。

事故发生后，经九江化工厂气瓶检验站检测，出现泄漏的液氯钢瓶瓶体完好，水压和气密性试验证明，瓶体无泄漏点。经南昌大学材料科学与工程学院测试分析，液氯瓶的2个减压阀均为黄铜材质，由于脱锌而改变颜色为紫红色。脱锌是由于黄铜发生了腐蚀，使合金表面的锌发生溶解，铜变得较疏松，强度下降。泄漏闸阀有32毫米×19毫米的椭圆形缺口，缺口四边及内壁凹凸不平，符合酸性物质腐蚀的特征。

这起事故发生后，有关责任人员受到了处理，有的被辞退，有的受到党纪、政纪处分。值得庆幸的是，事故发生的时间不是深夜，人们大多还没有入睡，加上应急救援及时，没有发生人员死亡。如果液氯钢瓶残液泄漏发生在深夜，其后果将难以设想。

汲取事故的教训，为防止同类事故再次发生，做好危险化学品的安全管理工作，消除各类事故隐患，有关企业应注意以下事项：

（1）严格执行《安全生产法》和国务院《危险化学品安全管理条例》。危险化学品管理要严格把好生产、经营、使用、储存、运输、报废等环节的安全管理关。凡涉及这些环节的企业，都要严格按照《危险化学品安全管理条例》加强管理。对废弃处置的危险化学品，要按照《危险化学品安全管理条例》第25条规定的要求落实到位。

（2）危险化学品生产企业，要对包括设备在内的生产各个环节进行一次全面彻底检查，尤其应注重检查危险化学品的储存容器、传送管道和受压阀门；相关生产人员要严格按照操作规程生产，特别是要把好禁火区的动火关，防止因设备故障或操作失误引起危险化学品的泄漏或爆炸；严禁使用明令淘汰的生产工艺和设备，对不符合安全生产条件的生产企业要限期整改，对非法生产危险化学品的企业要坚决取缔。

(3) 危险化学品使用单位，要做好危险化学品（剧毒品）的清理工作。对使用的危险化学品要按有关规定进行逐一登记并建立台账。特别是处于企业改制、拆迁、搬迁、停产或半停产的企业，要逐步对企业各个环节、地点，特别是死角进行排查清理。对所有清理出来的危险化学品，如果仍需使用，要妥善保存，并张贴警示标志；如果不继续使用，则要逐一登记造册，上报主管部门和同级安全生产监督管理部门，由安全生产监督管理部门会同有关部门统一组织集中处理。

(4) 盛装危险化学品的容器，要定期进行检验，合格后方可继续使用。任何单位或个人均不得擅自随意处置废弃危险化学品及其包装容器，在未经安全生产监督管理部门等相关部门统一安全处置并出具安全证明前不得随意将其当废品出售。各废品回收单位或个人不得收购。

(5) 各企业要建立健全安全生产管理体系和制度。所有企业，包括新设立企业和处于改制当中的企业，均不得放松对安全生产管理体系和制度的建设。要严格按照《安全生产法》的要求设立安全生产管理机构，配备安全生产管理人员。凡未建立安全生产责任制、安全生产管理制度的企业要及时建立；对已建立的安全生产责任制及安全生产管理规章、制度、标准和操作规程，企业要及时更新和完善。

班组应对措施与讨论

气瓶是一种小型移动式压力容器，适用于充装各种压缩气体，被广泛应用于工业生产和人们的日常生活中。一般气瓶所装的气体按化学性质大致可以分为 4 类：易燃类，如乙炔、氢、一氧化碳等；助燃类，如氧；有毒类，如氯、氨、硫化氢等；不燃无毒类，如氮、二氧化碳等。由于气瓶流动性大，如果不加强管理，一旦发生泄漏往往会引发爆炸、火灾或中毒事故。据国家质量监督检验检疫总局统计，2003 年因气瓶发生的事故共 33 起（其中重大事故 1 起，严重事故 32 起，死亡 19 人，受伤 87 人，经济损失 1 588 万元）。因此，加强气瓶的安全管理工作非常重要。

班组在安全知识学习或者安全活动中，应注意学习有关气瓶安全使用知识，预防生产以及生活中可能发生的事故。

气瓶安全使用知识之一：气瓶的安全装置、充装与检验要求

（1）气瓶的安全装置。因为气瓶是移动式容器，它在充装、使用，特别是搬运过程中，常常会因滚动或震动而相互撞击或与其他硬物碰撞。这不但会使气瓶瓶壁产生伤痕或变形，而且会因此而引起气瓶脆裂，这是高压气瓶发生破裂爆炸事故常见原因之一。为了避免气瓶因碰撞而发生破裂事故，在瓶体上最好装有防止撞击的保护装置——防震圈。

瓶帽是用于防止气瓶瓶阀被破坏的一种保护装置。装在气瓶顶部的瓶阀，如果没有保护装置，常会因在气瓶的搬运过程中被撞击而损坏，有时甚至会因为瓶阀被撞断而使气瓶内气体高速喷出，以至于气瓶向与气流相反的方向飞动，造成人身伤亡事故。所以，每只气瓶的顶部都应装有瓶帽，以便气瓶在搬运过程中佩带。瓶帽一般用螺纹与瓶颈连接，瓶帽上应开有小孔，一旦瓶阀漏气，漏出的气体可以从小孔排出，以免瓶帽飞出伤人。

（2）气体的充装。气瓶充装时，如充装过量或助燃与可燃气体混装，很可能会发生爆炸事故。特别是在夏天，充装温度一般都比室温低很多，如果计量不准确，就可能充装过量。充装过量的气瓶在烈日下曝晒，瓶内液体温度升高，体积膨胀，瓶内空间很快被饱和气体充满，并产生很大的压力，从而造成气瓶破裂爆炸。对于可燃与助燃气体混装，即原来充装可燃气体的气瓶未经置换、清洗等处理，并且瓶内还有余气，又来充装氧气（反之亦然），其后果也很严重。瓶内的可燃气体与氧气发生化学反应，产生大量的热，会造成瓶内压力剧烈升高，气瓶破裂爆炸，这种爆炸由于反应速度快，容易炸成很多碎片。

（3）气瓶的定期检验和其他安全规定。主要包括以下几点：

1）气瓶和一般固定式压力容器一样，要进行定期检验；

2）严格按照有关使用规定正确使用气瓶；

3）不得将气瓶瓶体进行焊接和更改气瓶的钢印或者颜色标记；

4）不得使用已报废的气瓶；

5）不得将气瓶内的气体向其他气瓶倒装或由罐车对气

瓶直接进行充装；

6）不得自行处理气瓶内的残液。

气瓶安全使用知识之二：气瓶的安全操作与维护

（1）正确安全操作。气瓶阀门要慢慢开启，防止附件升压过速产生高温。对充装可燃气体的气瓶应尤其注意，以避免因静电作用引起气体燃烧。开阀门时不能用扳手等敲击瓶阀，以防产生火花；氧气瓶的瓶阀及其他附件都禁止沾染油脂，手或手套上沾有油脂时，不要操作氧气瓶；每种气体要有专用的减压器，氧气和可燃气体的减压阀不能互用；瓶阀或减压阀泄漏时不得继续使用；气瓶使用到最后应留有余气，以防混入其他气体或杂质，造成事故。一般氧气瓶至少要剩下 0.05 兆帕压力的氧气，乙炔瓶要剩下 0.1 兆帕压力的乙炔，并将瓶阀关紧以防漏气。

（2）防止气瓶受热。为了避免瓶内气体温度升高，气瓶不应放在高温下曝晒，也不能靠近高温热源，更不能用高压蒸汽直接吹喷气瓶。瓶阀冻结时应把气瓶移到较暖的地方，用温水解冻，禁止用明火烘烤。

（3）加强气瓶维护。气瓶外壁上的油漆是气瓶的防护层，可以保护瓶体免受腐蚀，同时也是气瓶的识别标记，表明了瓶内所装气体的类别，可以防止误用和混装，因此，必须保持气瓶外壁上油漆完好。油漆脱落或模糊不清时，应按规定重新油漆。瓶内混入水分常会加速气体对气瓶内壁的腐蚀，尤其是在进行水压试验后。很多氧气瓶都是在内壁下部腐蚀严重，原因就是气瓶中长期积水，在水与氧的交接面腐蚀加剧。已经使用过的气瓶，一般不要换装别的气体，如确实需要，则应按规定由有关单位负责洗净、置换，并重新改变漆色以后方可改装（国家质量监督检验检疫总局第 46 号令《气瓶安全监察规定》第 32 条规定：任何单位和个人不得改装气瓶或将报废气瓶翻新后使用）。

（4）气瓶的运输与装卸。为了预防气瓶在运输与装卸过程中发生事故，运输与装卸气瓶时必须注意以下几点：

1）防止气瓶受剧烈震动或碰撞冲击。装载车上的气瓶要妥善地加以固定，防止跳动或滚落；气瓶的瓶帽或防震圈应佩带齐全；装卸气瓶时应轻装轻卸，不得采用抛装、滑放或滚动的装卸方法。

2）防止气瓶受热或着火。气瓶运输时不得长时间在烈日下曝晒，夏季白天要有遮阳设施。可燃气体气瓶或其他易燃品、油脂和沾有油污的物品，不得与氧气瓶同车运输；两种介质相互接触能引起剧烈反应的气瓶也不应同车装运。运输气瓶的车上应严禁烟火。运输可燃或有毒气体气瓶时，车上应分别备有灭火器材或防毒面具。

气瓶安全使用知识之三：液化石油气瓶质量安全自查“五法”

液化石油气是一种清洁能源，现在在城市和部分农村中普遍使用。使用液化石油气要注意气瓶的安全，如果使用不善，会导致火灾爆炸事故发生。液化石油气瓶质量安全自查有“五法”：

一看：一看铭牌标志。内容是否齐全规范，钢瓶制造厂家是否经国家认可，其产品质量是否稳定，是否属于合格产品，是否有国家认可的锅检机构驻厂监检标志“CS”钢印。

二看瓶体标志。是否附有国家认定的钢瓶检验中心定期检验合格标志。按国家规定，钢瓶出厂期 20 年内，每 5 年检测一次；20 年后，每两年检测一次；未附检验牌和过期未检的钢瓶为不可靠瓶。三看瓶体外观。是否有裂纹、电弧损伤、火焰烧伤及其他肉眼可见的容积变形。四看焊缝质量。焊缝热影响区是否有裂纹、气孔、弧坑、夹渣和未熔合等缺陷，主体焊缝是否有咬边，与瓶体焊接的零部件的焊缝在瓶体一侧是否有咬边，焊缝表面是否有凹陷或不规则突变。五看钢瓶阀座。是否有塌陷和裂纹，瓶阀螺纹是否有损伤，瓶阀尾部螺纹、出气口、阀帽、阀芯等螺纹是否有严重超过螺纹高度 1/3 和长度圆周 1/5 的局部缺口。有上述情况之一者为不合格钢瓶。

二测：将瓶体浸入水中，旋紧关门手轮，观察阀口与阀杆是否泄漏；堵住阀门，缓慢开启阀杆，观察阀杆处有无泄漏，有则气密不合格。

三闻：将瓶体与灶具连接，保持安全距离，灶处于燃烧状态，贴近瓶口处，闻一闻是否有较重的臭味，有则为漏气。

四称：普通钢瓶空瓶重 17 千克（误差为±0.5 千克），灌气 15 千克（误差为±0.5 千克），个别地区因气候炎热，规定为 12.5 千克（误差为±0.5 千克）。用前称重，看是否达标；用后称重，看是否遗留残液超标。超标者为质量过检期钢瓶。

五查：查看自己所换液化石油气瓶的单位和固定、流动点是否取得《城市燃气企业资质证书》，其公司所属挂号销售网点的工作人员是否持有上岗证件和工作证件。如果没有证书与证件，属于非法经营，钢瓶质量不能保证。

以上“五法”是购买和使用优质液化石油气瓶的最基本知识，只要确实掌握这些知识，即可保证安全。

气瓶安全使用知识之四：乙炔气瓶的使用、储存与运输安全措施

乙炔气瓶是许多企业经常使用的工业气瓶，如果对其危害性缺乏足够的认识，使用时不按规程操作，储运时不按制度执行，气瓶不按规定检验等，必将给生产和生命带来巨大危害。在此就有关乙炔的性质、乙炔气瓶的安全使用和储存、运输等方面进行分析，并提出安全防范措施。

（1）乙炔的性质及气瓶的危害

1）乙炔的一般性质。乙炔是无色气体，因含杂质有大蒜气味，可微溶于水，很容易分解成氢和碳产生爆炸。乙炔也易聚合生成乙烯基乙炔，发生爆炸，能溶解于丙酮。乙炔能与铜、银、汞等化合生成爆炸性化合物，与氯化合生成爆炸性的乙炔基氯。乙炔与空气（氧）混合形成爆炸性混合气体，最小引爆能量为 0.019 毫焦耳，爆炸极限为 28%～81%。乙炔本身无毒，具有窒息和弱麻醉作用，中毒者会出现眩晕、恶心、头痛等症状，甚至缺氧窒息而亡。乙炔火灾需要使用水或泡沫、二氧化碳灭火器扑救。

2）乙炔气瓶的危害。乙炔只有溶解于丙酮中才能在高压下保持稳定，否则极易分解成爆炸气体。因此，乙炔一般在溶解于丙酮及多孔物中后才被装入钢瓶内。乙炔气瓶是使用最普通的压力容器，极易发生爆炸事故。导致乙炔气瓶物理爆炸的原因是过量充装；造成乙炔气瓶化学爆炸的主要原因是物料倒灌。通常情况下，气瓶内介质的压力总是小于气瓶的设计压力，由于瓶内介质的膨胀系数比其压缩系数大一个数量级，因此，过量充装的钢瓶，随着温度上升到一定限度，压力就会急剧上升，从而造成钢瓶破裂，发生事故。满液钢瓶的压力会随着温度的上升而上升，气瓶随温度升高而产生的压力与温度的升高成正比。所以，装满乙炔的钢瓶在温度升高时很容易发生爆炸。

针对乙炔的特性和乙炔气瓶的危害，在使用、储存、运输时，一定要认真执行相关法规，严格按规程制度操作，并采取有效的安全防范措施，以预防各种火灾、爆炸事故的发生。

（2）乙炔气瓶的使用安全措施

1）使用乙炔气瓶前，一定要进行检查，查标记、颜色、安全附件、技术资料、安全状况等。

2）不得对气瓶瓶体进行焊接和更改气瓶的钢印或颜色标记，不得将气瓶内的介质向其他气瓶倒装或直接由罐车对气瓶进行充装。乙炔气瓶应专瓶专用，不得擅自改装他类气体。

3）乙炔气瓶不得靠近热源、电气设备及装有可燃助燃性气体的气瓶，与明火的距离不得小于10米，严禁放置在通风不良或有放射性射线源的场所使用。

4）开启乙炔气瓶阀门时应缓慢开启而不要过快；严禁敲击、碰撞，防止静电；严禁在瓶体上引弧；严禁将乙炔气瓶放置在电绝缘体上使用；严禁手持点燃的焊割工具调节减压器或开闭乙炔气瓶瓶阀。

5）必须配置专用的减压器和回火防止器，使用压力不得超过 0.15 兆帕；使用过程中发现泄漏要及时处理；严禁在泄漏的情况下使用；严禁“吃光用尽”乙炔，必须留有不低于 0.05 兆帕的剩余压力；不得自行处理气瓶内的残液。

6）乙炔气瓶要按检验项目和规程进行定期技术检验，要认真填写记录，载入气瓶档案，做到一瓶一档。报废的气瓶不得与一般气瓶混放，应由检验单位进行破坏性处理。严禁使用不合格的气瓶。

（3）乙炔气瓶的安全运输措施

1）全面落实危险化学品运输资质认定制度和危险化学品运输从业人员作业资格管理制度。必须按《危险化学品安全管理条例》进行运输，必须遵守公安、交通部门有关危险品运输的安全规定或条例，不得超装超载，不得进入禁止通过的区域。

2）运输人员及相关人员要有上岗资格证，驾驶员、装卸人员和押运人员必须了解乙炔的性质、气瓶的危害特性和发生意外的应急措施，在运输途中不做与安全相悖的事情，运输车上要禁止烟火。

3）运输时要有遮阳设施，防止曝晒，车上应备有必要的应急处理器材和防护用品，随车人员应能够正确使用。乙炔气瓶不得与易燃物品混在一起运输，车前要悬挂黄底黑字的“危险品”字样。

4）搬运气瓶要拧紧瓶帽，轻装轻卸，严禁甩、撞、倒、拖、拉，禁止用电磁起重机搬运，气瓶装车时应横向放置，头朝一方，备齐防震圈，气瓶下面用三角木块等卡牢，堆放高度不得超过车厢高度。

5）运输时要避免在雷雨天进行；避免在附近发生火灾和液化石油气泄漏的地方经过；乙炔气瓶在运输中发生异常或遇到其他不安全因素时，要立即采取措施妥善处理；确保运输过程中乙炔气瓶不倾倒、不跌落，瓶体不受损坏。

（4）乙炔气瓶的安全储存措施

1）必须遵守国家危险品储存法规，储存乙炔气瓶的仓库必须配备有专业知识的技术人员，其库房应设专人管理，配备可靠的个人安全防护用品，并设置“乙炔危险”“严禁烟火”的标志。

2）乙炔气瓶的储存仓库和储存间应有良好的通风、降温等设施，不得有地沟、暗道和底部通风孔，并且严禁任何管线穿过，应避免阳光直射，避开放射性射线源，与明火或散发火花地点距离不得小于 15 米。

3）乙炔气瓶必须与爆炸物品、氧化剂、易燃物品、自燃物品、腐蚀性物品隔离储存，满瓶与空瓶应分开整齐放置，并有明显标记，应保持直立放置，且应有防止倾倒的措施，不准放在橡胶等绝缘体上以防静电引起事故。

4）乙炔气瓶的储存量超过 30 立方米时，应用非燃烧体或难燃烧体隔离出单独的储存间，其中一面为固定墙壁；储存量超过 240 立方米时，应建立耐火等级不低于二级的储瓶仓库，与建筑物的防火间距不应小于 10 米。

5）储存的乙炔气瓶应经常检查，瓶帽要拧紧。发现泄漏要及时消除，到期气瓶要及时处理，以防自聚或分解而发生事故。库房温度不超过 30 摄氏度，相对湿度低于 80%，使用乙炔气瓶的现场储存量不得超过 30 立方米。

班组讨论话题

●你知道有关气瓶的知识吗？你愿意了解有关气瓶的知识吗？如果你的工作和生活中经常使用气瓶（如乙炔气瓶、液化石油气瓶），你会向别人讲解如何正确安全使用气瓶吗？

●当你发现别人违规搬运气瓶（如放在地上滚动、拖拉）时，你会制止吗？当你发现别人违规使用气瓶（如用明火烧烤）时，你准备怎么办？你是上前制止还是赶快走掉？

●作为班组长，你能组织本班组学习有关气瓶安全使用的知识吗？你能组织本班组进行气瓶危急情况处置训练吗？你能组织本班组进行安全使用气瓶的经验交流吗？作为班组长，你对有关气瓶的知识知道多少？能向大家讲一讲吗？

第五部分　管道阀门管理存在问题导致的事故

许多企业的生产过程离不开水、电、气，相应地就有上水管与下水管、电缆沟、供气管道等，尤其是化工生产企业，各种管道纵横交错，成为化工企业的标志。有管道就会有阀门，管道与阀门是联系在一起的。一般来讲，对各种管道与阀门的管理属于企业安全管理部门的职能。但是，有些班组在生产作业中会与管道或者阀门发生关系，如焊接作业时地线的连接，打扫卫生时对管线的踩踏，休息时坐在或者靠在管线上，根据温度调节供暖阀门的大小等。所以，对各种管道阀门的管理虽然是企业安全管理部门的事情，但是对管道与阀门爱护、关心、正确使用却是所有企业职工的事情。

对管道的管理，各企业有各自不同的情况，因此有各自不同的管理方式，所制定的规章制度也有所不同，要求也有所不同。中国石油化工集团公司为保证油气管道输送的安全，制定了《油气管道输送安全管理规定》。这一规定虽然局限于对油气管道的安全管理，但对于其他管道的安全管理也具有参考意义。现将《油气管道输送安全管理规定》的主要内容介绍如下。

……

第九条　油气管道的投产应在工程竣工及“三同时”验收合格后进行。

第十条　油气管道投产前应制定投产方案。投产方案内容包括制定投产方案的依据、各项投产工作的具体计划、组织机构、投产程序及各阶段的要求、工艺运行参数、投产安全措施和应急预案。

第十一条　油气管道投产前应进行试运行。投产试运行分单体及整体试运行，各项试运行工作应严格按投产方案进行。

第十二条　油气管道整体试运行应在系统试运行合格后进行。原油、成品油等液体输送管道应以水为介质；天然气输送管道应以气体为介质。整体试运行各项技术指标全部合格后，方可按照生产工艺要求进行投产。

第十三条　投入正常运行的油气管道应按运行调度管理工作程序执行。

第十四条　管道使用单位应建立安全技术操作规程和巡检制度，安全技术操作规程的内容主要包括：管道的工艺流程图及操作工艺指标；开停操作程序；异常情况处理措施及汇报程序；防堵、防凝安全要求；清管操作程序。

第十五条　油气管道所输送介质及各种添加剂应认真分析，确定其理化性质及腐蚀性，采取有效措施防止或减少管道内腐蚀。

第十八条　油气管道安全装置的设置应包括管道泄漏检

测报警、可燃气体泄漏检测报警、火灾报警、水击保护、超温和压力异常报警、自动停泵和压力泄放、阴极防护系统等。

第十九条　火灾与可燃气体报警系统，每年应进行一次校验；便携式气体检测仪应按标准要求配齐，每年进行一次校验和维护。

第二十条　生产设备或工艺设施的安全装置应有专人负责，并经常检查。

第二十一条　应急关断系统应保持完好，每年进行一次校验。

第二十二条　油气管道（干线）应设置阴极保护装置，并定期进行检测。

第二十三条　油气管道的检查与保护应严格执行国务院《石油、天然气管道保护条例》，并按规定进行巡检。

第二十四条　油气管道重点穿跨越段应设守卫人员；在汛期应对管道穿跨越段、截断阀室进行安全检查。

第二十五条　原油及含蜡油品输送管道应确定合理的清管周期，定期进行清管；应严格审定清管方案；清管作业时，应严格遵守清管操作规程。

第二十七条　油气管道单位应制订应急预案，并定期组织演练，填写演练记录。应急预案应主要包括管线断裂、设备故障、可燃物质泄漏、火灾与爆炸、人员中毒、地震与洪水、人员应急撤离等。

第二十八条　油气管道单位应成立管道抢险的抢修队伍，抢修人员、设备的配置应符合所运行油气管道抢险的需要。抢修队伍应具有快速应变及处置各类突发性事故的能力。

第二十九条　油气管道的抢、维修作业应严格执行抢、维修作业安全规程和应急预案的要求。

第三十条　油气管道修复和改造，应选用具有相应资质的施工单位，施工完工后出具竣工资料。施工过程中，建设单位质量检验部门应进行监督检验。

第三十一条　需封存的油气管道，应及时排除管道内的油气，并采取管道内防腐和阴极保护措施。对批准报废的油气管道，应对管道内的油气进行彻底清理后，再对管道进行报废处理。

第三十二条　油气管道使用单位应制定定期检测计划，经上级主管部门批准后实施。管道使用单位应建立、完善检测档案。

第三十三条　油气管道技术检测单位应取得国务院石油工业行政主管部门认定的相应资质，并对检测结果负责。

第三十四条　油气管道分为一般检测（外观监测）和全面检测：

1. 一般检测的内容包括管道损伤及变形、管道防腐层和绝热层、管道附件和安全装置、管道防护带和覆土、管道标志桩、锚固墩、测试桩、围栅、拉索、标志牌和电法保护系统。

2. 全面检测内容包括一般检测的所有内容和管道测厚、土壤腐蚀性参数测试、杂散电流测试、管道监控系统检查及管内腐蚀介质测试。

第三十五条 油气管道应按检测周期进行检测。一般检测应每年至少一次；在新建管道投产三年内应进行全面检测，以后视管道运行安全状况每五年检测一次，最长不超过每八年检测一次；对停用一年以上再启用的管道应进行全面检测；对多次发生事故、防腐层损坏严重、修理、修复和改造后、受自然灾害破坏以及投用超过十五年的管道，全面检测周期应适当缩短。

第三十六条 油气管道在检测前应制定详细的检测方案，并认真组织实施。

第三十七条 从事无损检测的人员应持有政府部门颁发的有效证件。

此外，有的企业还规定，在现场检查时，不准踩踏管道、阀门、电线、电缆架及各种仪表管线等设施。冬季停车后，要采取防冻保温措施，注意低位、死角及水、蒸汽的管线、阀门、疏水器和保温伴管等情况，防止管道、设施损坏。

（一）废弃天然气管道处理不当造成的爆炸事故

2000 年 2 月 19 日零时 6 分，山东省某公司发生地下废弃天然气管线爆炸事故，造成 15 人死亡、56 人受伤，其中重伤 13 人，直接经济损失 342.6 万元。

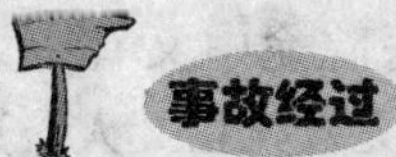

山东省某公司成立于 1998 年 8 月，是在某化工厂原厂址上独资建设的高硼硅玻璃企业。其有三个车间，设有安全

科、生产科等 9 个科室。其中发生爆炸事故的三车间共有职工 128 人，分三班运转。

该公司第三车间位于生产区的东部。三车间共有 5 号、6 号两座玻璃窑炉，4 座退火炉，设计规模为年产 8 000 吨玻璃拉管。

在三车间建设前，公司发现地下有一条中原油田废弃的 529 毫米天然气管线，距地面 0.77 米。在做 5 号炉基础时，该公司将废弃的 529 毫米管线进行了处理，割除 20 余米，其西北端口在车间外，东南端口在距 5 号炉蓄热室东南角 1.25 米处，两端口均由公司焊工焊接盲板封堵。

2000 年 2 月 18 日 22 时 37 分，三车间电缆沟内可燃气体燃爆，将车间内电缆沟中间人孔和西侧人孔盖板冲开。由于火源在电缆沟内，难以扑救，公司领导遂打电话请求支援。22 时 50 分，油田采油一厂消防队接到报警后，迅速赶往现场投入救火。控制住火势后，一名消防队员从中间人孔处下到电缆沟内用水枪扑救电缆沟内的火，随着火势的减弱，看见电缆沟北墙缝隙处有火苗蹿出。23 时 58 分火被扑灭，由于车间停电供风系统无法运转，窑炉燃烧系统不能正常工作，公司员工为防止窑炉中高温玻璃液降温过快引起生产事故，按操作规程利用供气备用系统加热护炉。

2 月 19 日 0 时 6 分，三车间 5 号窑炉东侧发生爆炸，当场死亡 12 人，受伤 59 人，在送往医院途中又有一人死亡。在抢救过程中，因伤势过重经抢救无效死亡 2 人。这起爆炸事故共造成 15 人死亡，56 人受伤，其中重伤 13 人，直接经济损失 342.6 万元。

事故原因分析

根据现场勘察及物证技术鉴定结果可以确定，529毫米管线在废弃时管道内存有残留天然气，而该公司三车间施工处理时管线又进入了部分空气。由于电缆沟着火，火焰烘烤横穿电缆沟内废弃的529毫米管线外壁，使管线内温度达到了天然气和氧气的反应温度，管线内混合的天然气和氧气发生氧化反应，放出大量热量，致使管线内气体压力升高，超过了管线端口焊接盲板承受压力，盲板炸飞，可燃气体冲出管线。由于5号炉蓄热室墙体的阻挡，喷出的可燃气体向上和反向扩散。又因为管线内原来混入的氧气有限，从管道内喷出的气体中仍含有大量反应过剩的天然气体，遇炉窑明火再次发生燃爆，导致了这起爆炸事故的发生。

这起爆炸事故发生的主要原因是：

（1）该公司在施工时对地下529毫米废弃天然气管道处理不当，盲板封堵焊接质量差，随着蓄热室周围地温升高，管道内残余的天然气受热升温形成正压，穿过其端口盲板焊接气孔进入电缆沟。电缆沟内天然气积聚达到爆燃浓度，并沿电缆沟电缆穿孔进入6号炉常规电控柜，6号炉常规电控柜内空气开关电热作用引燃天然气，是电缆沟着火的直接原因。

（2）由于电缆沟着火，火焰烘烤横穿电缆沟内废弃的529毫米管线外壁1小时21分，使管线内温度达到了天然气和氧气的反应温度，放出大量热量，致使管线内气体压力升高，超过了管线端口焊接盲板的承受压力，盲板炸飞，可燃气体冲出管线，由于 5 号炉蓄热室墙体阻挡，喷出的可燃气体向上和反向扩散，遇窑炉明火再次发生爆燃，是这次特大伤亡事故发生的重要原因。

（3）现场人员误认为电缆沟着火是电缆短路起火，对废弃管道发生爆炸预料不到，在电缆沟发生火灾造成车间停电的情况下，当班人员加热护炉，未及时撤离现场，是造成这起爆炸事故伤亡人数较多的主要原因。

事故教训

按照规定，对在用管道都要进行定期检查。定期检查包括外部检查、重点检查和全部检查。检查周期应根据管道的技术状况和使用条件，由使用单位自行确定。但每季度至少应进行一次外部检查，Ⅰ、Ⅱ、Ⅲ类管道每年至少进行一次重点检查，Ⅳ、Ⅴ类管道每两年至少进行一次重点检查，各类管道每六年至少进行一次全面检查。经过一次全面检查，确认只有轻微腐蚀和冲刷（蚀）的管道，下次全面检查的期限可以适当延长，但不得超过 9 年。对于废弃不用的管道，通常没有明确规定如何处理，有的埋入地下任其自然腐蚀，有的则作为废钢铁处理。

在这起事故中，事故的发生就是因为对废弃不用的管道处置不当。在第三车间建设前，已经发现地下有一条废弃的 529 毫米天然气管线，距地面 0.77 米。在做 5 号炉基础时，该公司对废弃管线进行了处理，割除 20 余米，然后将两端口焊接盲板封堵。当时之所以这样处理，可能是怕麻烦，或者是疏忽大意，以为废弃不用的管道不会存在危险，结果却发生如此重大事故。如果当初警惕性高一点，将这条废弃的天然气管线全部挖出处理掉，就不会发生后来的事故。这是一个深刻的教训，安全生产不能有任何的马虎。

（二）埋地输气管道腐蚀造成的泄漏事故

2004 年 7 月 15 日中午，某化肥厂一条埋地输气管道出现漏气，由于采取了得当的抢修措施，因而未造成更大的财产损失及人员伤亡。

7 月 15 日中午，某化肥厂一条埋地输气管道出现漏气，由于时值午休，待人员上班发现时，现场 0.5 平方千米范围内的空气中已经弥漫着大量的可燃、有毒的水煤气。幸而现场无点火源，而且采取了得当的抢修措施，才未造成更大的财产损失及人员伤亡。

事后，经对发生事故的全长 1.95 千米管道开挖并进行检验检测，了解到：管道为钢管，规格为 ϕ219 毫米×7.5 毫米，泄漏点是直径为 10.5 毫米的空洞；管道外壁采用石油沥青加玻璃布构成防腐层，由于多年来自然环境的作用及人为的破坏，防腐层破损严重，多年的维修过程中不断更换破损的防腐层，导致整条管道防腐层多样。管道采用直埋方式敷设，敷设较浅；管道外腐蚀严重，腐蚀以点蚀为主，在整条管道上有 2 处腐蚀坑点，钢管最小的剩余壁厚为 0.8 毫

米，并伴有穿孔，解剖钢管发现内腐蚀不严重。管道采用牺牲阳极阴极保护，静电接地为镀锌扁铁，经检验发现阳极已消耗殆尽，静电接地已失效。

经了解，该管道于 1975 年安装投用，无施工验收记录，安装质量低劣，管道上对接焊缝存在着较大错口、咬边、未熔合和低于母材等缺陷，还有一处管道存在杠杆的现象。在近 30 年的使用中，只是对发现的泄漏点进行了维修（焊补堵漏），且无维修、使用记录。

综上所述，事故发生的原因是管道安装质量低劣和管道在使用过程中防腐层破损、阴极保护失效，造成腐蚀穿孔。若管道能及时得到检验检测，发现腐蚀缺陷，事故是完全可以避免的。

在工业管道普查中发现，一些建厂时间较长的企业对自己企业内存在哪些直埋管道不甚清楚。存在某些缺陷的直埋管道在企业中仍在运行且具有共性，即管道没有资料可查，所谓的维修检测仅靠接到泄漏报警后再对泄漏点进行堵漏，根本谈不上定期检验检测。可以说在长期的管道运行中发生泄漏事故（甚至燃爆和人身伤亡事故）将是不可避免的。

要防止类似事故发生，企业应该在管道的使用和管理中采取如下措施：

（1）对新装管道，要严保施工质量。既要重视管道的组装、焊接质量，又要重视防腐、敷设的质量，严格按相应的规范和标准进行安装、验收。在措施上，选择持有压力管道安装许可证的单位进行安装，在安装前要履行告知手续，在安装过程中应接受经授权的检验单位进行的监督检验，以保证新装管道的质量。

（2）对在用管道，按照质检部门的要求进行全面的普查，查清压力管道数量及分布。在手段上，利用地探仪等仪器在管道正常运行及不开挖情况下，对管道的走向、埋深及管体的露铁点进行检测。通过检验检测，对外防腐层状况、阴极保护效果和管道腐蚀情况进行评定。目前，外防腐层主要通过绝缘电阻值和是否有漏点来评定，阴极保护效果主要通过阴极保护电位是否达到一定值来衡量，管道腐蚀情况通过对露铁点实施开挖进行测厚并强度校核来检测。根据检验检测情况，应采用经济合理的修复措施，对外防腐层、阴极保护系统和管道腐蚀进行修复，以防止事故的发生。

（3）管道在使用过程中，应由经培训合格的专职或兼职人员进行管理，建立管道使用档案，包括管道设计、制造、安装、检验及使用管理数据，管道外防腐层与阴极保护数据，管道地理信息与途经环境状况数据，管道运行工艺参数数据，维修防护数据，外防腐层状况、阴极保护效果和管道腐蚀情况等检验检测及评价结果数据。根据这些数据，对管道进行定期检验检测，做出维修及更换决定，做好事故应急处理方案和事故防范预案，以保证在用管道的安全使用。

（三）缺乏安全知识擅自两汽串联造成的中毒事故

1986 年 3 月 20 日夜间，山东济南某化工厂二车间四氟单体工段夜班人员在值班过程中，由于室内温度太低，便将该工段 F22 汽化器的乏汽通入操作室内的暖器取暖，结果发生有机氟中毒事故，造成 1 人死亡、7 人入院治疗。

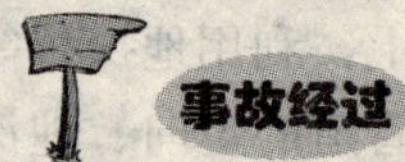

事故经过

3 月 20 日夜间，山东济南某化工厂二车间四氟单体工段夜班人员王某（班长）、张某、孙某、方某和分析工姜某等 8 人，分别在该工段一楼、二楼内工作。约 1 时左右，由于室内温度太低，他们便将该工段 F22 汽化器的乏汽通入操作室内的暖器取暖。约 2 时左右，有人感觉畏寒、胸闷、乏力等，3 时左右将暖器关闭。5 时 30 分左右，孙某、方某感觉上述症状加重，到卫生科治疗。根据自述和检查情况，医生断定是有机氟中毒，并立即采取一系列抢救措施。为慎重起见，其余 6 人也在下班后到卫生科检查治疗。后来为抢救需要，8 人全部转入省人民医院职业病科抢救。其中张某经医院抢救无效，于 3 月 28 日死亡。

事故原因分析

该工段以 F22 为原料，汽化后经缓冲器到裂解炉高温裂解，得到转化率为 40%的含有四氟乙烯的裂解气，再经水洗、碱洗、中和、脱水、冷凝、提纯，得到四氟乙烯。而未转化的 F22 与其共沸物六氟丙烯返回 F22 贮槽，供再次使用。

F22 汽化器盘管出现泄漏致使蒸汽内带有有毒物质，用此种蒸汽取暖后，乏汽又分别排入该工段室内下水道，污染了室内空气，导致中毒。

造成这起事故的主要原因是该厂职工缺乏有关安全知识，对有毒介质的换热器蒸汽乏汽取暖的潜在的危险性没有足够的认识。

事故教训

这起事故的发生与职工缺乏有关安全知识和班组安全管理不善有直接的关系。由于班组处在生产的第一线，所以要加强班组培训，提高班组人员知识、技能水平，让他们了解、掌握泄漏产生的原因和预防措施，减少操作失误，减少泄漏事故发生。在安全教育培训时，不但要告诉职工要做什么，还要让职工知道为什么这样做，使他们了解和掌握有关知识。有些事故的发生往往与缺乏知识有关。有这样一个事故案例：某化工厂进行反应塔检修，反应塔里又闷又热，检修人员憋闷得难受，这时在反应塔外负责安全监护的一名新员工，灵机一动，拖来一瓶氧气，顺手打开瓶阀，把高压氧气往塔内放，好心地为检修人员“服务”。不料，塔里正在进行焊接作业，顿时连人带焊枪全烧了起来，从而引发了一场事故。这起事故发生的原因就是烧红的焊枪在富氧环境里引起燃烧。在这起事故中，事故的发生也属于缺乏知识、好心办错事，本想利用 F22 汽化器的乏汽取暖，却不料导致人员中毒。

该厂在事故之后所采取的防范措施：一是根除生活采暖蒸汽与生产蒸汽串联使用，汽暖改水暖；二是气液排放要符合安全规范；三是严格劳动纪律，杜绝离岗串岗。

（四）生产生活用管线错误连通造成的中毒事故

1988 年 10 月 13 日，吉林省延吉市某化肥厂在生产过程中，因锅炉给水泵发生故障，在紧急抢修中蒸汽压力下降，导致半水煤气沿蒸汽管倒流入生活用蒸汽系统，造成 16 名工人中毒死亡。

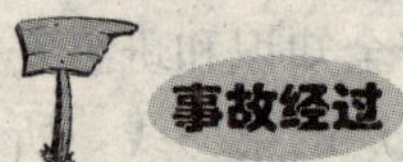

1988 年 10 月 7 日，吉林省延吉市某化肥厂与江苏省江都县某工业设备安装公司五处签订将该厂 2 台老造气炉拆迁和安装协议。13 日，安装公司的 16 名男工到达该厂，被安排在该厂新造气车间办公室里住宿，并安装了自制取暖器。

该厂仅有 2 台锅炉，共用一个分汽缸，将蒸汽分配给各用户，供生产和供暖使用。13 日 0 时 20 分左右，锅炉给水泵发生故障，在紧急抢修中蒸汽压力下降，分汽缸处压力逐步由 0.8 兆帕下降至 0.45 兆帕（操作指标规定分汽缸处压力不得低于 0.60 兆帕，但未规定低于 0.60 兆帕时如何处理）。此时，变换系统进口蒸汽压力已降至 0.38 兆帕。直到零时 50 分左右，才恢复正常供汽压力。在此期间调度室未下达指令，变换岗位也未作相应处理。

零时 30 分，在变换岗位发现蒸汽压力下降的同时，变换气中 CO 含量上升。铜洗塔后微量成分含量突然上升，超过 100 毫升/升，发出事故信号，压缩机四段切气，氨合成塔停止生产。

当锅炉系统发生故障，蒸汽压力低于半水煤气压力时，变换工段入口的半水煤气沿蒸汽管倒流入生活用蒸汽系统。因 16 名男工休息的办公室里的自制暖器有两处漏汽，室内还有一个地沟里一条蒸汽凝水回水管也漏汽，使 CO 含量高达27％的半水煤气由暖器泄漏处漏入室内。因天气冷，门窗紧闭，造成 16 名男工全部中毒死亡。

事故原因分析

造成这起事故的主要原因：一是该厂违反国家有关技术规范，对蒸汽压力降低到允许范围以下的事故处理没有规程（即操作规程不健全），操作人员遇到情况不知如何处理。二是该厂违反有毒有害生产企业不得将生产用管线与生活用管线连通且必须彻底分开的规定。

该厂违反《工业企业设计卫生标准》第 2 章第 11 条的规定，即产生有害物质的工业企业在生产区内，除值班室外，不得设置其他居住房屋；也违反 1982 年以来化工部一再强调的，在有毒有害生产企业不得将生产用管线与生活用管线连通且必须彻底分开的规定。

事故之后所采取的防范措施：一是坚决执行国家有关规定，有毒有害生产区内不得有人居住；二是生产用汽（水）与生活用汽（水）彻底分开；三是完善操作规程制度，遇有非正常情况，如蒸汽指标降低时坚决停车。

（五）缺乏防范半水煤气管腐蚀泄漏导致的爆炸事故

1994年5月20日，河北省宣化某化肥厂净化车间半水煤气入口三通管因腐蚀泄漏发生爆炸事故，造成8人死亡、2人重伤、1人轻伤。

事故经过

5月20日15时30分，河北省宣化某化肥厂净化车间在生产中，变换岗位换热器半水煤气入口三通管下部立管处突然发生爆炸。爆炸将在距爆炸点3米多远正进行管道堵漏工作的11人炸伤，其中8人死亡、2人重伤、1人轻伤。

事故原因分析

造成这起事故的主要原因是，在系统腐蚀严重的情况下，对管线严重腐蚀的后果认识不足，未能及时更换管线。

事故教训

事故的发生往往具有不确定性。这种不确定性表现为事故发生的时间不可预定，事故所造成的后果也不可预定。同样的事故原因，既有可能造成轻微的经济损失，也有可能造成巨大的经济损失。安全服务于生产，它所创造的效益大多不是从其本身的功能中体现出来的，而更多的是隐含在因事故减少而提高了效率的生产经营行为以及因事故减少获得了生命和健康的员工群体中。在企业的安全管理中，安全生产不应该是一句空话，而应该具体体现在生产和经营的各个方面，其中就包括设备设施的安全检查，及时发现问题、解决问题。

事故之后所采取的防范措施：一是严格控制半水煤气中的硫含量；二是严格控制变换系统原料气中湿含量和温度，防止冷凝；三是加强压力管道管理，建立测厚制度，发现泄漏要检查和分析原因，弄明情况，及时处理。

（六）蒸汽管线管壁减薄使强度失效导致的爆裂事故

1997 年 4 月 2 日，吉林省某有机合成厂动力车间发生管道泄漏。在准备进行维修过程中，管线突然发生爆裂，大量蒸汽喷出，造成 1 人重度颅脑损伤死亡、1 人被蒸汽烫伤。

事故经过

4 月 2 日 7 时 50 分，吉林省某有机合成厂动力车间在生产中，设备副主任姚某和生产副主任刘某在交接班会上听零点值班长金某交代，锅炉外送管线 HS 母管有泄漏现象。会后，两位主任同金某共同到现场查看，发现东西二线 HS 管处有蒸汽漏出，姚某安排化工徐某在现场等候设备员杨某共同确认泄漏点。8 时 5 分左右姚某返回设备组，安排杨某到现场找徐某共同确认泄漏点。杨某到现场后，同手持工具的徐某爬上东西二线 HS 蒸汽管线与总管交叉处，由徐某蹲在丁字口东侧 ϕ216.3 毫米×8 毫米的管线上，用螺丝刀划破保温泥后，又用锤头蹭保温泥，杨某在丁字口西侧的管线上观察。在处理过程中，约 8 时 25 分，HS 管线突然发生爆裂，大量蒸汽喷出，产生反作用力将管线弹起，致使徐某从弹起的管线上掉下，造成重度颅脑损伤死亡，杨某被喷出的蒸汽烫伤面部及双手。

事故原因分析

造成这起事故的直接原因是，管线结构不妥，导致管线内表面蒸汽冲刷严重，造成管壁减薄，使强度失效，引发管线爆裂。

造成事故的间接原因是，4 月 2 日发现 HS 管线泄漏后，未考虑到是由于蒸汽冲刷管壁减薄而形成的漏点，对可能出现的突发性事故认识不足。

事故教训

（1）发现蒸汽管线及易燃、易爆介质管线有泄漏时应及时通知专业主管部门到现场确定位置工艺参数、管线结构及对周围环境进行研究，制定施工方案和安全措施后方可处理，在此之前其他人员应远离泄漏点。

（2）对中、高压蒸汽管线及高温、高压、易燃、易爆介质管线的三通、弯头、变径等部位重点检验，并根据历年减薄速率和结构特点，确定科学、合理的检测部位与周期。

（3）深化蒸汽系统及易燃、易爆介质管线的法兰垫片的管理，对长年未更换的进行更换，并建立更换档案。

（4）在巡回检查时，发现中、高压蒸汽管线及易燃、易爆介质有泄漏现象时应充分考虑到泄漏量突然增大时所造成的危害，并采取隔离、设警戒等防范措施，避免伤害事故的发生。

（5）不断提高职工预想事故的能力，增强对蒸汽系统及易燃、易爆介质管线发生泄漏时可能造成突发性危害的认识。

（七）高压管道管理存在问题导致的爆裂着火事故

1996年1月4日，河南省某化肥厂在生产过程中，废锅高压管因内壁遭受严重的氢腐蚀，发生高压气爆燃着火事故，造成3人当场被烧死，3人被烧伤。

事故经过

1月4日，河南省某化肥厂在生产过程中，由于厂内供电不均衡，生产工作负荷不断变动。22时20分，合成塔温度为480摄氏度，压力为31兆帕左右，废气锅炉出口温度为215摄氏度左右。22时30分左右，调度李某巡回到合成车间，同当班带班组长常某一起进行检查，当查看温度和压力不超标并进行记录后，李某即离开车间走出车间门。这时，听到“扑”的一声响，瞬时，车间外合成塔废锅等处一片烈火。调度李某跑到调度室向值班调度罗某报告，罗某即下达停车拉闸指令，李某又返回合成车间关闭主机阀、放氨阀、加氨阀，切断气路。此后，火势渐小。从发生高压气爆燃至火熄灭，约30分钟。

火后检查现场发现，高压管在废热锅炉出口法兰连接处和与弯管焊接处2处径向断开，其间约30厘米长高压管纵向裂为3块，其中2块已成拱形状，并飞向10多米和20多米以外的地方。与换热器连接的一段高压管从换热器进口处断开，并向西移位约 3 米，致使换热器高压合成气体也回流着火，烈火冲进 1 米之隔的车间电工维修房和钳工维修房，致使 3 名工人当场被烧死。烈火冲击合成车间，当班的 3 名工人被烧伤。这起事故造成直接经济损失达 7 万元，间接经济损失 6.7 万元。

事故原因分析

事故后经过调查分析，认为造成事故的直接原因是：

（1）依据爆炸后对废锅出口高压管的材质化学分析和硬度检查结果，原使用的高压管为非标合金钢管。经长期使用，废锅出口高压管内壁遭受严重的氢腐蚀，脱碳严重，表面几乎没有硬度，其机械性能和冲击韧性大大下降。

（2）对断裂焊缝面形状检查，断口径向一半仍为原始剖口，焊条金属与钢管未完全熔融，焊接质量极差，焊后未经探伤检查。

（3）系统高压安全阀长期使用，未经校验，已失效。对其中一高压安全阀检验结果表明，在 20 兆帕开始有泄漏，当压力为 60 兆帕时，弹簧卡死，动作失灵，流量增大，但仍不能全部打开，起不到超压保护的作用。

（4）该废热锅炉自 1990 年 6 月安装使用以来，除 1993 年根据化工部对山东安丘化肥厂重大伤亡事故的通报要求，将进口管更换为抗氢合金钢管外，对废热锅炉出口换热器间高压管未按化工化劳安字（91）130 号“在 180 摄氏度以上而仍用碳钢管的，必须尽快换成抗氢合金钢管”的要求，及时予以更换。

（5）该合成塔废热锅炉改造项目为无证施工，施工安装后缺少必要的验收、审批程序，盲目投入使用。

造成事故的间接原因是：

（1）该厂合成塔后废热锅炉及其他安装未经过有资格的设计单位设计。

（2）高压管道走向和固定未考虑高压气流冲击及高压管震动对连接部位的应力影响。

（3）对高压管道的使用、管理，无企业管理规范和安全检测验证制度，而且厂内未配置对高压管道及高压安全阀检测的仪器、仪表，未按有关规定对高压管道的高压安全阀进行年度检查。

（4）技术管理比较薄弱，厂内没有专门的技术管理机构。

（5）消防器材不足，爆燃后不能及时灭火抢救，消防教育差。

事故教训

（1）健全安全检查、监督体系，制定具体安全生产规章制度，特别是对高压管道的定期检查检验制度，坚决要求落实。强化设备、原材料购置验收入库制度。

（2）健全技术管理的各项制度，加强技术管理工作的领导，有关技术改造、设计，必须由有关设计部门执行，并实行严格的安装、验收、审批程序。全套技术图纸、安装记录、验收文件，应实行归档。

(3) 强化各种安全教育和技术培训，提高全厂职工的安全意识和技术素质。

(4) 对这次事故要吸取教训，全面检查全厂各个环节的安全状况，不符合安全规定的或存在安全隐患的要下决心立即整改。

(5) 配置必要的检测仪器和设备，培训检验员，保证设备的安全运行。

(6) 提高全厂职工的安全消防意识，配置足够的消防器具和器材，建立一支能战斗的兼职消防队伍。

(八) 氯乙烯中间槽排污管受撞击导致的爆炸事故

1996年4月17日9时36分，贵州省遵义某碱厂聚氯乙烯车间在生产中，氯乙烯中间槽排污管受撞击引发爆炸事故，造成3人死亡、2人重伤、4人轻伤。

事故经过

4月17日9时36分，贵州省遵义某碱厂聚氯乙烯车间在生产禁火区内，生产状况和工艺操作指标均处于正常。上午8时40分，精馏工段工段长闫某开始做排高沸物操作。大约20分钟后，蒸馏槽汽化完毕，打开底阀排高沸物。本工段职工赵某来到现场，约9时30分，第一罐排完后，闫某叫赵某别关底阀，准备排放第二罐。赵某去开蒸馏槽进口阀时，开不动，闫某去试开，仍然开不动，闫某便叫赵某拿管钳来开，自己去检查别的设备。此时，赵某朝楼上喊人，出来的是郑某。郑某将赵某要的管钳朝下面丢去（高度大约

10 米)。管钳落地时，听到一声响，同时氯乙烯单体从中间槽底部排污管焊接处喷出，随即越喷越大。闫某和赵某见此情况，立即离开现场，通知转化和压缩岗位停车，并叫精馏操作人员关过料阀和全凝器进口阀。约 9 时 36 分，喷出的单体扩散到空气中达到一定浓度，加上高速喷出产生静电引起爆炸。爆炸致使厂房坍塌，并导致 3 人死亡、2 人重伤、4 人轻伤直接经济损失 79.26 万元，间接经济损失 69 万元，损失工作日 18 300 日。

事故原因分析

造成这起事故的直接原因是，生产操作管理不力，车间不能严格执行有关安全生产禁令，在生产禁火区内由高处向低处乱扔管钳着地弹起，打在氯乙烯中间槽排污管上，使其产生局部裂缝，氯乙烯单体泄漏与空气混合，加上氯乙烯单体高速喷出和氯乙烯中间槽底部排污管短节产生摩擦静电起火，从而引起空间燃烧爆炸。

造成事故的间接原因：一是氯乙烯中间槽是 1995 年 4 月制造安装的，投运是在 1995 年 8 月，使用时间 8 个月。事故发生后，经事故调查组查看，罐内和排污管短节已有腐蚀，特别是在排污管处已经腐蚀得比较严重。但该厂在这次技术改造中，对新设计安装的氯乙烯中间槽在防腐方面认识不足，自以为新安装的氯乙烯中间槽的腐蚀不会这么快和这么严重。二是对中间槽的排污没有严格的时间和周期规定，在使用过程中又没有认真巡回检查，对排污管已受腐蚀变薄未及时发现，使其抗冲击和受压能力减弱。

事故教训

职工安全意识淡薄，现场安全管理松弛，对操作工违章乱扔管钳也没有及时加以制止，从而造成了严重后果。这起事故的发生反映和暴露了该厂管理人员和生产操作人员“安全第一、预防为主”的思想不牢固，规章制度的制定不严密，执行不严格，对设备可能发生的不安全因素认识不足、考虑不周。

事故之后所采取的防范措施：一是对压力容器、设备和可能会发生腐蚀的设备、管道进行全面认真检查，发现问题及时处理；二是对氯乙烯中间槽排污进行整改，增加排污管道口径，规定排污时间。

（九）女工玩耍踩断进液阀门连接管导致的氨中毒事故

1982 年 1 月 19 日 12 时 40 分，浙江省慈溪某化肥厂冷冻岗位，因女工玩耍踩断氨管导致氨泄漏，造成 3 人氨中毒死亡。

事故经过

1 月 19 日 12 时，浙江省慈溪某化肥厂临时停车期间，合成车间 4 名女工在打扫完卫生后，到冷冻岗位室外晒太阳，其中 1 名分析工双脚踩氨油分离器进液管上下跳动玩耍，不慎将进液阀门连接管丝扣踩断，致使大量液氨从断管处外泄，现场 4 人中除 1 人逃离外，其余 3 人均中毒昏倒，经抢救无效死亡。

事故原因分析

事故发生后，经调查分析，认为造成事故的原因是：

（1）管接头选材不符合设计要求，以铸铁件代替钢件。

（2）原设计该管道离地 1.9 米，因分离效果不好，经两次修改后，该管道离地 0.26 米，使用砖块作支撑。1981 年 12 月 26 日，在拆除液氨贮槽危棚时，有人将砖头撤去，致使该管道悬空。

（3）踩断管线的女分析工违反有关规定，在工作时间踩在生产管道上玩耍。

（4）因当时更换合成大槽，冷冻系统存氨备开车用，冷冻系统的 4 个阀门（平衡阀、冷却排管进出口阀、液氨贮槽进口阀）全部呈开启状态，致使在氨油分离器平衡管根部断裂后，大量液氨从氨油分离器、液氨贮槽和冷却排管内排出而扩大了事故。

（5）违反国务院颁发的有关规定，在位于冷冻岗位室外西侧的安全通道内堆放大量电气杂物，把通道堵死，致使 2 名分析工因逃离现场受阻而中毒死亡。

事故教训

在这起事故中，人员违章与管道存在问题是导致事故发生的两个因素。人员违章的原因在于厂内安全教育力度不够、职工安全意识不强、违章行为没有及时得到制止。因此，加强对职工的安全教育，提高安全意识，及时制止违章行为，是企业以及车间班组所要做的工作。此外，管道存在问题尤其应该引起注意。

有人对某石化企业 2001 年 1 月至 2003 年 12 月所发生的 29 起泄漏事故进行分析。在 29 起泄漏事故中，管线泄漏 11 起，阀门泄漏 4 起，泵密封泄漏 1 起。11 起管线泄漏事故又都是腐蚀穿孔所致，泄漏点多数位于管线拐弯处、小排凝及小放空等管线接口处、三剂注入点等位置。简单来讲，这种腐蚀穿孔是磨损腐蚀与应力腐蚀共同作用的结果。一方面，管线内的高速流体（气体、液体或者固体）对管线金属内壁已经形成的腐蚀产物的机械冲刷作用和对新裸露的金属表面腐蚀作用的综合结果将造成磨损腐蚀。流体在水平或者垂直方向运动时，管壁的腐蚀是均匀减薄的；但是，在弯管、U 形管等流体方向改变及速度改变部位，其管壁就要比其他部位的管壁减薄迅速甚至穿孔。另一方面，管线接头处、拐弯处同时又是管线应力集中点，应力又来自焊接过程中残留应力、管线温度变化造成的应力集中、管线本身支撑应力等。应力集中点发生应力作用与电化学腐蚀交替作用，这构成了应力腐蚀。所以，要加强管线测厚工作与腐蚀监测工作，对容易发生应力腐蚀的部位进行重点监测，或者说加强危险源的辨识，争取在管线发生泄漏之前，在管壁严重减薄处进行包焊修补，做到“早发现、早处理”，降低泄漏事故发生率。

（十）未发现化工管道支架锈蚀造成的断裂坠落事故

2004 年 9 月 5 日下午，在某企业合成车间的酯化工段，发生聚氯乙烯塑料管道突然坠落事故，所幸未造成人员伤害。

事故经过

9 月 5 日 13 时 30 分，在某企业合成车间的酯化工段，架设在西墙上的一段重约 150 千克的聚氯乙烯塑料管道突然坠落地面，原管道架设位置的下方是工段员工抽取桶装乙醇的作业现场。管道意外坠落时，所幸现场无人，因而未造成人员伤害。

坠落的这段塑料管道是该工段控排风主管道的一部分，水平敷设在厂房墙壁的 4 米高处，长约 8 米，直径 250 毫米，壁厚 10 毫米，重约 150 千克（管道内存有生产工艺过程中形成的冷凝水）。落地后断成三段，坠落管道的两端断离点是这条管道与竖向敷设的抽排风塑料管道的连接焊缝处。这段管道坠落前是用角钢弯制的、固定在墙上的两个直角架支撑的。坠落后，上述两个直角架未脱离墙壁，但其横边都发生了向下方的弯折。两个直角架均未刷防锈油漆或采取其他形式的防锈蚀措施。

事故原因分析

（1）塑料管道的安装质量有问题。在安装过程中，未使用三脚架支撑，而使用了不应该使用的直角架，结果使支撑强度大大减少，从而导致管道的坠落。

（2）该工段生产过程中有氯化氢、二氧化硫等气体逸散到空气中，一段时间后，使钢制直角支撑架，尤其是支撑架的顶点焊缝受到了明显的锈蚀，使其支撑强度减弱。当支撑架不足以承担塑料管道的重量时，势必形成支撑架横边的弯折，导致塑料管道坠落。

事故教训

事故之后所采取的防范措施：一是加强安全教育和培训，强化员工的安全意识，真正做到安全第一、预防为主；二是在三建工程项目的设计和审查工作中，要加强责任心；三是加强日常安全检查，及早发现潜在的不安全因素和隐患，并尽快整改。

（十一）氯气管道环焊缝开裂造成的氯气外泄事故

1995 年 6 月 4 日中午，上海某化工厂发生一起由于氯气管道环焊缝开裂而造成的氯气外泄事故。泄漏的氯气影响到周围居民正常的生活。

事故经过

6 月 4 日 12 时 55 分左右，上海某化工厂在生产过程中，生产调度室接到氯车间漂粉精工段工人报告，说有氯气外泄。调度员接报后，立即赴现场处理，发现泄漏比较严重，就迅速对全厂生产负荷进行了调整。13 时降低负荷 40%，13 时 03 分直流停供，氯气停止输送，全厂紧急停车。停车后经现场检查，发现是氯气分配台送往液氯工段的 ф325 毫米总管上有环焊缝开裂，造成管内氯气外泄。停车后，事故氯处理吸收装置自动联锁抽拉管内剩气，及时制止了氯气的继续外泄。这起事故造成工厂周围居民紧急疏散，影响了周围居民的正常生活。

事故原因分析

事故发生前，该厂的生产工艺处于正常稳定状态，无异常现象，此管道也从未发现泄漏迹象。此段管道为 ϕ325 毫米 $20^{\#}$ 无缝钢管，总长 7.3 米。其中南端离法兰 740 毫米处有一环缝焊口，管道破裂就在此环焊缝处。环焊缝总长 1 020.5毫米，裂开长度为 740 毫米，裂缝最大处为 12 毫米。经查，此管道焊缝在 1988 年 9 月全厂大修时现场施工，当时经气密性试压后不漏，即投入生产运行。

事故后，该厂委托华东理工大学对开裂管道及裂口进行技术鉴定和检测。通过技术鉴定和事故分析，得出的结论为：

（1）此次事故发生的钢管及焊材未发现问题，属于正常范围。

（2）造成该管道破坏事故最根本的原因是管道环焊缝的严重未焊透缺陷，并由此引发产生了“低应力脆断”事故。

（3）该厂对管道长期使用的是“气压试漏”和“超声测厚”检查方法，因而不能发现焊接质量的隐患，以致酿成事故。

事故教训

建厂以来，该厂从未发生过化工工艺管道在正常生产过程中如此严重的破裂事故。事故发生后，厂方组织有关的技术人员、管理人员对事故的发生进行了认真分析，并举一反三，全面整改，消除隐患，主要采取的整改措施有：

（1）组织对各类工艺管道及管架的全面检查，同时对全厂压力容器也进行检测。

（2）对化工工艺管道的管理认真执行国家有关管道的技术规范。加强对工艺管道质量的管理，提高和保证工艺管道的安全可靠性，防止类似事故的再次发生。

（3）加强对焊接工作质量的管理，明确焊接质量的要求，组织全厂焊工开展技术学习及练兵活动并加强必要的技术检测工作，切实改进和提高各类焊接工作的质量。

（4）吸取事故教训，对本厂的化学事故应急救援预案和各岗位的有关操作规程开展专业的检查和修订，进一步完善和提高现有的规范水平，确保安全生产。

（十二）喷漆机排风管道缺乏维护造成的火灾事故

1995 年 2 月 14 日，某市某席业生产公司成品车间发生火灾，火灾发生后该公司职工迅速报警。由于成品车间都是易燃物，消防队经过 5 个多小时的扑救才将大火扑灭。火灾造成直接经济损失 225 万元。

2 月 14 日 15 时 25 分，某市某席业生产公司成品车间发生火灾，现场职工一边救火，一边迅速报警。15 时 29 分，市消防大队接到报警后迅速出动。但是，由于成品车间堆积物品都属于易燃物，扑救困难，消防人员经过 5 个多小时的奋战，于 21 时 10 分，才成功地将大火扑灭。

该席业公司共有职工 200 人，固定资产 450 万元，年产值 1 000 万元，年利税 80 万元。该公司成品车间位于厂区南侧，为单层三级耐火等级的生产厂房，长 62.5 米，宽 12 米。这起火灾事故造成直接经济损失 225 万元。其中，房屋损失 4 万元，机械设备、成品及半成品损失 220 万元，附属物品损失 1 万元。

事故原因分析

火灾事故发生后，经现场勘察，确认造成这起火灾事故的直接原因是，该公司成品车间内的喷漆机排风管道自 1991 年投产以来一直未清理油漆污垢，沾在蜗轮式排风机叶轮、壳体上的油漆污垢长期高速摩擦产生高温，引起油漆污垢碳化。

造成事故的间接原因：·是公司投产以来，工艺上采用易燃易爆的油漆喷漆工序，成品、半成品均为可燃的竹制品，但未向消防监督部门申报，违章使用危险化学物品。二是该公司成品车间管理混乱，工艺布局严重违反消防规范的要求，生产区与仓储区不分，车间除存放大量成品、半成品外，还存放过量的油漆。三是该公司机修工严重失职，未做好成品车间喷漆机的维修、保养工作。成品车间职工擅自离岗，管理人员对故障的发现不及时，处理不得当。四是该公司对消防工作法人负责制观念不强，消防意识淡薄，管理不严，制度不全，而且公司内消防条件差，消防自救能力弱，消防水源不足，消防器材缺乏。

事故教训

从这起火灾事故发生的直接原因看，公司在设备设施的安全管理工作上存在着严重的问题，主要是对设备设施缺乏定期检查和维护，设备设施的资料、档案管理存在缺陷，设备管理人员责任心不强。该公司应针对设备设施存在的问题，加强安全检查工作，形成制度并严格执行。设备设施安全检查的主要内容包括：

（1）检查各种设备设施的安全运行和维修状况。各种设备设施是完成生产任务的重要手段之一。要使设备设施处于良好状态，不仅要加强设备设施的定期大、中修，还要随时掌握设备设施在运行中有无异常现象，如运转抖动、有尖叫声等。在工作中，着重于对设备设施日常保养和运转进行观察，一旦发现有异常，应及时停机、检查和反映，决不能让设备带病工作。

（2）检查各种机电设备的防护装置是否完好、齐全。主要检查其接地线是否完整和牢固，保险装置是否齐全和符合规格，电源连线是否良好和有无脱落，电动机防尘罩等是否完好无损，电动机和机器间的连接器是否牢固和有无防护罩装置等。

（3）检查各类设备设施上的安全装置是否安全可靠。主要检查设备设施上的过载保险装置、行程限位保险装置、安全信号装置、顺序动作安全联锁、保险装置和意外事故联锁保险装置、制动装置等是否安全可靠；外露的旋转部件是否有防护罩隔离；危险性高的部位的防护装置是否有顺序联锁结构等。

（4）检查有毒有害气体、粉尘上的防护设施是否完好有效。如其吸附和排放的管道设备设施是否正常运行，有毒有害物质是否泄漏，有关储罐设施是否牢固可靠，通风装置是否正常运行，系统有无破裂、泄漏，效果是否达到设计参数要求，除尘设备设施的维护保养状况如何，是否有磨损、腐蚀、漏气、漏灰等二次扬尘污染现象，是否有堵塞、排尘口不畅通等除尘效率降低的现象等。

通过日常和定期安全检查，及时发现存在的问题，并及时解决问题，不能麻痹大意，致使事故隐患久拖不决直至成灾。

（十三）压缩机阀门存在缺陷导致的爆炸事故

1993 年 4 月 12 日，山东省某化工厂合成氨车间停车检修中，由于阀门有缺陷，在阀体上部法兰处有裂纹，致使阀体突然断裂，蒸汽大量喷出，造成 1 人死亡。

1993 年 4 月 3 日，山东省某化工厂合成氨车间停车检修。4 月 12 日，按检修要求，杨某、公某等人对压缩系统管线内的油污用蒸汽从变换往压缩沿二段出口管线进行倒流吹除，吹完 1# 压缩机系统管线再吹 2# 系统，杨某在开启压缩二段出口阀（J41W—16Pg16Dg125）时，阀体突然断裂，蒸汽大量喷出，汽浪将杨某冲倒在压缩机旁的铁箅子上。现场人员及时将杨某送到地区中医院进行抢救，最终杨某经医院抢救无效死亡。后经法医鉴定：致死的主要原因是脑后部受撞击发生颅骨骨折。

事故原因分析

事故发生后，各有关部门及时赶至事故现场，由地区化工局牵头成立了事故调查组，4 月 13 日对该事故进行了全面调查。经核实，该阀门是神州阀门厂生产、化工部第三建设公司带来且负责安装的。操作中蒸汽温度、压力均在阀门允许使用的范围内（温度不超过 200 摄氏度，压力不超过 1 兆帕）。发生事故的主要原因是阀门存在缺陷，在阀体上部法兰处有裂纹，致使阀门破裂。

事故教训

企业在装置大修、改造或者改建、扩建、新建中，要根据使用环境正确选择、采购可靠性高的生产设备与材质良好的管线和阀门，这对预防泄漏至关重要，尤其是对于密封垫片、压力表等设备附件，不能因为属于常用物品就随意采购。许多泄漏事故的发生都是由于密封垫片、压力表和阀门存在质量缺陷造成的。一旦发生事故，则悔之晚矣。同时，为了提高可靠性，还应采用冗余设计，提高设备防腐标准。例如，在强腐蚀性环境中，壁厚一般都设计有一定的腐蚀余量，重要的场合可以使用双层壁等。

事故之后所采取的防范措施：一是严把阀门和设备零部件质量关，从采购、进货、安装等方面要认真检查，确保符合安全要求。二是今后在检修清洗过程中，要认真制定和执行检修、清洗方案，方案中要对介质、温度、压力等提出明确要求。

（十四）错误使用钛合金阀门造成的氯气泄漏事故

1997 年 4 月 16 日傍晚，某市自来水厂加氯车间突然发生氯气大量外泄事故，氯气随风飘逸扩散，波及周围地区，造成 200 余人中毒，所幸无人死亡和重伤。

事故经过

某市自来水厂为适应全市供水要求，于 1996 年 10 月引进自动加氯装置。由于引进设备的备件准备不足，一些主要备件已经用完，难以从国外得到合理补充，因而水厂委托某仪表阀门公司对液氯蒸发装置上的手动、电动调节阀进行选型和订购。仪表阀门公司根据用户耐腐蚀等工艺要求，向上海开源阀门厂订购了含钛 98.7％的手动、电动调节阀，并向水厂提供了产品质量保证书及受压试验报告等书面资料。水厂在液氯蒸发装置上安装由仪表阀门公司提供的电动调节阀门，投入使用一周内，未出现异常情况。

1997 年 4 月 16 日，即事故当天中班，当班人员按规定进行现场交接班时也未见异常。进入正常生产管理后，操作人员进行了 3 次巡视，一切正常。当操作人员在 18 时 05 分进行第 4 次巡视检查时，从值班室进入加氯车间即嗅到浓重的氯气味，在蒸发器室的玻璃门外，看到调节阀处有类似电气短路时电火花的闪烁，并且有大量的氯气从此处泄出。当班操作人员在难以控制的情况下，立即向上级和有关部门报告。在各有关方面的配合和支持下，水厂及时控制住了氯气的蔓延，制止了事故的扩大。虽经及时处理，仍有 500 多千克液氯蒸发所产生的氯随风飘逸扩散，加上当天风力较大，扩散的氯气在风力的推动下向水厂下风向的居民聚居点弥漫，影响到部分居民和一所学校的部分学生，共有 200 余人到附近医院就诊，8 人住院治疗。

事故原因分析

事故现场勘察中发现，原先安装在液氯蒸发器上的一只电动调节阀已不复存在，掉在地上的调节阀残骸大部分已被腐蚀成青灰色的豆腐渣状。一只含钛量在 98.7%的调节阀阀体，最薄处仅有 10 毫米，前后只用 7 天就被严重腐蚀。这是一个必须引起用氯单位重视的问题。

经查阅有关资料，金属钛的化学活性很弱，把钛暴露于大气中或含氧介质中，都会形成一层薄而坚固的氧化膜。这种表面氧化膜的存在使得钛在许多腐蚀性介质中，特别是氧化性介质中，具有很高的耐腐蚀性能。因此，从 20 世纪 70 年代初开始，我国有许多氯碱企业在湿氯系统的防腐蚀中应用了钛材，防腐效果良好。但是，水厂所用的商品氯（又称干燥氯），由于含水量极少，与金属钛直接接触后会引起剧烈的化学反应，而成为极不耐腐蚀的材料。造成这起事故的主要原因是，有关人员对金属的物化性质和抗腐蚀能力缺乏了解，造成液氯蒸发器电动调节阀的选材失误。

事故教训

这次事故教训深刻。由于对阀门材质缺乏了解，选材错误，险些酿成大祸。事故之后，所采取的防范措施有：

（1）在企业采用新工艺、新材料和新装置时，必须经过严格的技术审核。从事有关重要部件选购或提供新的设备材质前，必须对其有全面的了解，决不能想当然办事。

（2）在使用液氯的蒸发室或其他重要部位，为保证安全生产，应安装报警装置或安全联锁装置。这样，当室内氯含量超过标准限度时，能及时提示值班人员紧急处理，或者在突发事故时能自动切断有害物源，保障设备的安全运行。而且，一旦发生突发性事故，也能及时得以处理和得到有效的控制。

（3）应切实加强各类人员的安全技术培训，扩大员工的知识面。通过这起事故，我们可以看出，如果阀门采供部门工作人员有较全面的安全技术知识，就不至于把用于湿氯过程中能呈现出较好防腐性能的阀门用于干燥氯的生产工艺过程，以致留下后患。另外，当班操作人员如果具备较高的安全技术素质或者有较好的事故应急处理能力，在巡检过程中发现液氯蒸发室内有故障时，就会立即采取措施，切断液氢源，控制住事态的扩展，也就不至于造成如此严重的影响。

（十五）错用阀门与设计缺陷造成的热水喷出灼烫事故

1990 年 7 月 20 日，辽宁省某轮胎总厂在生产中，由于把止回阀当成截止阀使用，加上设计本身存在缺陷，导致发生热水喷出灼烫事故，造成 3 人死亡、2 人轻伤。

事故经过

7 月 20 日 8 时 15 分，辽宁省某轮胎总厂在生产过程中，硫化车间除氧装置因压力波动，决定切换。切换时，停用正在投用的 1[#]、2[#] 泵，开启 3[#]、4[#] 泵。切换后，因止回阀失灵，使 3[#]、4[#] 泵出口处 2.6 兆帕过热水倒回 2[#] 泵，并进入低压系统，使低压系统波纹管爆裂，大量过热水喷出，导致正在现场作业人员发生灼烫事故，造成 3 人死亡、2 人轻伤。

事故原因分析

事故发生后，经过调查分析，认为造成事故的原因：一是把止回阀当成截止阀使用。止回阀用于开停泵事故处理，防止出口液体大量倒回，密闭性不是特别好。二是设计存在缺陷。过热水系统的 2 条热水线使用 1 条，备用 1 条，而处于备用状态的管线无排放阀，致使止回阀失灵。备用管线内充满高压水，高压水倒回低压系统，引起低压管线物理爆裂。

事故教训

这起事故的发生有设计存在缺陷的原因，也有错误使用止回阀的原因，归结起来还是管理上的原因。在安全管理上，可以借鉴福建厦门正新橡胶工业有限公司（简称正新公司）的经验。

正新公司是台商独资企业，创建于1989年，主要生产自行车、摩托车、农用车、汽车的内外轮胎等橡胶制品，2004年完成工业产值约2.5亿美元。该公司是劳动力密集型企业，现有员工4 600多名，以年轻人居多，素质参差不齐；厂区内长期储存着数百吨天然橡胶，十多吨甲苯、汽油等原料及大量橡胶制品，均属易燃易爆物品。如何确保生产安全，这是企业面临的一个重要课题。该公司在建厂和扩建厂房时，积极配合设计院和公安消防管理部门，按照国家消防规范要求规划、施工。公司不惜投入大量资金，购入了大量消防设备，如投入数千万元建成了2个2 000立方米的消防水池，在生产车间、仓库设置了2套自动喷淋消防加压系统，还在易燃易爆物品生产工段、储存间等重点部位安装了电子侦测灭火器及自动报警装置。为搞好安全生产管理，公司制定了一系列规章制度，如《安全、卫生灾害管理办法》《明火管理办法》等，各项规章制度都贴近生产实际，可操作性很强。公司所属各单位也根据不同生产岗位的要求，制定了作业注意事项，悬挂于操作岗位上，供员工在操作时参阅。公司还制定了“三级安全教育”制度，坚持“先培训后上岗，干什么学什么”的原则。员工经考试合格方可上岗作业。通过培训，新入厂员工要了解生产工艺、厂规厂纪、安全须知、消防基本知识及各种消防器材的使用方法和适用范围等内容，考试合格才分配到各车间，车间进行安全生产再教育后分配到岗位最后由班组内的老员工言传身教，考核合格后，才让新员工单独上岗。

加强安全管理，保证资金投入，消除设备缺陷，是保证安全生产的基本条件。这是企业应该做到的，也是必须做到的。否则，就容易导致事故。

该厂事故之后所采取的防范措施：一是设备检查要制度化，有缺陷要及时消除；二是完善设计，不能把止回阀当截止阀使用。止回阀应设计在单台泵内，热水管线和泵出口阀前应有排放阀。

（十六）阀门存在质量问题造成的液氯泄漏事故

1993 年 9 月 23 日，山东青岛某化工厂在生产中，发生液氯计量槽出口阀门破裂事故，导致液氯泄出，造成 33 人中毒，其中 1 人死亡。

9 月 23 日 12 时 25 分，山东青岛某化工厂在生产中，液氯工段一名班长在操作室内听到外边设备有异常响声，于是与几名工人一起出来检查，发现 2# 液氯计量槽附近氯气弥漫。一名工人以为是法兰垫片处泄漏，就戴上防毒面具和工具去处理，紧固螺栓后毫无效果，意识到可能是阀门坏了。现场操作工边倒槽、边开纳氏泵，以减少外泄氯量，同时更换阀门。厂部接到报告后，当即下令电解停车，并通知周围人员疏散。至 13 时 40 分，现场阀门更换完毕。在 1 个多小时的泄氯中，本厂职工和周围群众有 400 余人受到氯气伤害，其中有 108 人住院治疗。经诊断，33 人为氯气中毒，该厂 1 名医务人员因此复发哮喘病而死亡。

事故原因分析

（1）阀门质量有问题。该阀是 1993 年 8 月 2 日更换的新阀门，规格为 Pg2. 5 兆帕，Dg50。该阀门存在严重缺陷，法兰钻孔时钻到了阀体部位，使阀体局部减薄至 3 毫米（应为 8 毫米）；阀盖法兰中心与阀体中心不重合，明显偏心；阀体材质强度低于要求强度 40%左右。这是事故发生的主要原因。

（2）该厂在安装该阀门前，虽然对阀门进行了试压，安装后系统进行了气密试验，但对阀门外观没有认真检查，没能发现钻孔时留下的明显缺陷。

事故教训

有的企业在安全生产过程中引进了目标管理体系，通过层层设定安全生产目标，建立起了纵横连锁的安全目标管理体系。通过安全生产目标的层层分解，措施计划的层层落实，使安全生产目标进一步量化，便于实施和管理。目标管理的实施也进一步调动了全员监管的积极性，从而在企业上下形成了一种良好的安全生产氛围。目标管理体系同样可以应用于设备以及零部件的采购，提高采购人员的责任心，杜绝不合格产品进入生产领域。

事故之后所采取的防范措施：一是采购阀门要有责任制，要购买正规厂家产品，确保质量合格；二是安装前应拆检，发现表面制造有缺陷，应及时更换。

（十七）泵头质量不好导致的伤人事故

2001 年 6 月 20 日，河南省某化肥厂供气车间，在 2# 给水泵更换泵头后试车过程中，泵头突然开裂，热水喷出，造成 1 名操作工和 1 名检修工被烫伤。

2001 年 6 月 18 日，河南省某化肥厂供气车间在生产中，发现 2# 给水泵泵头运行时外漏，急需检修更换，供气车间于是从供应处领回 4GC-8×10 离心泵泵头 1 个，准备进行更换安装。6 月 19 日，3 名检修工开始对泵体检修，因 6# 给水泵也在检修，工作量较大，6 月 20 日上午上班后，又对 2# 给水泵做收尾工作。9 时 05 分，检修完毕，开始试泵。化工操作工李某（女）按照正常操作程序，先开入口阀预热 1 小时后，试启动电动机 5～6 分钟，未发现任何异常情况，准备停泵。10 时 10 分左右，她先将入口阀关至 1/2 处，再去按动停泵电动机按钮，手还未接触到按钮，这时泵头突然开裂，105 摄氏度的热水呈扇状喷出，将李某冲倒在地，身体多处受到严重烫伤，现场检修工张某大腿局部烫伤。

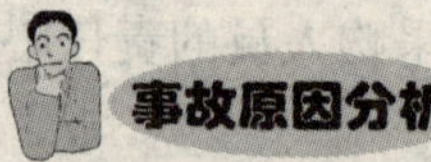

事故前，给水泵房设备运行情况为：3#、4#、1# 给水泵运行，6# 给水泵备用，2# 给水泵工作压力 3.9 兆帕，水温 105 摄氏度，没有工艺超温、超压现象。

从供气车间检修记录了解到，2000 年 9 月 1 日因 3# 给水泵泵头裂纹外漏检修更换，2001 年 3 月 3 日因 2# 给水泵泵头裂纹外漏检修更换，2001 年 3 月 29 日因 2# 给水泵泵头裂纹外漏检修更换，2001 年 6 月 19 日因 3# 给水泵泵头裂纹外漏检修更换。供气车间从仓库领取 4GC-8×10 离心泵泵头 2 次，第一次是 2001 年 3 月 26 日领取 2 台，第二次是 2001 年 6 月 18 日领取 1 台。此型号泵头运行周期较短，检修更换比较频繁，每次检修都是因为泵头存在裂纹沙孔而引起外漏。

这起事故发生后，经检查造成事故的 2# 给水泵泵头，发现开裂泵头表面近 1/2 周长有裂纹，裂纹最宽处达 3 毫米。经调查分析，认为造成这起事故的主要原因是 4GC-8×10 离心泵泵头质量不好，引起设备事故，造成人身伤害。

事故教训

事故之后所采取的防范措施：一是该厂安委会组织生产安环处、机动处、质检处对全厂运行设备进行全方位的综合性安全大检查，特别是查出设备隐患及时整改，以确保设备安全稳定运行。二是从备件采购入厂开始，加强备件质量检验，对存在隐患的备件严禁入库，为检修提供合格备件。三是牢固树立“安全第一，预防为主”的思想方针，检修时把好设备质量关，发现备件质量不合格应严禁使用，消除设备隐患，避免事故发生。四是进一步改善现场环境，创造良好工作空间，消除现场不安全因素。五是加强职工安全教育，提高操作工安全自我防范意识，穿戴好劳动保护用品。

（十八）磷泥储罐底部阀门泄漏造成的重大火灾事故

2005 年 5 月 12 日，云南昆明某公司一个用来沉淀黄磷的铁制储罐因泄漏发生火灾，由于扑救不及时、方法不得当，造成火势迅速蔓延。经过近 80 小时的扑救于 15 日上午才被扑灭。这起火灾事故造成的直接经济损失约 460 万元。

2005 年 5 月 12 日零时 30 分左右，云南昆明某公司作业人员发现磷泥泄漏并引发火灾。发现火灾后迅速报告，但是由于扑救不及时、方法不当，火势迅速蔓延。由于黄磷燃烧所产生的五氧化二磷有毒，为保证周边群众安全，现场指挥部对当地 1 000 多村民进行了紧急疏散，并出动 400 多消防官兵赶到现场奋力扑火。因罐体储存量较大，磷不停泄漏，扑救工作进展缓慢。3 天时间内，扑救人员一边不停地往沉降罐上喷水，一边用推土机垒起土围堰将沉降罐隔离，同时采用沙袋堵填和混凝土浇灌的方式对沉降罐施行整体掩埋。5 月 15 日上午，这场燃烧了近 80 小时的大火才被扑灭。这起火灾事故给该公司造成的直接经济损失约 460 万元。

事故原因分析

经初步分析，引起这起火灾事故的主要原因是磷泥回收储罐装置底部阀门老化而导致磷泥泄漏。

该公司发生泄漏的沉降槽是 1998 年建成的，用于黄磷生产的废水处理。废水中的黄磷通过沉降槽过滤沉淀后，沉淀在沉降槽的底部，通过沉降槽下面的蒸汽管和热水管对沉淀的黄磷加热后，又通过管道把沉淀的黄磷输送回车间。虽然该公司定期都要对沉降槽进行清理，但相关配件从来没有更换过。在沉降槽的底部有一个阀门，这次发生泄漏的位置就在阀门处。

造成这起事故的直接原因主要是安全管理疏忽，对沉降槽底部阀门及相关配件缺乏检查检测，阀门长期使用而没有及时进行更换，最终因小失大，造成巨大经济损失。同时监督检查不到位，预见性不强，并且缺乏事故应急预案，应急措施不力。

这起黄磷泄漏引发大火事故反映出该公司在危险化学品生产、采购、运输、仓储．销售、使用等方面还存在一些薄弱环节，许多深层次的问题不容忽视。

（1）安全生产管理认识不足，安全管理环节存在不到位的现象。个别生产单位安全管理松懈，依然存在“重生产、轻安全”的思想；安全自查粗放，隐患整改存在“反弹”现象；在对危险化学品采购、运输、销售、储存、使用上存在“讲常规，不讲厂规”的现象。

（2）一些基层单位对职工的安全教育培训还存在不深、不透的现象。安全教育培训形式不灵活，过于呆板；安全考试、考核不严格；转化职工安全思想的工作方法不细。

（3）部分生产装置设计、安装等存在着一些先天性的不足。

（4）一些重点岗位人员存在不稳定性和素质过低的现

象。一些生产单位对特殊岗位操作人员存在着随意替换的现象，对特殊岗位新上岗人员欠缺管理，造成部分新上岗人员只凭经验和感觉办事。

（1）认真吸取事故教训，扎扎实实抓好安全工作，牢固构筑危险化学品的防范体系。生产包装时，做到包装不合格的产品不运出厂、不合格的包装产品不运进厂，认真落实并做好危险化学物品储存环节的防泄漏、防受潮、防丢失的预见性安全防范工作。

（2）认真落实“重大事故应急救援预案”，大力开展反事故演练活动。各单位要对照“预案”经常性地组织职工学习，并在学习领会中熟知要点，应能够在事件突发时，快速、准确、有效无误地做出处置。

（3）开辟产品新建、改建、扩建的安全“三同时”绿色通道，组织相关部门搞好安全预评价，合理设计，合理安装，不为投产后的安全生产留下隐患。

（4）严格执行安全检查信息反馈制度。对一切安全工作都要落实“人、机、料、法、环”五个环节的细致检查与信息反馈；加强对危险化学品的容器、管线、阀门的预见性检查，适时对工艺控制、流程操作、设备装置缺陷以及特种设备及装置的安全附件进行安全评审，定期校检，及时完善与更换，并记录存档，从而确保“五个环节”的管理系统始终保持良性循环状态。

（5）实实在在地抓好安全教育，实现理论知识与实际操作的有机结合。认真做好特种作业人员的岗位安全教育培训、取证工作，严格把住特种岗位无证操作的关口；不间断地深入开展好内部职工安全教育培训。以一、二级（厂、车间）安全教育的严格考试作为分配上岗的重要前提，以三级（工段）安全教育培训的考试、考核作为巩固安全规程的重要手段，通过开展内部职工的岗位轮训教育、跟踪教育、操作与技术大练兵活动的有效形式，缩小职工理论与实际操作的差距，提高职工“我要安全”“三不伤害”的防范意识。

（6）运用科学的管理手段不断提高预防和处理事故灾害能力，通过装设联锁、报警和监控仪表装置，配置便携式报警仪、检测仪、氧气呼吸器以及在重点部位装设有毒气体自动报警系统，有效防范和避免各类安全事故的发生。

（十九）阀门螺杆衬套螺纹磨损严重造成的起火事故

1995 年 1 月 15 日，陕西省某氮肥厂合成车间在检修压缩机作业中，由于压缩机六段汽缸磨损严重、年久失修，进口阀杆衬套上螺纹突然脱扣，高压气从六段缸喷出起火，造成 2 人死亡。

1 月 15 日上午，陕西省某氮肥厂合成车间设备副主任根据厂调度会安排，组织本车间 4M8 压缩机维修小组更换 8# 压缩机六段汽缸，到下午两点更换完成，然后于 14

时 5 分启动压缩机进行磨合。在压缩机进行磨合的过程中，检修人员听到六段汽缸内有撞击声，遂马上停机。设备副主任安排维修工把气缸卸下来拿到机修去车一刀，以调节余隙，避免活塞撞击汽缸盖。卸下汽缸盖后，车间技师和该副主任在检查缸体内有无杂物时，感觉到缸内有少量气体外涌，于是，设备副主任让操作工把六段出口放空阀开大，操作工将放空阀开大后，刚返回到压缩机六段汽缸西侧，突然听到操作架“咔嚓”一声，同时感到脚底下管道内有气体流动，就赶紧往操作架跟前跑去，同时听到身后 7# 压缩机处一声轰响，一股气浪从身后涌来，即 12 兆帕的精炼气由 8# 机的六段缸内冲出到 7# 压缩机电动机引起爆燃。操作工听到响声，并未停步，跑到操作架前检查阀门，发现 8# 压缩机六入阀门阀杆伸出，就赶紧关闭，可是关不进去，就急忙去停了 9#、6# 压缩机，然后拿起灭火器去 7# 机处参加灭火。

当时在场的生产科长看到火光，快速向 8# 压缩机操作架奔去，看到操作工在管架前，忙喊“怎么回事，快关阀门”，同时看到六入阀门阀杆已伸出，就转身从西门跑出，安排紧急停车，并指示给消防队打了火警电话。也就在同时，当班调度指挥紧急停车。火扑灭后，发现 7# 压缩机 630 千瓦电动机亦烧坏，无法再继续使用，两人因烧伤严重经医院抢救无效死亡。

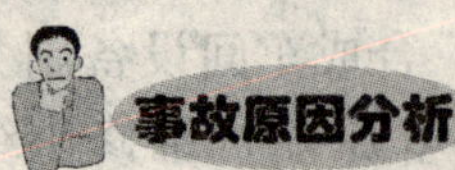

该氮肥厂使用的 8# 压缩机的六段汽缸将精炼岗位经管

道送来的压力为12兆帕的精炼气加压到32兆帕后送到合成系统。精炼气进入压缩机六段汽缸前，由六入管道上一个高压截止阀门控制。1月15日14时15分，在进行六段气缸再次检查时，这一六入高压截止阀门阀杆从关闭状态突然伸出，使阀门突然打开，气体导通，由六段缸体喷出，引起爆燃，造成人身伤亡事故。

事故后，经调查组对该阀门进行检查，其螺杆衬套螺纹全部脱落。经对该阀门损坏部件进行检测，螺杆衬套螺纹（梯形）齿根最薄处为0.7毫米，最厚处为0.78毫米；齿顶最薄处为1.40毫米，最厚处为1.60毫米；螺杆螺纹未磨损的齿顶为2.0毫米，螺杆螺纹磨损齿顶为2.0毫米。

经调查分析确认，造成这起事故的主要原因是该阀门螺杆衬套螺纹磨损严重，造成螺纹脱落，阀门阀杆突然伸出，阀门开启，导通气体。

这起事故的发生，除了阀门因素外，还与检修人员未按安全规定使用盲板隔绝有关，但主要还是阀门问题，即没有及时发现阀门螺杆衬套螺纹磨损严重，未及时进行更换。

事故之后，为了预防类似事故的重复发生，该厂采取了积极的防范措施：一是组织有关生产、技术、安全管理等部门，对全厂中、高压阀门进行一次全面的检查，发现有隐患的阀门立即处理。与此同时，要严格把好阀门的进货关、质量验收关、使用管理关。二是积极整改，制定和完善相应的阀门管理制度，做好中、高压阀门的登记建档工作。三是在类似检修作业中，必须按照规定采取加隔盲板、防止串气措施。

（二十）截止阀磨损内漏严重导致的雷击着火事故

2004 年 8 月 26 日，济南市某化工厂一台 4M20-75/320 型压缩机，因放空截止阀内漏严重，氮氢气通过放空管进入大气遭遇雷击而发生着火事故。

事故经过

8 月 26 日 9 时，正值雷雨天气，济南市某化工厂厂内设备运行正常。忽然一声雷鸣过后，厂内巡视检查工人发现厂区内 8 号氮氢气压缩机放空管着火。工人在通知厂领导的同时，立即向厂消防救援队报警。厂消防救援队在最短的时间内赶到着火现场，在消防救援队和闻讯赶到的厂干部及职工的共同努力下，扑灭了大火。所幸没有酿成重大火灾，避免了更大的损失。在这起着火事故中没有发生人员伤亡。

事故原因分析

（1）氮氢气压缩机各级放空用截止阀在长期的使用过程中磨损严重，厂方没能及时发现以进行维修和更换，造成个别放空截止阀内漏严重，使氮氢气通过放空管进入大气遭遇雷击而发生着火事故。

（2）氮氢气压缩机各级油水分离器在排放油水时，所排出的油水都进入到集油器内，而集油器放空管连接到防空总管上。操作人员在进行排放油水的过程中，没能按照操作规程进行操作，使氮氢气进入集油器后随放空管进入大气，在排放过程中遭遇雷击而发生着火事故。

（3）放空管没有单独的避雷设施而遭雷击，也是这起着火事故的重要原因。由于该厂采取的避雷措施是在压缩机厂房上安装避雷带，而放空管的高度超过了避雷带，其他的避雷针又不能覆盖放空管，因此引发这起着火事故。

这起事故的发生主要是大量的可燃气体——氮氢气进入大气以及防雷措施不合理造成的。因此，针对这次着火事故，该厂采取了以下几种预防措施：

（1）对氮氢气压缩机各级放空用截止阀进行定期检验，磨损严重的应及时进行维修或者更换新的截止阀，从而避免因阀门内漏使氮氢气进入大气造成事故。

（2）加强巡回检查，确保油水分离器的排放操作按规定进行，严格规定其排放操作时间。

（3）按标准正确设置避雷装置。这起事故发生后，厂内技术人员按防雷的基本措施，对全厂内的避雷装置进行了全面、细致的检查。对防雷的薄弱环节进行了改造，增设了高性能的避雷器，并进行了合理布置，以确保类似事故不再发生。

（二十一）采暖器排水阀泄漏导致的人员中毒事故

1986 年 4 月 11 日，山东省烟台市某化肥厂供应科，由于采暖系统与静电除焦设备相连接的蒸汽阀门泄漏，生产系统的煤气倒入采暖系统，导致发生人员中毒事故，造成 3 人死亡。

事故经过

4 月 10 日，山东省烟台市某化肥厂供应科，由于采暖系统与静电除焦设备相连接的蒸汽阀门泄漏，生产系统的煤气倒入采暖系统。供应科办公室内的暖气上一个排水阀泄漏，使含有一氧化碳的气体逸出。10 日 22 时 30 分，一名业务员躺在供应科里间床上口吐白沫，不省人事，其他人员立刻将他送往医院，经医院诊断为“癔病”，打了两针送回供应科原床位休息，并留 2 人监护，监护人分别在另 1 张床和沙发上休息。11 日凌晨 5 时左右，有人去看望业务员，发现 3 人均已中毒，不省人事，遂急送医院抢救，但最终，3 人因中毒时间过长，抢救无效死亡。

事故原因分析

造成这起事故的主要原因是接静电除焦器的蒸汽进入办公室，采暖器排水阀发生泄漏，煤气入室。此外，由于医院对业务员病情诊断失误，一人中毒，两人监护，最后造成 3 人死亡，使事故伤害扩大。

事故教训

事故之后，该厂接受教训，采取了相应的防范措施：一是生产用蒸汽和采暖蒸汽不得连通，要彻底分开；暂时没有条件分开的，要将汽暖改水暖。二是值班人员不要在办公室睡觉，要在有人监护的地方休息。

（二十二）截止阀腐蚀造成的液氨泄漏事故

2002 年 8 月 3 日，湖北省某氮肥厂尿素车间在生产中，主厂房工段发生液氨泄漏事故，事故发生后由于处理及时，措施得当，未造成人员伤亡，但生产系统因为紧急停车，经济损失 5 万多元。

事故经过

8 月 3 日 10 时 30 分左右，湖北省某氮肥厂尿素车间在生产中，主厂房工段泵房岗位 1 号高压液氨泵因泵头内漏严重，准备更换泵头。操作工按照工段指令顺利倒入 2 号泵生产后，开始对 1 号泵进行置换。当操作工逐渐关小 1 号泵进口第一截止阀时，突然，紧连着该阀的起备用作用的第二截止阀压盖开始发生泄漏，旋即该处垫片被冲出，泄漏量瞬间增大。幸亏该操作工事先戴好了防毒面具，待该操作工摸索走出泵房岗位时，整个泵房已被不断翻滚着的氨雾笼罩住。

此时，现场内仍有 20 多台机泵正常运转，若出现一点火星，将有可能引起爆燃。正在现场指挥作业的车间主任立即跑到配电室切断了电源，迫使系统紧急停车，避免了事态进一步恶化。此时，该岗位的另一操作工也迅速背上氧气呼吸器冲入现场，将该泵液氨进口总管线上的截止阀强行关闭，用最短的时间及时止住了系统内液氢继续泄漏。现场其他人员则迅速砸开消防箱，取出消防带将消防水引至现场，冲洗泄漏的阀门，稀释、吸收地面氨水，现场氯雾在 20 多分钟后方才逐渐消失。

事故原因分析

事故发生后，该厂安全部门人员立即赶到了现场，随后组织生产部等相关单位人员对事故原因进行了调查分析，确认：

（1）该 1 号液氨泵出口第二高压截止阀严重内漏，在操作工关小该泵进口第一截止阀后，包括第二截止阀在内的一小段中压管线内压力骤然升高，导致第二截止阀压盖垫子超压冲出，液氨大量外漏，迫使系统紧急停车。假若该垫未能及时被冲破，后果可能会更加严重。

（2）车间不久前进行人员调整，当班的 2 名操作工搭班作业时间尚不足半月，相互之间还不够协调、默契，双方都误认为对方已将该 1 号泵出口第一高压截止阀关闭（该阀门之所以不关，原因是要将内漏的液氨回收到系统内，以免造成浪费和污染），加之现场氨味大，戴着面具作业不方便，就疏于检查，凭经验操作，直接去关进口阀，是导致事故发生的主要原因。

事故教训

这起事故由于生产系统紧急停车造成 5 万多元损失，而更换该阀门不过 5 000 元。一轻一重，一少一多，十分清楚。如果液氨泄漏引起火灾爆炸，损失将更大。所以，对关键生产设备、重要生产设施应及时维修或更换，不能因小失大，否则节约不成反而会造成更大的损失，这样则得不偿失。因此，在安全工作上不能过于节约，该花钱时就要花钱。避免事故的发生就等于创造了经济效益。

从事故防范措施上讲，要加强对职工的安全教育，提高职工的安全意识，增强职工的自我防护能力，爱惜安全防护器具。在这起事故中，若不是果断地拉闸断电，则事故可能进一步恶化；若该操作工关闭阀门时未戴防毒面具，则极有可能发生意外；若现场的氧气呼吸器无法使用，也就不能及时有效制止泄漏，从而造成不必要的浪费和污染。

（二十三）阀门存在隐患未消除导致的人员伤亡事故

1996 年 4 月 2 日，西南某热电厂除渣车间在生产中，值班员在进行倒泵操作时，由于阀门存在隐患未及时消除，导致 2 号泵逆时针转动，管钳子被甩出，打在 1 人下颌部。最终，该伤者经抢救无效死亡。

4 月 2 日 20 时 50 分，西南某热电厂除渣车间在生产

中，值班员（司泵工）陈某按规定到除渣车间地下泵房进行巡回检查。他发现 2 号冲渣水泵电动机过热，需要停泵。21 时 10 分，陈某打电话报告班长。班长从主控室来到除渣车间与陈某一起下到泵房。经检查，认定 2 号冲渣水泵电动机确实很热，便同意进行倒泵操作。21 时 20 分，陈某按下按钮，停下 2 号泵，接着用管钳关闭 2 号泵的出口阀，并将手中的管钳卡在 2 号泵联轴器的外圆上，然后启动 3 号泵。突然，2 号泵联轴器逆时针旋转起来，卡在联轴器外圆上的管钳被甩出，重重地打在陈某的下颌上。事故发生后，班长急忙找人把陈某送到医院，医院诊断为右下颌骨粉碎性骨折、颅底骨折，最终陈某经抢救无效死亡。

事故原因分析

这起事故发生的直接原因是当事人陈某安全意识太差，将管钳卡在 2 号泵联轴器的外圆上，班长对这样的不安全行为也视若无睹，没有进行制止或者纠正。

此外，2 号泵、3 号泵是并联的，2 号泵出水管逆止阀关不紧，泵体截止阀虽然已经被关闭，但是也关不严。所以，3 号泵启动后，“泄漏”到 2 号泵的灰水冲击到 2 号泵叶轮，造成 2 号泵逆时针转动，管钳被甩出，打在陈某下颌部。

事故教训

该厂设备管理工作不到位，安全投入没有跟上，设备检修工作不及时，造成泵出口管进止阀关不严，泵体截止阀同样也关不严，构成了“物的不安全因素”，给安全生产工作带来了隐患。该厂安全管理落后，安全教育工作不到位，职工缺乏预防事故的能力，今后要搞好设备管理工作，消除物的不安全状态（即事故隐患）。

此外，事故之后，该厂还要加强安全生产管理工作，提高职工安全意识和“知险防险”的能力。职工应养成良好的安全操作习惯，绝不可出现诸如“将管钳卡在泵联轴器外圆上”这样的危险操作。

（二十四）阀门关闭不严导致的磺化罐爆炸伤亡事故

1989 年 1 月 13 日，河北省沧州市某染料化工厂间氨基苯磺酸钠车间在生产中，由于阀门关闭不严，导致磺化罐在生产过程中发生爆炸，造成 3 人死亡、7 人受伤（其中 4 人受重伤）。

事故经过

河北省沧州市某染料化工厂是一家生产染料及染料中间体的工厂，共有产品 18 种。这起爆炸事故发生在间氨基苯磺酸钠车间的硝基苯磺化罐。间氨基苯磺酸钠的一道重要工序，是在硝基苯中加入三氧化硫使之磺化。硝基苯的磺化在磺化罐中进行，硝基苯脱水后，经计量加入磺化罐，然后在开动搅拌的条件下，以每分钟滴入 2 升的速度缓慢均匀加入三氧化硫，最后保温磺化。

1 月 13 日晚 19 时左右，间氨基苯磺酸钠车间物料已磺化完毕，因下道工序的储罐有余料，磺化好的物料不能送往下道工序。20 时 05 分，忽然一声巨响，磺化罐发生了爆炸。

这起爆炸的威力巨大，原先矗立着的 13 米高三层厂房在爆炸声中被夷为平地，磺化罐被炸碎，三氯化硫计量槽被炸飞出 20 米，周围 160 平方米范围内的玻璃几乎都被震碎。爆炸还殃及邻近的农药厂，造成部分厂房及设备损坏。爆炸造成 3 人死亡、7 人受伤（其中 4 人受重伤），一座三层楼房被夷为平地，直接经济损失约 50 万元。

事故原因分析

据事故后调查分析，这起爆炸事故发生的直接原因是：硝基苯通过两道内漏的阀门逐渐漏入磺化罐，而处于磺化后保温期的间硝基苯磺酸中残存有过量的三氧化硫，形成硝基苯倒料进入三氧化硫，引起化学爆炸。

事故调查中发现，硝基苯计量槽通往磺化罐的两道阀门都无法关严，从而发生内漏，其中一个阀门的密封面上卡有一块焊渣；另一个阀门的密封面上则卡有一块铁锈。使用两道阀门，其本意是确保物料不致泄漏，但两道阀门密封面上的异物都使物料不断泄漏过来。在硝基苯倒料进入磺化罐中时，与罐中残存的过量三氧化硫发生化学反应，罐内温度、压力逐渐升高，造成了爆炸事故。若操作人员能按时进行巡回检查，监视罐内温度与压力变化，是可以及时发现事故预兆的。

经分析，事故发生的间接原因：一是职工素质不高，工作不能按程序进行，故新装置投产前未进行严格的吹扫，使装置内的焊渣、铁锈均未去除干净。这些不起眼的杂物留下了重大事故隐患。二是企业发展过快，管理工作跟不上。该厂 1988 年有 3 个新车间投产，但企业没有建立完整的规章制度，所制定的几项制度内容也十分贫乏，压力容器的管理制度只有容器不整洁或超压后的罚款规定，而压力容器管理的关键问题——容器的定期检验在规章制度中则根本未涉及。该厂为使新建车间能尽快投产，于 1988 年招进了约 150 名新工人。新工人进厂几个月就已顶岗操作，岗位工人普遍素质较低。

在这起事故中，新装置投产前未进行严格的吹扫，使装置内的焊渣、铁锈均未去除干净，是引发事故的一个重要因素。此外，操作人员未能按时进行巡回检查，监视罐内温度与压力变化，未能及时发现事故预兆，也是引发事故的一个重要因素。这两个因素都与操作人员有关。

因此，班组在生产中，要加强对人员的教育和培训，提高班组人员的知识、技能水平。在教育和培训中，不但要让班组人员了解、掌握有关知识和技能，还要让他们知道为什么这样做。例如，有人认为关阀门时，越紧越好，其实不然，阀门只要关严不漏即可，过紧反而会使密封面应力过大，相互间摩擦加剧，使密封面过早损坏。有人关阀门时，不善于利用开关阀门时产生的冲刷作用清洗掉附在密封面上的固体小颗粒等杂质，这也是造成密封面过早损坏的因素之一。

班组应对措施与讨论

通常人们将安全色和各种安全标志都统称为安全色标，它是特定表达安全信息含义的颜色和标志。它以形象而醒目的信息语言向人们表达禁止、警告、指令、提示等安全信息。

需要注意的是，色彩和标志也应用于管道和阀门的管理，不同的颜色和标志分别代表着不同的物质，在生产作业中要注意管道和阀门的色彩与标志，不能不管不问，随意打开或者关闭阀门。

班组在安全知识学习或安全活动中，应注意学习有关管道和阀门安全使用知识，预防生产以及生活中可能发生的事故。

管道与阀门知识之一：管道与阀门的安全操作要求

在预防管道和阀门火灾爆炸事故或者有毒物质泄漏事故的操作措施上，应注意以下几点。

(1) 严格遵守安全操作规程。生产操作过程中严格按照工艺要求控制物料的输送温度、压力、流速等工艺参数，尤其是用于输送可燃气体、可燃液体、可燃粉粒状物料的管道，输送速度不应高于工艺值。对于生产的要害部位，如加热炉口、塔底部、反应器底部、高温机泵等进出口处的管道和工作条件苛刻、受交变载荷的管道，要特别重视。

冷却介质的输送管道要确保冷却介质的供应量，避免中断，必要时可安装双路水源和电源控制，以防止生产系统出现超温、超压的恶性循环。

及时清除管道内的污垢、沉淀等沉积物，并严禁采用铁质工具或能产生火星的器具疏通易燃易爆、易自燃的不安定沉积物。定期清除管道以及周围设备设施上的积尘，以减少粉尘沉积。

在冰冻季节前后，要注意管道的防冻和化冻，如积水弯、压力表的弯管、排凝阀等处，发现问题要及时采取保温防冻措施。暂时不用的水或易冻的管线要将管内介质排净。

及时维修管道，严禁超负荷、超期和带病运转。

（2）加强防火安全管理。在用管道要遵照《压力管道安全管理与监察规定》定期进行检验，检测管道的泄漏和受损情况，防止管道系统出现跑冒滴漏现象。

停车检修和开车前应按规定进行管道的排气置换作业，检测合格后方可动火检修或开车。进行动火检修作业时，要严格执行动火作业的各项规章制度。

严禁危险物料管道和高温管道周围堆放易燃易爆物。需要散热的输送管道上严禁堆放各种杂物，以防止热量积累，引起火灾。

危险物料输送管道的周围杜绝各种火源。

（3）采取防静电措施。粉粒状物料的输送管道应选用导电性能良好的材料制造，并设性能良好的静电消除装置。工厂和车间的氧气管道、乙炔管道、油料储运设备、通风装置、空气管道等必须连成一个整体，并予以接地。地上或管沟敷设管线的始端、末端、分支处以及直线段，每隔 100 米应设置防静电接地装置，接地电阻不宜大于 30 欧，接地点宜设在固定管墩（架）处。

（4）设置防火防爆安全装置。在容易发生超压爆炸的管道上需设置安全阀等防爆卸压装置，在容易造成火焰传播的管道上需设置水封、砂封、阻火器或防火阀，在高压和低压系统之间的接点处及容易发生倒流的管道上需设置止回阀和切断阀，在泵和阀门的进口装设管道过滤器，防止由于杂质或夹杂物造成事故。有着火爆炸危险的输送管道应配备惰性介质管线保护，可燃气体的尾气排放管线应用氮气封或设置阻火器等可以防止火势蔓延的装置，火灾危险性较大的密集管网系统，可设置可燃气体浓度检测报警装置，以便及时发现火险隐患，也可设置水喷淋等灭火设施，以便及时扑救初起火灾。

（5）加强日常的安全检查。班组在生产作业中可以根据本企业的有关规章制度或者参考表 5—1，对管道、阀门及安全附件进行检查。

管道与阀门知识之二：发生管道与阀门泄漏事故的原因分析

管道与阀门所造成的危害主要是泄漏，并由于泄漏引发火灾爆炸事故。有人专门对石油化工泄漏事故发生的原因与管理措施进行了分析。某石化企业在 2001 年 1 月至 2003 年 12 月的 3 年间，共发生 29 起泄漏事故。从原因看，由于失误发生事故的为 19 起，占泄漏事故总数的 65.5％；由于失效发生事故的为 10 起，占泄漏事故总数的 34.5％。

表 5—1　　管道及安全附件检查表

序号	检查内容	检查标准	检查方法
1	技术资料	技术资料及检维修、检测记录齐全；试压记录及施工、安装、选材符合相应国家标准；安全附件有合格证书	现场检查相关技术资料
2	支架	（1）有热位移的管线，其支架必须符合设计要求；无位移的管线的吊架起吊杆应垂直安装；不得穿过仪表室、化验室、变电室、配电室、通风室等 （2）管线支撑牢靠，无弯曲、下沉且高度符合规定的要求；管架无倾斜；钢结构无开裂	现场检查检维修记录
3	密封	管线法兰密封点符合规定要求，静密封点无泄漏	检查安装记录、检维修记录
4	管件	减压阀、调节阀、放空阀等阀门必须按设计要求施工，灵敏好用；泄漏标准符合规定要求	检查检维修记录
5	防静电	输送油品、液化石油气、燃料气、氧气和放空油气等管线，法兰之间的接触电阻值≤0.08 欧。管道对地的电阻值超过 100 欧须有两根接地线	现场用接地电阻仪进行检测，检查检测记录
6	保温材料	输送易燃、有毒有害液体管线支架及管线的保温材料均应为不燃、耐腐材料；所用材料应符合规定要求；保温外皮温度≤55 摄氏度	按照指定的红外辐射温度计抽测

续表

序号	检查内容	检查标准	检查方法
7	伴热	易凝物料管线应有吹扫及伴热设施	现场检查
8	标志	管道的物料名称、流向标志清晰；管内介质与管线颜色相符	现场检查
9	安全附件	温度表、压力表、定期检验，计量准确可靠	检查检定记录
10	管路安装	（1）管道补偿器布局合理，安全可靠 （2）输送易燃、有毒物料的管线，多层管带中的热管线应设在上层，并架空敷设；蒸汽管线、非净化压缩空气管线的低点放空应完好无损 （3）管线跨越铁路、道路符合规定要求	现场检查
11	走梯、平台、栏杆	符合规定要求	现场检查

（1）失误原因分析。失误原因主要是：测厚工作不到位，操作波动，方案缺陷，施工管理不到位。

1）由于测厚工作不到位而发生事故 8 起，在 29 起事故致因中所占比例最大。测厚工作不到位具体表现为麻痹疏忽，工作不认真，没有按制度要求对高温、高压、易腐蚀设备及管线进行测厚。

2）操作波动，表现为违反安全规定，凭经验，走捷径，不按程序操作；操作不平稳，压力和温度调节忽高忽低；不按时巡检或者巡检不认真，不能及时发现问题和处理问题。

3）方案缺陷，表现为工艺条件改变以后，没有及时对操作规程与事故预案做出相应调整；或者方案本身有漏洞、不完善，但没有及时更改，最终导致事故发生。

4）施工管理不到位，表现为部分管理人员对施工全过程的质量监督、检查不够仔细，“三查四定”（“三查”指查设计漏项、查工程质量及隐患、查未完工程量；“四定”指对检查出来的问题定任务、定人员、定措施、定时间限期完成）工作不够严谨。

（2）失效原因分析

1）设备本身质量问题较为突出。例如，管道质量不过关，压力表质量低下，垫片质量差，液位计质量不达标。

2）材质问题。例如，端封封面用料降低了一个档次，本应用合金钢材料，而实际却使用了碳钢材料。

3）焊接质量差。例如，焊缝有气孔、夹渣、咬边，或者没焊透。

（3）加强管线测厚工作与腐蚀监测工作 。在 29 起泄漏事故中，管线泄漏 11 起，阀门泄漏 4 起，泵密封泄漏 1 起。11 起管线泄漏事故又都是腐蚀穿孔所致。泄漏点多数位于管线拐弯处，小排凝、小放空等管线接口处，三剂注入点等位置。这种腐蚀穿孔机理，简单讲，是磨损腐蚀与应力腐蚀共同作用的结果。所以，要加强这些部位的监测，争取在管线泄漏之前采取措施，减少事故危害。

（4）逐步提高设备的可靠性。减少泄漏事故，设备本身的可靠性非常重要。受科技水平、经济状况和某些历史因素的限制，某些机械设备还达不到本质安全的要求。但是，这些设备客观存在并且运行着，甚至充当着效益的源头。一次性全部改造这些设备需要的资金多，只能分期、分步更新与治理。对生产设备来说，要加强对容器、压缩机、泵等生产设备的合理维护与保养，对输送管线要分期、分步更换材质，提高管线的耐腐蚀性；对监测设备（如泄漏检测仪表、监控仪表、报警仪表等），使用期限内应要求其可靠度符合国家或者行业相关标准，达到寿命期限要及时更换，保证它们时刻处于完好状态。

1）装置大修、改造或者改建、扩建、新建中，要根据使用环境正确选择、采购可靠性高的生产设备与材质良好的管线。这对预防泄漏至关重要，尤其是密封垫片、阀门、压力表等设备。

2）日常维护方面，生产装置要经常进行检查、保养、维修、更换，及时发现并整改隐患，通过预防性地更换和改进零部件、密封件，消除泄漏隐患。如果现用设备老化、技术落后、泄漏频繁，就应该有计划地对其更新换代，从根本上解决泄漏问题。

3）及时发现泄漏是防止事故发生的前提，尤其是那些容易发生泄漏的部位和场所。由于对于高温、高压、易腐蚀性介质，泄漏的发展非常迅速，因此，提高泄漏检测、监控、报警等仪表的可靠性至关重要。工业电视监视系统、容器液位计、液化气罐高液位报警及其联锁系统、可燃气体检测报警仪等仪表要做到完备好用，正确无误，这就要求这些仪表本身质量良好、可靠性高，仪表的维护保养要正确。

班组讨论话题

● 在你的工作经历中，曾经遇到过管道或者阀门泄漏事故吗？你是否听别人讲过管道或者阀门泄漏事故？如果你遇到管道或者阀门泄漏事故，你知道怎么处置吗？

● 我们在日常生活中每天都需要开关阀门（如自来水阀门、天然气阀门），但是，开关工业阀门却不同于开关生活中的阀门，你知道开关工业阀门的有关规定吗？你知道开关工业阀门的技巧吗？

● 作为班组长，在遇到管道或者阀门出现泄漏的时候，你该怎么办？如果是有毒物质泄漏，你是指挥班组成员去堵漏，还是率领全班迅速撤离？

第六部分　静电预防存在问题导致的事故

在化工生产以及接触化工产品的作业中，由于工艺、装置、人员的因素会产生静电，有时因静电得不到有效的控制就有可能酿成重大事故。因此，在生产作业中要注意分析静电产生的原因、危害，制定出切实可行的预防措施。

1. 产生静电的方式

(1) 紧密的接触和迅速的分离。任何物体的表面都是不光滑的。所谓的接触是多点接触，当接触距离小于 (25×10^{-8}) 厘米时，就有电子转移，即形成双电层。若分离得足够快，物体就带电。

(2) 附着带电。某种极性的离子或带电粉尘附着到与地绝缘的固体上，能使该固体带上静电或改变其带电状况。物体获得电荷的多少取决于该物体对地电容及周围情况。人在有带电微粒的场合活动后，由于带电微粒吸附于人体，因而会带电。

(3) 感应起电。在工业生产中，存在带静电物体能使附近不相连的导体带电的现象。

(4) 电解起电。将金属浸入电解溶液中，或在金属表面形成液体薄膜，由于界面的氧化—还原反应，金属离子将向溶液里扩散，即形成界面电流。随着这一过程的进行，界面上出现双电层，形成电位差。在一定的条件下，这个电位差足以阻止金属离子继续溶解，达到平衡状态。平衡状态遭到破坏时，金属离子继续扩散，形成电流。

（5）压电效应起电。某些固体材料在机械力的作用下会产生电荷。压电效应产生的电荷密度小，但是在局部面积上分布着不均匀的正负电荷。虽然压电效应产生的电荷密度小，但它仍具有可能引起爆炸的能量。

（6）极化起电。绝缘体在静电场内，其内部和表面能出现电荷，这是极化作用的结果。按照分子结构的不同，极化分为两类：一类是非极性分子极化，另一类是极性分子极化。

（7）喷出带电。粉体、液体和气体从截面很小的开口喷出时，这些流动的物体与喷口激烈的摩擦，同时流体本身分子之间又相互碰撞，会产生大量的静电。

（8）飞沫带电。喷在空间的液体，由于扩散和分离，出现了许多小滴组成的新的液面，产生静电。

产生静电的方式除上述几个方面外，淌下、沉浮、冻结等也可能产生静电。同时需要指出的是，产生静电的方式不是单一的，而是几种方式共同作用的结果。

2. 静电的危害

（1）爆炸和火灾。爆炸和火灾是静电的最大危害。静电的能量虽然不大，但因其电压很高且易放电，会出现静电火花，在易燃易爆的场所，这些静电火花很可能会引起爆炸或火灾。

（2）电击。由静电造成的电击，可能发生在人体接近带电物体的时候，也可能发生在带静电电荷的人体接近接地体的时候。一般情况下，静电的能量较小。因此，在生产过程中的静电电击不会直接使人丧命。但是，电击易引起坠落、摔倒等二次事故。而且，电击还会引起职工紧张，影响其工作。

（3）影响生产。在某些生产作业中，不消除静电将会影响生产或降低产品质量。此外，静电还可能引起电子元件误动作，引发二次事故。

3. 防止静电的措施

（1）工艺控制法。工艺控制法是指从工艺流程、设备构造、材料选择及操作管理等方面采取措施，限制电流的产生或控制静电的积累，使之控制在安全范围之内。主要措施有：①限制输送速度；②正确区分静电产生区和逸散区，采取不同的防静电危害措施；③对设备和管道选用适当的材料，抑制静电的产生；④适当地安排物料投入顺序；⑤消除产生静电的附加源。

（2）泄漏导走法。泄漏导走法即静电接地法。静电接地方法是消除导体上静电的简单又有效的方法，是防止静电的最基本的措施。静电接地可采取静电跨接、直接接地、间接接地等方式，把设备上各部分经过接地极与大地连接，静电连接系统的电阻不应大于 100 欧。

（3）静电中和法。静电中和法主要是指将分子进行电离，产生消除静电所必要的离子（一般正负离子成对），其中与带电物体极性相反的离子向带电物体移动，并和带电物体的电荷进行中和，从而达到消除静电的目的。这种方法已经被广泛地应用于生产薄膜、纸、布等行业，但是，应用不当或失误会使消除静电的效果减弱，甚至会导致事故发生。利用此原理可制造静电消除器。静电消除器的类型主要有自感应式、外接电源式、放射线式、离子流式和组合式等。在生产中应根据需要选择适合的静电消除器。此外，还可以利用工艺手段对空气增湿、添加抗静电剂等来防止静电。

4. 预防人体静电的措施

人体带电除了能使人体遭受电击和对安全生产造成威胁外，还能在精密仪器或电子元件生产过程中造成质量事故，因此必须解决人体带电对工业生产的危害。

（1）人体接地。在人体接地的场所，应装设金属接地棒。工作人员随时用手接触接地棒，以消除人体所带的静电。在坐着的工作场所，工作人员可佩戴接地的腕带。在防静电的场所入口处、外侧，应有裸露的金属接地物。在有静电危害的场所应注意着装，工作人员应穿戴防静电衣服、鞋和手套，不得穿化纤衣物。穿防静电鞋的目的是将人体接地。

（2）工作地面导电化。特殊危险场所的工作地面应是具有导电性的或能造成导电条件的。工作地面泄漏电阻的阻值既要小到能防止人体静电积累，又要能防止人体触电时不致受到伤害，因而阻值要适当，一般为：3×10^{4} 欧$\leqslant R\leqslant10^{6}$ 欧。

（3）安全操作。具体要求为：①工作中应尽量不搞可使人带电的活动；②合理使用规定的劳动防护用品；③工作时应有条不紊，避免急性动作；④在防静电的场所不得携带与工作无关的金属物品；⑤不准使用化纤材料制作的拖布或抹布擦洗物品及地面。

企业以及班组在生产过程中，应重视静电可能造成的危害，将静电危害通过合理的安全措施予以消除，从而保证企业安全生产，避免事故的发生。

（一）通风系统存在缺陷引发的爆燃事故

1994 年 6 月 21 日，北京市某化工有限公司黏合剂车间在生产中，由于安全保护设备、设施不完备，以及操作方法错误，发生爆燃事故，造成 5 人死亡、2 人重伤。

事故经过

6 月 21 日 7 时 45 分，北京市某化工有限公司黏合剂车间主任姚某带领 6 名工人在车间进行生产作业时，由于安全保护设备、设施不完备，以及操作方法错误，导致在生产 409 黏合剂过程中发生爆燃事故，造成 5 人被烧死，2 人受重伤。

事故原因分析

经调查认定，这起事故发生的原因是：

（1）原料放在非承压容器的容积为 200 千克的普通铁制桶内，用自制的“充气嘴”利用空压机向内打压，使桶内易燃的甲苯 150 千克液面上升，沿着塑料管高速流入反应釜，因静电打火引起爆炸，直接酿成事故。

（2）车间内安全设施（通风系统）存在严重缺陷。使用的原料比重大部分都大于空气的比重，作业又不是在封闭的环境中进行，所以一部分物质分子游离到空气中，并都聚集在下方，而车间的通风排气孔设置在上方，致使这些易燃易爆物质不能很快地被排除，在产生静电打火的瞬间造成大面积的爆燃，加重了事故的危害程度。

（3）安全管理有漏洞，安全生产责任不落实，安全管理不到位，各项安全制度不健全，公司及车间的领导和职工大部分技术素质差，安全知识及自保意识缺乏。

事故教训

（1）原生产车间全部拆除，按生产技术要求重新设计翻建厂房；更换新设备，按审批标准重新布置安装，通过有关部门技术鉴定验收合格后方可生产；废除原来错误的投料方法，重新设计工艺流程，研究确定新的作业方法并设专人管理、专人负责，进行日常监督与检查。

（2）加强安全技术教育和安全知识教育，提高全厂干部、职工预防事故的能力，提高安全意识，确保安全生产；建立健全各项规章制度和操作规程，实行设备挂牌制度，落实安全生产责任制。

（3）按安全标准设置安装防静电装置，并经常检查，确保各类安全装置处于良好状态。按安全要求重新设置通风设施，以科学的数据为依据，使通风系统真正发挥作用，保障职工的安全与健康。

（二）消除静电措施不完善导致的火灾事故

2000 年 4 月 7 日晚，江阴市某人造革厂三分厂牛津布车间发生爆燃并引发火灾，造成 4 人死亡、2 人受伤，过火面积达 670 平方米，直接经济损失折款 25 万余元。

4 月 7 日晚 18 时 45 分许，江阴市某人造革厂三分厂牛津布车间在生产时突然发生爆燃，并引燃车间内堆放的成品及半成品，火势迅速蔓延，当班工人随即报警。19 时 13 分，江阴消防大队接警后派消防车赶到现场，此时车间已是一片火海，火势正在向邻近厂房迫近，消防官兵迅速展开扑救，并向无锡消防支队请求增援。19 时 30 分左右，江阴消防大队和无锡消防支队领导先后赶到现场，指挥灭火及救援工作。20 时 05 分，大火被彻底扑灭。这起事故共造成 4 人死亡、2 人受伤，过火面积达 670 平方米，火灾烧毁车间内部分成品及半成品，烧损一套涂层生产线，直接经济损失折款 25 万余元。

事故原因分析

事故发生后，无锡市、江阴市两级政府成立联合调查组，对事故发生的原因、责任进行调查分析。

据调查，该厂生产涂层布所用涂层原料主要是丙烯酸酯树脂涂层胶和 958 稀释剂混合后的胶料。4 月 7 日下午，该车间正常生产 170T 涂层布，其用胶料量为每平方米布 32

克，布料行走速度为每分钟34米。到18时左右，开始转为生产600D涂层布，其用胶料量为每平方米布80克，布料行走速度调至每分钟17米。至事故发生时，已生产600D涂层布约650米。由于转产600D涂层布后，用胶料量大为增加，而烘箱内加热温度不变，排风量不变，因而在烘箱内的有机溶剂挥发量增大。

调查组经现场勘察、调查取证、聘请专家技术鉴定，排除了明火和电火花起火的因素。经调查分析，该涂层生产线在烘干过程中，涂布的表层涂料挥发出大量含有甲苯等可燃性混合气体（蒸气），由于烘箱上方排风系统不能及时将烘箱内涂布表层涂料挥发出的可燃性混合气体（蒸气）排出，烘箱内充满可燃性混合气体（蒸气）达到了爆炸极限。另外，整个涂层生产线没有有效的消除静电装置，尤其卷料部分没有任何消除静电的措施。在涂布干燥后的卷取作业中，滚动摩擦的作用产生较高的静电位，并放电产生静电火花。在静电火花的引燃下，卷取端涂布的表层开始燃烧，火焰很快传至烘箱，引爆烘箱内的爆炸性混合气体，导致厂房内发生火灾。

据此，调查组认定：该人造革厂三分厂涂布生产线发生爆燃火灾事故的直接原因是生产设备缺乏必要的安全装置，没有有效的消除静电措施，排风系统不能满足工艺安全要求，以致该涂布生产线在涂层、刮料、烘干、卷料的过程中，涂布的表层及烘箱空间内充满了涂料挥发出来的可燃性混合气体（蒸气），在涂布卷料作业过程中产生的高电位静电放电火花的引燃下，引爆烘箱内的爆炸性混合气体。

经分析，调查组认定事故发生的间接原因是：

(1) 企业对化学危险物品缺乏应有的了解和认识。该企业的领导、各级干部和职工对生产中所使用的化学危险物品的成分、物理化学特性和危险性都缺乏应有的了解和认识。无知和经济利益的驱动是导致盲目蛮干、造成事故发生的重要因素。

(2) 工艺设备不符合安全要求。该企业的涂层生产包括涂层、刮料、烘干、卷料等工艺过程。其涂层所用原料含有大量可燃液体，并在烘干过程中蒸发为可燃气体，该生产属于易燃易爆危险作业。因此，从工艺设计、设备装置到运行管理都必须符合其危险性特点的安全生产要求。

该涂层线是 1997 年由当时的厂长顾某在上海塑料一厂“星期天工程师”的指导下，参照上海塑料一厂的钢带机的结构（上海塑料一厂的钢带机是仿造意大利设备），对购买的旧设备改造制成的。其设备电动机均不防爆，没有有效的静电消除装置，而且排风系统不能满足工艺安全要求。企业在 1997 年新增涂层生产线过程中，未按国家规定申报项目，未经过“三同时”审查，以致留下严重的事故隐患。

(3) 企业管理比较混乱。作为大量使用化学危险物品的企业，对化学危险物品的采购、保管、领用等没有严格的规定。所购买的化学原料无危险标志、无安全标签、无安全技术说明书。企业对化学危险物品管理没有严格的检验入库、领用等制度，没有对职工进行必要的化学危险物品的危害、防护、应急等知识的教育。生产现场较为混乱，大量成品、半成品放置在生产车间内，厂区内化学危险物品乱堆乱放情况严重。安全管理制度不健全。作为化学危险物品使用单位，没有制定严格的安全操作规程，没有建立各级安全防火责任制，没有对职工进行三级安全教育。

综上分析，调查组认定：该事故是一起由于生产设备缺乏有效的安全装置，严重违章而造成的责任事故。

事故教训

（1）人造革生产企业应制定安全生产管理规范，企业的生产区、生活区、仓库区必须分开，化学危险物品管理必须符合消防安全要求；涂层生产场所的电器、设备必须达到防爆要求；生产设备必须有防静电设施，并经有关部门检测合格；烘箱的排风系统必须符合工艺安全要求；生产工艺和涂层胶料的选型必须遵循“确保安全，保证质量”的原则；企业必须建立和完善安全生产管理网络和规章制度，落实各级安全生产责任制，加强干部职工的安全教育培训工作。

（2）控制源头，严格“三同时”审查制度。凡新建、改建、扩建人造革项目必须按规定立项审批，领取营业执照，办理“三同时”设计审查手续，项目建成后须经验收合格方可投产。

（3）该厂通过总结事故教训，举一反三，开展安全生产整改活动，建立健全安全生产规章制度和各项安全生产操作规范，严格执行国家有关安全生产的法律法规和标准，加强职工的安全教育，各项安全生产设施设备必须符合国家规定的要求。在各项整改工作全面结束，并经有关部门检查验收通过后才可恢复生产。

（三）管道破裂导致的氢气外泄爆炸事故

2001年2月27日，江苏省盐城市某化肥厂合成车间在生产中，管道突然破裂，引起氢气外泄爆炸事故，造成5人死亡、26人受伤。

2月27日16时45分，江苏省盐城市某化肥厂合成车间在生产中，管道突然破裂，随即氢气大量泄漏。厂领导立即命令操作工关闭主阀、附阀，全厂紧急停车。大约5分钟后，正当有关人员紧张讨论如何处理事故时，合成车间突然发生爆炸，在面积约千余平方米的爆炸中心区，合成车间近10米高的厂房被炸成一片废墟，附近厂房数百扇窗户上的玻璃全部被震碎。爆炸造成合成车间3人当场死亡，另有2人也因伤势过重抢救无效死亡，26人受伤。

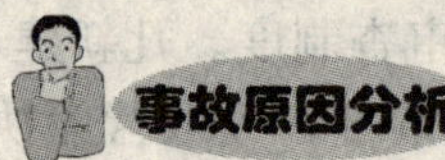

在这起事故中，管道破裂大量氢气泄漏后，已经具备了爆炸的客观条件。根据爆炸理论，可燃气体在空气中燃爆必须具备以下条件：一是可燃气体与空气形成的混合物浓度达到爆炸极限，形成爆炸性混合气。管道破裂后，氢气大量泄漏，立即形成易燃易爆混合气体，并迅速扩散。氢气在空气中的爆炸极限是4％～75％，其浓度达到18.3％～59％就会发生爆炸。二是有能够点燃爆炸性混合气的点火源。氢气从管道大量泄漏喷出时，氢气和管道破裂部位急剧摩擦，产生高静电压，当静电荷积聚到一定量时，就会击穿空气介质对接地体放电，产生静电火花，从而引起爆炸。

事故教训

这起事故发生的主要原因在于设备、设施的安全管理存在缺陷，有关人员未能及时发现管道隐藏的事故隐患，也未能及时维护更换。事故之后厂方所采取的防范措施是：

（1）切实加强设备的安全管理，对容易造成腐蚀、破损的管道、阀门等，定期进行技术分析和系统检漏，并利用设备周期大检修之际彻底检修。

（2）在工厂防火防爆区内严禁明火，进入该区域人员须穿防静电服或纯棉工作服；在该区域内严禁使用手机等通讯设备；防火防爆区内电气设施（包括照明灯具、开关等）应为防爆型，电线绝缘性能良好、接头牢靠；防火防爆区内严禁存在暴露的热物体。

（3）加强相关安全技术知识的培训，提高职工对有关设备危险性的认识，建立健全各项规章制度，认真贯彻执行有关安全规程。

（4）制订应急预案，加强应急预案的演练，提高企业管理人员处理紧急情况的能力。在这起事故中，如果能及时撤出生产人员，就会减少人员伤亡。

（四）未能及时消除隐患引起的火灾事故

1998 年 7 月 7 日，湖北省某碱厂净化车间在生产过程中，由于可燃气体从盲板与法兰之间泄漏，高速气流喷出引起静电火花，造成空间着火事故，给生产造成了一定损失。

事故经过

7 月 7 日 16 时 30 分许，湖北省某碱厂净化车间在生产过程中，脱硫岗位运行的 1 号脱硫槽因槽内脱硫剂吸硫饱和，影响纯碱产品质量，车间决定按正常工艺需要倒换脱硫槽，即退出 1 号脱硫槽，投用 2 号脱硫槽，以满足脱硫效果。车间副主任段某通知该车间钳工班班长李某带领 4 名钳工到脱硫槽现场。待 1 号脱硫槽停车、卸压、放空完毕后，钳工班的 5 名人员，按分工和程序进行倒换脱硫槽的准备工作。即：拆卸 1 号脱硫槽气体入口管道上的短管，并在入口处装设盲板；拆除 2 号脱硫槽气体入口处盲板，安装连通短管。18 时 20 分安装工作结束。18 时 30 分，车间副主任张某、段某和操作工王某 3 人到脱硫槽现场，按操作法规定倒换流程，准备并入生产。当系统压力升至 0.48 兆帕时（正常工作压力为 0.8 兆帕），变换气从 1 号脱硫槽气体入口管道上装设的盲板与法兰之间突然猛烈泄漏出来，由于是可燃气体，气体温度为 40 摄氏度，加之流速过快而产生静电，瞬间导致气体燃烧。

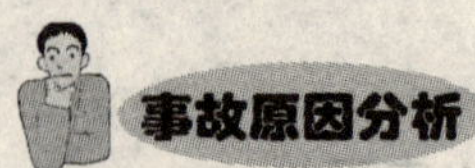

事故原因分析

事故调查组认为：该事故是一起生产责任事故。事故发生的直接原因是，在脱硫槽倒槽拆卸、安装过程中，1 号脱硫槽气体入口管道盲板装偏，法兰螺栓未按规定上齐 12 个

（现场实际是采取间隔法，只上了6个螺栓），致使板面受力不均。在系统升压过程中，可燃气体从盲板与法兰之间泄漏，高速气流喷出引起静电火花，造成空间着火。事故发生的间接原因是，充压试漏措施不当，未能及时发现和消除隐患。

事故教训

事故之后所采取的防范措施：一是加强设备基础管理工作，认真执行设备管理制度。严格执行管道连接螺栓装设的标准，尤其是中、高压管道，以及输送易燃易爆、有毒有害介质的管道，其连接螺栓必须装配齐全、紧固妥当。二是脱硫槽恢复生产前，必须进行一次认真的检查，并更换损坏的管道、法兰、压力表等。三是严格执行国家和上级部门颁发的安全生产条例、标准，坚决制止、杜绝习惯性违章行为，加大处罚违章的力度。

（五）气流与阀体摩擦产生静电引发的装置爆炸事故

1994年1月3日11时，甘肃省某化工总厂在生产中，第二套尿素装置发生爆炸事故，造成在班工人3人重伤、14人轻伤。

1月3日，甘肃省某化工总厂在生产中，第二套尿素装置的尿素生产采用水溶液全循环法合成工艺。1月3日当天，生产负荷处于设计能力的40%左右，由于冬季低温

和低温冷却水的作用，液氨回收率较高，气相氨相对减少，不冷凝气中的氢、氧比例相对增加，造成混合气达到爆炸范围。早晨4时，惰性气体化验分析报告显示，气相介质的体积比是：氨，32％；氢，6.7％；氧，12.7％。氢、氧组分已明显超标，但未引起有关领导的重视。混合气按工艺流程进入惰性气体洗涤器后，混合尾气的流出受液氨缓冲槽压力控制。因生产负荷低，尾气总量减少，为维持系统压力，混合气排出阀处于非正常状态。当液氨缓冲槽压力超过工艺控制指标时，惰性气体洗涤器混合尾气排出阀开启。因压降大，混合尾气流速达70米每秒，气流与阀体摩擦迅速产生静电高位差。由于控制阀阀芯结构为锥形体，在关闭过程中，产生尖端放电，激发了惰性气体洗涤器中混合气而发生剧烈爆炸。爆炸事故造成第二套尿素装置的1台惰性气体洗涤器、2台氨冷凝器、1台液氨缓冲槽毁坏，造成在班工人3人重伤、14人轻伤，造成水泥框架和工艺设备损坏严重，生产被迫停车，直接经济损失约497.8万元。

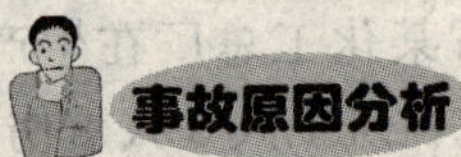

这起爆炸事故发生的原因是：当时生产负荷处于设计能力的40％左右，由于冬季低温和低温冷却水的作用，液氨回收率较高，气相氨相对减少，不冷凝气中氢、氧比例相对增加，造成混合气达到爆炸范围。生产负荷低，尾气总量减少，因压降大，气流与阀体摩擦迅速产生静电高位差导致尖端放电。

事故教训

事故之后所采取的防范措施：一是加强操作调节，合理控制氨回收率，保持气相氨含量；二是控制阀门，尽量不关死，调节动作不要太猛；三是阀体应跨接导线进行接地处理。

（六）堵漏作业不当引发的火灾事故

1993 年 3 月 13 日，江苏省某县化肥厂发生氢气泄漏，泄漏的氢气因摩擦起火导致火灾，造成 2 人死亡，经济损失 30 多万元。

事故经过

3 月 13 日下午，江苏省某县化肥厂碳化车间清洗塔上一根测温套管与法兰连接处严重漏气。车间上报厂领导后，厂领导为了保证生产，要求在不停机、不减压的条件下采取临时堵漏措施，堵塞漏气处。操作工按照厂领导的要求冒险作业，用铁卡和橡胶板进行堵漏。但是，堵漏失败，漏气处仍然漏气。下午 5 时许，在厂领导的再次要求下，操作工再次冒险作业，用平板车内的胎皮企图包住泄漏处。堵漏时，由于塔内的压力较高，高速喷出的氢气与橡胶皮摩擦产生静电火花，突然起火，一名操作工因躲闪不及被当场烧死，另一名操作工被烧成重伤，送到医院后，因伤势严重抢救无效死亡。这起事故造成直接经济损失 34 万余元。

事故原因分析

造成这起事故的直接原因是，高速喷出的氢气与橡胶皮摩擦产生静电火花，引起火灾，堵漏操作人员躲闪不及导致伤亡。

造成事故的间接原因：一是厂领导违章指挥，为了生产不顾安全，严重的不负责任；二是操作工违章冒险作业，没有采取有效的安全措施就冒险作业。

事故教训

这起事故之所以导致发生火灾，是因为当时的状况完全具备了静电放电引起火灾的条件：第一，具备了产生静电放电的条件。当时含量 70%的氢气从破裂的管道高速喷出，操作工用橡胶内胎皮企图包住泄漏处，橡胶内胎是绝缘体，不仅易产生静电，而且积聚静电，因而高速喷出的氢气与橡胶内胎皮摩擦产生了静电，当积聚到很高的电位时，就发生静电放电，产生电火花（即火源）。第二，具备了可燃物和助燃物。当时从管道中泄漏的大约有 70%是氢气，21%是氮气，其余为一氧化碳和其他杂质。高速喷出的氢气与空气中的氧（助燃物）形成混合性可燃气体，因未和空气充分混合，当时不在氢气的爆炸极限范围内，因而发生了燃烧。第三，当时静电放电的能量等于或大于氢气的最小点火能量。在安全与生产的权衡中，任何人不能怀着侥幸的心理，违背客观规律，违反操作规程，否则终究要受到惩罚。这起火灾事故的发生就是一个明显的例证。

泄漏事故发生后，为了保证堵漏的安全性，该厂应严格遵守下列安全要求：

(1) 严格执行防火、防爆、防毒、防腐蚀、防辐射等安全技术措施及安全技术规范。

(2) 堵漏人员应由责任心强、经验丰富、熟悉设备工作状况的人员作业，并配有监护人 1～2 名，人员应少而精。

(3) 按规定穿戴好适应介质工况条件的劳动防护用品，备齐所需安全用品、用具和设备。

(4) 清理堵漏现场，对危险介质视其情况和性质做好疏散、引流、通风及必要时遮盖等防护工作。

(5) 对易燃、易爆介质的堵漏，尽量避免采用焊接堵漏法，禁止采用有可能引起火花的工具和操作方法。应用铜制工具、风枪、风钻，不应使用电气设备和电器工具。

(6) 松、紧螺栓及活接头等部位，应用煤油、除锈剂等清洗干净后，涂敷石墨、二硫化钼润滑螺纹处，方能轻而慢地操作，以免螺栓、丝扣断裂。

(7) 高空作业应设平台，不能设平台的应采用升降机、吊机、吊车做平台，用标志、口令等联系。

(8) 水下堵漏应遵守水下操作规程，穿好不透水的潜水服，保证通气管完好无损，水上水下信息连通，安全措施可靠。

(9) 在室内、地沟、井下、容器内操作时，注意防毒、防窒息，并应有抢救措施。下坑、井、窖或容器内前，应取样化验，合格后方能进行。

（10）堵漏时，操作人员应按事先确定好的方案进行，要既慎重又果断，边干边观察，发现异常现象应及时反映，共同研究解决，严禁主观蛮干。

（七）疏于防范静电引起的炼焦炉煤气喷火事故

1985 年 6 月 13 日，辽宁省大连市某化学工业公司炼焦车间，焦炉气从煤气管法兰口返出后与空气混合成爆炸性气体，遇到静电火花发生爆炸，造成 3 人被烧伤。

事故经过

6 月 13 日 8 时，辽宁省大连市某化学工业公司炼焦车间“炼焦炉下煤气加热主管部分更换”的项目开始动工。动工前，苯塔放空，炼焦炉下停止加热。8 时 30 分，气柜容积4 000立方米，压力 190 毫米 H_2O（公司规定：带气抽盲板的气压须小于 200 毫米 H_2O），开始加盲板。13 时左右，管线更换完毕，通蒸汽置换，准备抽出上午堵的盲板，以便恢复生产。这时将气柜容积降至 2 700 立方米，维持压力 170 毫米 H_2O。13 时 40 分左右，3 名盲板队员戴着长管防毒面具，用铜套板子卸了螺栓，抽出了盲板，把盲板放在门车道轨上，这时法兰口处返出了焦炉气。就在一名队员拿着铜扁铲在西北侧清理法兰面上的巴金毛，另两名队员拿起垫圈（铁质，两面各附有两层石棉布）往法兰口里移进了三分之一时，只听“哄”的一声响，管口处喷出了大火，造成 3 人被烧伤。

事故原因分析

这次起火是由于焦炉气从煤气管法兰口返出后与空气混合成爆炸性气体，遇到火源，发生爆炸。调查中曾列出以下疑点：电气火花；摩擦、撞击火花；明火；管道内壁的自燃物；静电火花。但经过反复的查访、取证和实地测试，本着认定有据、否定有理的原则，排除了以下疑点：

（1）电气火花。当时，炼焦工段电磁站停电清扫，消火车、风扇电源停供，而门车虽有电却不工作，停在南北两侧，相距 20 米和 40 米左右。照明线路及负载无短路迹象，处于上风口。手把砂轮虽有电，但却处于非工作状态。事故发生时正在下雨，周围无电，因而气焊作业可以排除。

（2）摩擦、撞击火花。①抽堵盲板工具为铜制，不可能产生火花。②抽出的盲板放在铁轨上，距着火时间有 1～2 分钟。③铁制垫圈的两个“耳朵”虽然外露，但据本人和旁观者证明，两个人是用手把着“耳朵”往法兰里平加，无摩擦和撞击的可能。④有两人听到“哄”的一声后，才看到起火。由于光速远远超于声速，况且在近处，若由此撞击引起，人耳也是无法辨出这种时间差的，因而这个疑点也可以排除。

（3）明火。距法兰口南焦侧 6.5 米处有一保温墙火孔，孔口由一块活动砖挡着（此火孔与生产系统正负压无关），孔口处测量负压为零，伸进 50 毫米处，负压为－0.2 毫米 H_2O。孔口处无负压，即逸散出来的焦炉气，不可能抽进去，即便有可能进去，也不宜排除，有待探讨。

最后，火灾基本上被认定是静电引起的。

认定是静电引起火灾的原因是：3 名盲板队员中，有 1 名队员上身穿腈纶球衣，下身穿着的确良裤子，脚蹬水靴。据有关资料介绍：腈纶衣服的静电压可达 5 000～10 000 伏，人体的对地电容可达 100～1 000 皮法。用静电电位计和电容器（测量电气元件用的）做初步测试（在比较干燥和潮湿情况下）得到：腈纶球衣的静电压在 800～2 500 伏，人体对地电容（穿水鞋）在 300～1 000 皮法，考虑到着火当天的气温、温度、压力及介质的击穿强度等有关因素，试取静电压为 1 500 伏，电容为 300 皮法，则静电火花的能量（由基本公式 $W=1/2CU^2$ 算出）为 0.34 毫焦。而焦炉气属于易燃易爆气体，爆炸极限为 5.6%～30%，其含氢量为 45%～55%，氢气的最小引爆能量是 0.019 毫焦。这样，在盲板队员哈腰使用铜铲的过程中，摩擦产生高压静电，导致在衣缝中、衣服与铜铲或手与铜铲等间隙造成电解质击穿，产生静电火花。火花的能量远远超过了焦炉气的引爆能量，从而发生爆燃。

事故教训

（1）执行规章制度应坚决。化工部在 1983 年 2 月颁发的《化肥生产安全技术规程》中的第 511 条已明确规定："禁止穿戴易产生静电的尼龙、化纤衣服在易产生静电的危险场所工作"。为此，安全部门已发给盲板队员帆布服装。但多年来下面发了不穿，上面也检查不严，最终导致事故的发生。因此，无论是抽堵盲板工作，还是在易燃易爆的生产岗位，都应严格执行有关规定。

（2）认识到静电的危害性。静电火花的能量虽然不大，但在易燃易爆场所，却会造成难以估量的损失。所以，随着科学的发展，特别是这次事故的教训，静电问题越来越迫切地摆在防火安全工作面前，需要人们进一步地认识它，从而有效地控制它，避免发生类似的事故。

（3）以往带气抽堵盲板的防火工作只是停留在工具要求铜制，盲板、垫圈要求衬石棉巴金上，而对其他的防火措施却考虑不周。这起事故的一个教训就是在抽堵盲板的工作中不但要有防毒措施，防火工作更应该全面考虑，严格规定，细致检查，保证安全。以后抽堵盲板时，在条件允许的情况下，应尽量减少不带压力操作，或根据科学实验做出新的修订，保证安全检修。

（4）应加强对盲板队员防火安全知识的教育。本来盲板队员已配备帆布衣裤，但出事那天却不穿，棉衣脱掉后，里面的化纤衣服给火灾的发生造成了可能，而且由此增加了伤害程度。安全教育应一抓到底，人人皆知，现场的安全措施更要严格检查，条条落实。

（八）化纤布存放不当引起的火灾事故

1995 年 2 月 14 日中午，河南省新乡市某化纤纺织厂存放的约 40 万米化纤坯布突然起火。由于正是上班工作时间，发现火情早，扑救及时，因而未造成重大损失。

1995 年春节前，河南省新乡市某化纤纺织厂在停用的

整经车间，临时存放两垛未打包的约 40 万米化纤坯布。一垛直接堆放在车间中间的地面上，另一垛（约 7 万米）堆放在车间东北角。由于墙角潮湿，为免遭鼠害，工作人员在地面上加设了 20 厘米高的垫木，又铺上一层塑料布，布堆上方盖了一层破化纤布。

2 月 14 日 13 时 20 分左右，车间东北角的这堆化纤布突然起火，火焰顺着布堆南侧向西侧及平面盖布上蔓延。当时，人们对此一无所知，只是待浓烟顺着排气扇孔蹿到室外时才人发现。由于正是上班工作时间，人们听到“救火”的喊声后从四面八方赶来扑救，并向市消防队报警。14 时 10 分左右，火被扑灭。由于发现火情早，扑救及时，因而未造成重大损失。

事故原因分析

事故发生后，市消防支队及该厂有关部门组成事故调查组，对事故现场进行了调查分析。该临时仓库原是整经车间，电源和暖气管均被切断，不存在电火花和受热自燃因素；库房周围无明火作业，事发前门窗关闭较严，不存在飘落火源；事故当日晴天无雷，化纤布吸湿性差，堆垛不大，下有垫木，通风良好，不存在雷击或自然因素，而且也无人为纵火痕迹。

在种种疑点均被排除后，调查组根据着火的迹象、存布时间、堆放方式和化纤布的特性等又进行了重点分析，并得出如下结论：化纤本身吸潮性差，在整个纺织过程中由于设备工艺的高速摩擦会在纱支和布面上积累很高静电荷，且这些静电荷不易导除，职工在落布或推布时经常受到电击。经测试，有些布面的静电荷高达数千伏甚至上万伏。在存放这些带静电荷的布匹时，人们没有意识到它的危害性。为防霉烂和和免遭鼠害，在地板上加设了 20 厘米高的垫木，垫木上又铺了一层塑料布，致使布匹与地面形成绝缘，使布匹上积存的静电荷无法导除。在常温常压条件下，所积累的静电能点燃布边和布面上吸附的细小飞絮和纤维绒毛。经现场调查分析和模拟试验，确认造成这起火灾的主要原因是带静电荷布堆表面出现很高的电荷密度，加之中午人静，老鼠出入活动频繁，接触布堆时发生强大的刷形放电，从而引燃布堆浮层由于静电作用吸附的细小短绒飞絮。

事故教训

这起化纤布火灾事故，最后确认是静电原因导致的。在生产、储存、运输等过程中，经常会遇到静电，静电的特点：一是电压高，生产过程中产生的静电，电量虽然不大，但由于带电体的电容变化很大，所以静电电压值有时会很高；二是静电能量不大，但足以引燃许多易燃物质，因为有些易燃物质的最小着火能量比静电的能量小得多，所以静电引起火灾、爆炸的危险性很大；三是静电感应，静电场中不带电的金属导体表面感应起电；四是尖端放电，在带静电物体的尖端由于电场强度很高，使附近的气体电离产生放电；五是静电屏蔽，空腔导体在静电场中，其空腔内的电场强度为零，或在外表面接地的空腔导体的空腔内有电荷时，外部电场强度为零。

为防止此类事故的重复发生，该厂在化纤布的存放上采取了如下预防措施：一是在织机和验布机上装设接地线，从工艺上消除静电的积累；二是储存时应在垫木上合理地设置接地装置，使布包和堆垛中积存的静电荷导除到地面；三是修好的坯布要及时打包入库，不要零存乱堆，以防不测。采取这些措施，在保证化纤布储存的安全方面起到了积极的作用，也收到了良好的效果。

（九）装卸甲苯作业中静电引起的爆炸起火事故

2003 年 7 月 22 日，广西某物资总公司桂林分公司正在执行甲苯装卸任务的汽车槽车突然爆炸起火，整辆汽车槽车包括车上约 1.5 吨的甲苯全部被烧毁，造成直接经济损失约 17 万元，所幸无人员伤亡。

7 月 22 日上午，广西某物资总公司桂林分公司租用某运输公司一辆汽车槽车到铁路专线上装卸外购的 46.5 吨甲苯，并指派仓库副主任、公司安全员及两名装卸工执行卸车任务。约 7 时 20 分，开始装卸第一车。由于火车与汽车槽车约有 4 米高的位差，装卸直接采用自流方式，即用 4 条塑料管（两头套橡胶管）分别插入火车和汽车罐体，依靠高度差，使甲苯从火车罐车经塑料管流入汽车罐车。约 8 时 30 分，第一车甲苯约 13.5 吨地拉回公司仓库。约 9 时 50 分，汽车开始装卸第二车。汽车司机将汽车停放在预定位置后与安全员到离装卸点约20多米的站台上休息，1名装卸工爬上汽车槽车，接过地上装卸工递上来的装卸管，打开汽车槽车前后2个装卸孔盖，随即在每个装卸孔内放入2根自流式装卸管，待4根自流式装卸管全部放进汽车槽罐后，槽车顶上的装卸工因天气太热，便爬下汽车去喝水。人刚走出离汽车约20米，汽车槽车靠近尾部的装卸孔突然爆炸起火。爆炸冲击波将2根塑料管抛出罐外，喷洒出来的甲苯致使汽车槽车周边燃起一片大火。约10分钟后，消防车接到报警及时赶到。经过10多分钟的扑救，大火全部被扑灭，阻止了事故进一步的扩大。火车槽车基本未受损害，但汽车已被全部烧毁。

事故原因分析

经调查，造成这起事故的直接原因是装卸作业没有按规定装设静电接地装置，使装卸产生的静电无法及时导出，造成静电积聚过高产生静电火花。此外，高温作业没有采取必要的安全措施也是引发爆炸事故的重要原因。据调查，事发时，气温超过35摄氏度。当汽车完成第一车装卸任务并返回火车装卸站台时，汽车槽罐内残留的甲苯经途中30多分钟的太阳曝晒，已挥发到相当高的浓度，但是，装卸人员却未采取必要的安全措施，直接灌装甲苯。据装卸工回忆，当其打开罐盖准备装卸第二车甲苯时，明显感到罐内气体猛烈喷出，可是没有给予足够重视。如果严格执行易燃易爆气体灌装操作规程，灌装前槽车通地导线接地，并检测罐内温度，就能避免事故的发生。

事故教训

事故发生后，公司吸取事故教训，对有关责任人员进行处罚，并采取积极的预防措施，防止事故的再次发生。所采取的措施：一是立即开展接地静电装置设施的检查和维护，加强安全防范，严防类似事故的发生；二是完善全公司安全规章制度，事故发生后，针对高温天气，公司明确要求，灌装易燃易爆危险化学品，除做好静电设施接地外，第二车装卸任务前，必须静置汽车槽车 5 分钟以上或采取罐外水冷却等方式，方可灌装；三是进一步健全公司安全管理体系，充实安全管理力量，落实好安全责任制，强化安全管理手段和措施，加强安全检查考核力度。

（十）缺乏预防措施引起的氧压机过滤器爆炸事故

1998 年 5 月 30 日，黑龙江省某化工厂氧气厂发生一起氧气压缩机（简称氧压机）过滤器爆炸事故。过滤器烧毁，仪表、控制电缆全部烧坏，迫使氧压机停车 1 个月。

事故经过

5 月 30 日 10 时左右，黑龙江省某化工厂氧气厂在生产过程中，操作人员突然听到一声巨响，同时看到大量浓烟从氧压机防爆间内冒出。操作工立即停氧压机并关闭入口阀和出口阀，灭火系统自动向氧压机内喷氮气，消防人员立刻赶到现场对爆炸引燃的仪表、控制电缆进行灭火，防止了事故的进一步扩大。事后有关人员对氧压机进行检查发现，中间冷却器过滤器被烧毁，并引燃了仪表、控制电缆。

事故原因分析

事故发生后，该厂对氧压机进行了系统检查分析，查找引起爆炸的原因。这套氧压机 1995 年安装完毕，进行氮气试车合格，但由于当时生产负荷低一直没有投用。1996 年对氧压机进行检查本体并投入运行，1998 年发生爆炸。现场检查发现，被烧毁的过滤器外壳呈颗粒状，系燃烧引起的爆炸，属化学爆炸。经分析，最后确定为铁锈和焊渣在氧气管道中受氧气气流冲刷，积聚在中间冷却器过滤网处，反复摩擦产生静电，当电荷积聚至一定量时发生火花放电，引燃了过滤器发生爆炸。调查人员在对其他两台同样的氧压机中间过滤器的检查中，也发现了大量的铁锈和焊渣。

燃烧应具备三个条件，即可燃物、助燃物、引燃能量。这三个条件要同时具备，也要有一定的量相互作用，燃烧才会发生。铁锈和焊渣即为可燃物，而铁锈和焊渣的来源是设备停置时间过长，没有采取有效保护措施而产生锈蚀，安装后设备没有彻底清除焊渣。能量来源是铁锈和焊渣随氧气高速流动时产生静电，静电电位可高达数万伏。当铁锈和焊渣随氧气流到过滤器时被滞留下来，铁锈和焊渣越积越多，静电能也随之增大。铁锈的燃点和最小引燃能量均低。如铁锈粉尘的平均粒径为 100～150 皮米时，燃点温度为 240～439 摄氏度，较金属本身的熔点低很多，当发生火花放电且氮浓度高时，燃烧爆炸就发生了。

事故教训

为了防止类似事故的再次发生，该厂缩短了过滤器的清洗周期，把原来的 1 年 1 次改为半年 1 次，及时彻底地清除铁锈和焊渣等固态杂质；回装时脱脂分析采取定性分析，确保不含油脂；定期检查各部分轴承和密封情况，及时进行检修；在机组停车时密封气常通，防止润滑油进入压缩机。定期检测氧压机的接地电阻不大于 100 欧，过滤器与整个设备进行充分连接，防止由于法兰密封垫导致过滤器接地不良，法兰和法兰之间采用铜线进行跨接，电阻值小于 0.03 欧，接地铁和接地线重新进行了设置，确保了整个系统接地良好。对停置的压缩机用氮气进行保护，以防止潮湿的气体引起管道内壁生锈和锈渣沉积，这样能有效地防止铁锈进入机内。

该化工厂氧气厂自 1998 年修复过滤器开车以来，设备运转平稳，杜绝了燃烧爆炸事故的发生。

（十一）静电引起的两次起火事故

2001 年 4 月和 2002 年 4 月，某公司蒽醌车间筛料系统先后发生两起火灾，严重威胁到公司财产和职工的人身安全。

事故经过

2001 年 4 月和 2002 年 4 月，某公司蒽醌车间筛料系统先后发生两起火灾事故，第一起火灾事故由于发现不及时，火焰引燃了包装间房梁上积存的毛毛料，火势沿房顶钢梁迅速蔓延，导致捕集器燃爆，险些引燃了油炉，造成更大的损失。第二起火灾事故，当时操作工正在进行筛料作业，突然发现筛料机接块料小车（以下简称小车）处起火，操作人员迅速使用干粉灭火器将火扑灭，基本上未造成损失。一年之内，蒽醌车间发生两起火灾事故，严重威胁到公司财产和职工的人身安全。

事故原因分析

该公司蒽醌是由精蒽经熔蒽锅熔化、汽化锅汽化后，与空气混合进入氧化炉氧化生成的。生成的蒽醌由捕集器冷凝捕集，通过搅笼出料、批混，经筛料机筛出块料后，装袋出厂。

两次火灾事故发生后，厂技术处、安全处及车间有关技术人员召集该岗位操作人员对火灾原因进行了深入的分析。2001 年 4 月的火灾事故，由于火势蔓延，现场毁坏严重，给分析火灾原因带来很大困难。着火点首先发生在筛料机附近，筛料机有 1 台 7.5 千瓦交流防爆电动机，此处没有其他电器，没有着火源。是否电动机电源线老化，短路打火引燃筛料机附近蒽醌毛毛料，导致火势蔓延，大家认为这是火灾最可能的起因，但还不能肯定这就是这起火灾事故发生的直接原因。

2002 年 4 月的一天，在筛料过程中，操作工突然发现小车与筛料机钢平台侧壁处起火，操作工迅速使用干粉灭火器将火扑灭。此处没有着火源，为何会突然起火呢？这次起火与2001年4月的火灾有否关联？在此后召开的原因分析会上，有人提出是否是静电放电打火引燃了小车处的毛毛料。该岗位职工反映的一种现象为这一推断提供了佐证。据该岗位职工反映，当小车装满块料推小车时，手一接触小车有触电的感觉。小车未与任何带电设备连接，小车有电只能是静电。为进一步确认小车是否带电，第二天在筛料机作业过程中，公司电工用仪器对小车进行了测试，结果发现小车确实带电。那么，小车为何会带电呢？经过进一步的分析认为，筛料机筛出的块料通过一布袋落入小车中。在筛料过程中，料之间互相摩擦及块料通过布袋时与布袋之间的摩擦均产生静电。携带静电的块料积聚在小车里，因小车是胶皮轱辘，且小车没有接地，静电无法释放，所以，当人触到小车时，有触电的感觉。大家认为，当小车静电积聚到一定程度，且小车距钢平台侧壁为一合适距离时，由于小车与钢平台侧壁存在电位差，此时便会发生放电现象，因此极有可能引燃此处的蒽醌毛毛料，引起火灾。

从对第二起火灾事故原因的分析推断，第一起火灾起因的分析判断很可能存在谬误。静电放电现象才是引起火灾的真正原因。

事故教训

为防止发生类似事故，该公司蒽醌车间采取了如下预防措施：一是通过检测，筛料系统接地电阻为13欧，捕集系统接地电阻为3.2欧，因此，应将小车、筛料系统与捕集系统用金属导线进行跨接，连成等电位体，消除电位差，避免在短路处产生火花放电。二是定期对捕集系统和筛料系统接地电阻进行检测，保证设备系统接地良好。三是完善操作规程，每次进行筛料作业时，必须将小车与筛料系统跨接，然后才能开机筛料。必须将此项措施列入操作规程，认真检查落实。实施以上措施后，效果良好，几年来蒽醌车间基本实现了安全生产。

班组应对措施与讨论

班组在生产作业中，尤其是化工生产作业中或者相关生产作业中，需要注意预防静电导致的危害，这就需要学习和了解有关静电的知识。“知识就是力量”，学习并掌握了有关静电的知识，就能有效预防静电可能导致的危害。

静电知识与危害预防之一：静电引起燃烧爆炸的条件与预防措施

静电具有电压高、泄漏慢、放电形式多等特点。接触—分离起电是最常见的静电起电方式。高分子材料和高电阻率材料容易带有危险的静电。固体物料的大面积摩擦、高强度的接触—分离，粉体物料的过滤、筛分、输送、搅拌和干燥，液体物料的过滤、高速输送、喷射和冲刷，气体和蒸汽的高速喷射等工艺过程都能产生强烈静电。

（1）静电放电引起燃烧和爆炸的条件。静电最为严重的危害是静电放电引起燃烧和爆炸。静电放电引起燃烧和爆炸必须同时具备以下几个条件：

1）有产生静电的条件；

2）能积累足够的电荷及足够的放电电压；

3）有能引起放电引爆的合适间隙；

4）火花要有足够大的能量；

5）被引燃的可燃气体在爆炸极限之内。

（2）预防静电放电引起燃烧和爆炸的措施

1）防止或减少静电的产生；

2）设法导走或中和产生的电荷，使它不能聚积；

3）防止产生足够能量的静电；

4）防止爆炸性混合气体的形成。

（3）石化生产过程中的静电预防措施。在石化生产过程中，可以采取以下具体措施预防静电危害：

1）为管道、储罐、过滤器、机械设备等能产生静电的设备设置良好的接地装置，以保证所产生的静电能迅速导入地下，接地电阻值不应大于 100 欧。

2）为防止设备与设备之间、设备与管道之间、管道与容器之间产生电位差，在其连接处，特别是在静电放电可引起燃烧的部位，应用金属导体连接在一起，以消除电位差。对非导体管道，应在其连接处的内部或外部的表面缠绕金属导线，以消除部件之间的电位差。

3）在生产工艺的操作上，应控制油品处于安全流速范围内，减少油品的飞溅。

4）在油品蒸气和空气的混合物接近爆炸浓度极限范围的场合下，必须加强作业场所通风措施。

5）倾倒或灌注易燃液体时，应用导管沿容器壁伸至底部输出或注入，并需在静置一段时间后才可进行采样、测量、过滤、搅拌等操作。同时，要注意轻取轻放，不得使用未接地的金属器具操作。严禁用易燃液体作清洗剂。

6）在易燃易爆等危险性较高的场所工作的人员，应先以触摸接地金属器件等方法导除人体所带静电，方可进入。同时还要避免穿化纤衣物和导电性能低的胶底鞋，以预防人体产生的静电在易燃易爆场所引发火灾以及当人体接近另一高压电体时造成电击伤害。

静电知识与危害预防之二：简单易行而且有效的防静电接地法

防止静电危害，一方面要控制静电的产生，另一方面要防止静电的积累。除了其他预防措施之外，防静电接地法是防止静电积累、消除静电危害的简单易行而且十分有效的方法。凡加工、运输和储存各种易燃易爆气体（液体）和粉尘的设备及一切可能产生静电的机件、设备和装置，都必须可靠接地。具体方法是：

（1）同一场所两个及两个以上产生静电的机件、设备和装置，除分别接地外，相互间还应作金属均压连接，以防止相互间由于存在电位差而放电。灌注液体的金属管口与金属容器，必须经金属可靠连接并接地，否则不能工作。

（2）皮带轮、滚筒等金属旋转体，除机座可靠接地外，在危险性较大的场所，还应采用导电的轴承润滑油或将金属旋转体通过滑环、碳刷接地。

（3）油罐车上应装设金属链条。金属链条与车身连接牢固并垂挂于地面，油罐车行驶当中产生的电荷可经链条泄入大地。

（4）在具有爆炸危险的建筑物，其地板应由导电材料制成，如用导电混凝土或导电橡胶等做地板。此外，地板还应接地。

防静电接地的方法仅适用于导体，其接地装置可与电力设备的工作保护和重复接地装置共用。单独的防静电接地电阻值在 100 欧以下即可满足要求。

除了上述防止静电危害的方法以外，工作人员在静电危险场所可以穿抗静电的工作服和工作靴，以防护静电对人体的危害。

静电知识与危害预防之三：油库静电的产生与预防的措施

（1）油库中静电的产生。油品在收发、输转、罐装过程中，油分子之间和油品与其他物质之间会产生静电。电压随摩擦的加剧而增大，如不及时导除，当电压增高到一定程度时，就会在两带电体之间跳火（即静电放电），从而引起油品爆炸着火。静电电压越高越容易放电。电压的高低或静电电压量大小与下列因素有关：罐油流速越快，摩擦越剧烈，产生静电电压越高；空气干燥，静电不容易从空气中消散，电压容易升高；随着油管出口与油面距离的加大，油品与空气摩擦越剧烈，油流动时油面的搅动越严重，电压就越高；管道内壁越粗糙，流经的弯头阀门越多，产生静电电压越高；油品在输转中含有水分比不含水分产生的电压要高数十倍；非金属管道，如帆布、橡胶、石棉、水泥、塑料等管道，比金属管道更容易产生静电；管道上安装滤网，其网孔越小，产生静电电压越高；大气温度较高（22～40 摄氏度）、空气的相对湿度在 13％～

24%时，极易产生静电；同等条件下，轻质燃料比润滑油更易产生静电。

（2）预防静电产生与危害的措施。地下卧式油罐要在首尾两端设两组静电接地装置，其电阻值不得大于 10 欧。罐体与接地极之间的连接扁铁或导线要采用螺栓连接，并用沥青等作防腐处理。其他部位的静电接地装置的电阻值不大于 100 欧。静电接地装置每年应检测两次。地下卧式罐进油管应下伸到距罐底 15 厘米处并有弯口。加油机、加油胶管上的消除静电连接线必须完好有效。向油罐、油罐汽车灌油时，输入管必须插入油面以下或接近罐底，以减少油品的冲击和空气的摩擦。在输装油开始到装满容器的 3/4 时最容易发生放电事故，这段时间应控制流速，严禁喷溅或进油。在空气特别干燥、温度较高的季节，要经常检查接地设备，适当放慢灌油速度，必要时可在作业场地和导静电接地极周围浇水。油库内严禁向塑料桶里灌注轻质燃料油，禁止在影响油库安全的区域内用塑料容器倒装轻质燃料油。登上油罐从事灌装、计量工作的人员均不得穿化纤服装，登罐前应手扶无漆的油罐扶梯片刻，以导除人体静电。

班组讨论话题

● 如果你的工作与化工生产有关，企业要求作业人员不准穿化纤服装，你能够遵守这一规定吗？当你看到别人违反规定穿化纤服装时，你能进行劝阻纠正吗？

● 企业在进行安全教育时，如果讲静电安全技术知识，你愿意听吗？你对这些知识有兴趣吗？知道静电的危害后，你害怕吗?

●作为班组长，你能结合本班组工作性质与事故案例，引导班组成员学习有关静电知识吗?你认为有没有必要学习这些知识?你能引导班组成员将所学的有关静电知识运用到生产作业中吗?

第七部分　触电预防管理存在问题导致的事故

在诸多伤害中，电流通过人体是导致人身伤亡最基本的原因。因此，切实加强对电气设备、电路电线、临时用电的管理，避免生产作业人员受到电能的伤害，是安全管理的一项重要任务。

1. 预防触电事故的安全管理措施

（1）管理人员和机构。为了做好电气安全管理工作，安全技术部门应当有专人负责电气安全工作，动力或电力部门也应有专人负责用电安全工作。在条件许可时，可建立群众性的、横向的电工管理组织。这种组织配合安全技术部门，在安全技术部门的协助下做好电气安全工作。

（2）规章制度。建立必要而合理的规章制度是保障安全、促进生产的有效手段。安全操作规程、运行管理和维护检修制度及其他规章制度都与安全有直接的关系。

（3）安全检查。电气安全检查的内容包括：电气设备绝缘有无破损，绝缘电阻是否合格，设备裸露带电部分是否有防护，屏护装置是否符合安全要求，安全间距是否足够，保护接零或保护接地是否正确可靠，保护装置是否符合要求，手提灯和局部照明灯电压是否是安全电压或是否采取了其他安全措施，安全用具和电气灭火器材是否齐全，电气设备安装是否合格，安装位置是否合理，电气连接部位是否完好，电气设备或电气线路是否过热，制度是否健全等。

（4）安全教育。安全教育的主要目的在于使作业人员懂得用电的基本知识，认识安全用电的重要性，掌握安全用电的基本方法，从而安全有效地进行工作。

（5）安全资料。安全资料是做好安全工作的重要依据。一些技术资料对于安全工作也是十分必要的，平时应注意收集和保存。对重要设备应单独建立资料，每次检修和记录应作为资料保存，以便查对。设备及人身事故的记录也应作为资料保存。

2. 安全用电的基本要求

企业用电设备很多，因而生产作业人员接触电气设备的机会也多，这就从客观上增加了发生触电伤害的概率。因此，企业必须对职工进行有关用电安全知识的教育，使职工（尤其是新职工）掌握安全用电的基本技能。

（1）不要随便乱动车间内的电气设备。自己使用的设备、工具，如果电气部分出了故障，不得私自修理，也不能带故障运行，应立即请电工检修。

（2）自己经常接触和使用的配电箱、配电板、闸刀开关、按钮开关、插座、插销以及导线等，必须保持完好、安全，不得有破损或将带电部分裸露出来。

（3）在操作闸刀开关、磁力开关时，必须将盖盖好，防止短路时发生电弧或熔丝熔断飞溅伤人。

（4）使用的电气设备，按有关安全规程，其外壳必须进行防护性接地或接零。对于接地或接零的设施要经常进行检查，一定要保证连接牢固，接地或接零的导线不得有任何断开的地方，否则接地或接零就不起任何作用了。

（5）需要移动某些非固定安装的电气设备，如电风扇、照明灯、电焊机等时，必须先切断电源再移动，同时要收拾好导线，不得在地面上拖来拖去，以免磨损。如果导线被物体轧住，不要硬拉，防止将导线拉断。

（6）工作台、机床上使用的局部照明灯，其电压不得超过 36 伏。

（7）使用的行灯要有良好的绝缘手柄和金属护罩。灯泡的金属灯口不得外露。引线要采用有护套的双芯软线，并装有“T”形插头，防止插入高电压的插座上。行灯的电压在一般场所不得超过 36 伏，在特别危险的场所，如锅炉、金属容器内、潮湿的地沟处等，其电压不得超过 12 伏。

（8）在一般情况下，禁止使用临时线。如必须使用，必须经过机动部门和安全技术部门批准。同时，临时线应按有关安全规定装好，不得随便乱拉乱拽，并且应按规定时间拆除。

（9）在进行容易产生静电火灾、爆炸事故的操作时（如使用汽油洗涤零件、擦拭金属板材等），必须有良好的接地装置，以便及时导除聚集的静电。

（10）在雷雨天，应与高压电杆、铁塔、避雷针的接地导线保持至少 20 米的距离，以免在雷击时发生雷电流入地下产生跨步电压触电。

（11）在遇到高压电线断落到地面时，导线断落点周围10米以内，禁止人员入内，以防跨步电压触电。如果此时已有人在10米之内，为了防止跨步电压触电，不要跨步奔走，应单足或并足跳离危险区。

（12）发生电气火灾时，应立即切断电源，用黄砂、二氧化碳、四氯化碳等灭火器材灭火。切不可用水或泡沫灭火器灭火，因为用水或泡沫灭火器灭火有导电的危险。救火时应注意自己身体的任何部分及灭火器具不得与电线、电气设备接触，以防发生触电事故。

（13）在打扫卫生、擦拭设备时，严禁用水去冲洗电气设施或用湿抹布去擦拭电气设施，以防发生短路和触电事故。

3. 使用手持电动工具注意事项

在使用手电钻、电砂轮等手持电动工具时，由于这些工具的操作人员需要直接用手把握，同时又要到处移动，极不安全，很容易造成触电事故。其原因如下：

（1）手持电动工具是在人的紧握之下工作的，人与工具之间的电阻小，一旦工具外露部分带电，将有较大的电流通过人体，人体由于肌肉收缩而难以摆脱带电体，容易造成严重后果。

（2）手持电动工具有很大的移动性，其电源线容易受拉、磨而漏电，电源线连接处容易脱落而使金属外壳带电，导致触电事故。

（3）小型手持电动工具采用220伏单相交流电源，由一条相线和一条工作零线供电。如错误地将相线接在金属外壳上或错误地将保护零线断路，均会造成金属外壳带电，导致触电事故。

为此，在使用手持电动工具时必须注意以下事项：一是必须安设漏电保安器，同时工具的金属外壳应进行防护性接地或接零。二是单相的手持电动工具，其导线、插销、插座必须符合单相三眼的要求，三相的手持电动工具，其导线、插销、插座必须符合单相四眼的要求，其中有一相用于防护接零。同时严禁将导线直接插入插座内使用。三是操作时应戴好绝缘手套和站在绝缘板上。四是不得将工件等重物压在导线上，防止轧断导线发生触电事故。

4. 漏电保护器的安全管理

漏电保护器是当电路中发生漏电或触电时，能够自动切断电源的保护装置，包括各类漏电保护开关（断路器）、漏电保护插头（座）、漏电保护继电器、带漏电保护功能的组合电器等。加强对漏电保护器的安全管理是电气设备安全运行的重要保证，也是预防人员触电事故的重要保证。

（1）正确使用漏电保护器。应根据使用场所的条件和使用范围选用相应的漏电保护器。在使用中应注意以下事项：

1）触电、防火要求较高的场所和新、改、扩建工程使用各类低压用电设备、插座，均应安装漏电保护器。

2）对于新制造的低压配电柜（箱、屏）、动力柜（箱）、开关箱（柜）、操作台、试验台，以及机床、起重机械、各种传动机械等机电设备的动力配电箱，在考虑设备过载、短路、失压、断相等保护的同时，还必须考虑漏电保护。用户在使用以上设备时，应优先采用带漏电保护的电气设备。

3）建筑施工场所、临时线路的用电设备必须安装漏电保护器。

4）手持式电动工具（除Ⅲ类外）、移动式生活日用电器（除Ⅲ类外）、其他移动式机电设备以及触电危险性大的用电设备，必须安装漏电保护器。

5）潮湿、高温、金属占有系数大的场所及其他导电良好的场所，如机械加工、冶金、化工、船舶制造、纺织、电子、食品加工、酿造等行业的生产作业场所，以及锅炉房、水泵房、食堂、浴室、医院等辅助场所，必须安装漏电保护器。

6）应采用安全电压的场所，不得用漏电保护器代替。如使用安全电压确有困难，须经企业安全管理部门批准，方可用漏电保护器作为补充保护。

7）额定漏电动作电流不超过 30 毫安的漏电保护器，在其他保护措施失效时，可作为直接接触的补充保护，但不能作为唯一的直接接触保护。

8）选用漏电保护器，应根据保护范围、人身设备安全和环境要求确定。一般应选用电流动作型的漏电保护器。

9）当漏电保护器作分级保护时，应满足上下级动作的选择性。一般上一级漏电保护器的额定漏电动作电流应不小于下一级漏电保护器的额定漏电动作电流，或是所保护线路设备正常漏电电流的 2 倍。

10）在不影响线路、设备正常运行（即不误动作）的条件下，应选用漏电动作电流和动作时间较小的漏电保护器。

11）选用漏电保护器，应满足使用电源电压、频率、工作电流和短路分断能力的要求。

12）选用漏电保护器，应满足保护范围内线路、用电设备相（线）数要求。保护单相线路和设备时，应选用单级二线或二极产品；保护三相线路和设备时，可选用三极产品；保护既有三相又有单相的线路和设备时，可选用三极四线或四极产品。

13）在需要考虑过载保护或有防火要求时，应选用具有过电流保护功能的漏电保护器。

14）在爆炸危险场所，应选用防爆型漏电保护器；在潮湿、水汽较大场所，应选用密闭型漏电保护器；在粉尘浓度较高场所，应选用防尘型或密闭型漏电保护器。

15）固定线路的用电设备和正常生产作业场所，应选用带漏电保护器的动力配电箱；建筑施工与临时作业场所用电设备应选用移动式带漏电保护器的配电箱；临时使用的小型电气设备，应选用带漏电保护插头（座）或带漏电保护器的插座箱。

（2）正确安装漏电保护器并加强安装检查

1）安装漏电保护器时，应检查产品合格证、认证标志、试验装置，发现异常情况必须停止安装。

2）漏电保护器的保护范围应是独立回路，不能与其他线路有电气上的连接。一台漏电保护器容量不够时，不能两台并联使用，应选用容量符合要求的漏电保护器。

3）安装漏电保护器后，不能撤掉或降低对线路、设备的接地或接零的保护要求及措施，安装时应注意区分线路的工作零线和保护零线。工作零线应接入漏电保护器，并应穿过漏电保护器的零序电流互感器。经过漏电保护器的工作零线不得作为保护零线，不得重复接地或接设备的外壳。线路的保护零线不得接入漏电保护器。

4）在潮湿、高温、金属占有系数大的场所及其他导电良好的场所，必须设置独立的漏电保护器，不得用一台漏电保护器同时保护两台以上的设备（或工具）。

5）安装不带过电流保护的漏电保护器时，应另外安装过电流保护装置。采用熔断器作为短路保护时，熔断器的安秒特性与漏电保护器的通断能力应满足选择性要求。

6）漏电保护器经安装检查无误，并操作试验按钮检查动作情况正常，方可投入使用。

（3）漏电保护器的检查管理

1）企业安全管理部门应加强对漏电保护器运行安全的监督，并建立相应的管理制度。

2）对在用漏电保护器的管理，应有明确的分工。对漏电保护器运行动作情况，包括正常动作、误动作、拒动作等，都要记录和统计分析。

3）漏电保护器的安装、检查等应由电工负责。对电工应进行有关漏电保护器知识的培训、考核，内容包括漏电保护器的原理、结构、性能、安装使用要求、检查测试方法、安全管理等。

4）回路中的漏电保护器停送电操作应按倒闸操作程序及有关安全操作规程进行。

5）运行中的漏电保护器发生动作后，应根据动作的原因排除故障，正常后方能进行合闸操作。严禁带故障强行送电。如果漏电保护器发生故障，应更换合格的漏电保护器。

6）使用者应掌握漏电保护器的安装使用要求、保护范围、操作及定期检查的方法。使用者不得自行装拆、检修漏电保护器。

7）对运行中的漏电保护器应进行定期检查，每月至少检查一次，并做好检查记录。检查内容包括外观检查、试验装置检查、接线检查、信号指示及按钮位置检查。

检查漏电保护器时，应注意操作试验按钮的时间不能太长，次数不能太多，以免烧坏内部元件。漏电保护器的检修应由专业生产厂进行，检修后的漏电保护器必须由专业生产厂按国家标准进行试验，并出具检验合格证。检修后仍达不到规定要求的漏电保护器必须报废销毁，任何单位、个人不得回收利用。

5. 触电事故发生后的调查要求

企业发生触电事故后，应进行详细调查。调查的目的是查明事故发生的情况和原因，并采取适当措施以防止发生重复事故。调查工作应在事故发生后立即进行；在事故报告未填写完成前，对发生触电事故的现场（除受害者之外），严格禁止任何变动。事故报告的格式由安全监察部门制定，对规定的项目应当填写得详细而具体，包括发生事故的时间、地点，发生事故的电气设备在事故前后的情况，而且生产环境、周围空间和地面以及其他有关的辅助情况都要填写清楚。特别要注意记载清楚事故发生的详细经过，包括触电者在触电前、触电时、触电后的情况，触电的部位和伤势，救护的经过等。然后，根据这些已知情况推断造成事故的直接原因，推断违反了哪些运行技术规程和安全操作规程。最后，根据全面分析对事故责任和处理方法提出意见，同时提出今后防止类似事故发生的措施等。

各级安全管理部门应当根据事故报告进行综合技术性分析，把基层单位对触电事故技术分析的结果，按规定项目加以整理并计算出百分比。统计和分析的项目可以按不同方式设立，如发生事故的部门、单位；发生事故的电压等级；触电者的年龄、职业、工种；触电的类别（如电击、灼伤、机械损伤等）；造成触电的原因（如违反规程、设备不良等）。这些从实际中得来的统计资料正是改进电气设备设计、制造和运行管理的最好材料。

（一）煤砂机检修不到位造成的人员触电事故

1997 年 11 月 29 日上午，南京某建材公司经营部在进行黄砂装车作业时，发生一起触电伤亡事故，一名操作工因触电死亡。

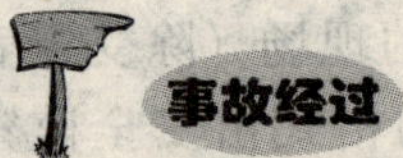

1997 年 11 月，南京某建材公司经营部租赁秦淮河六号码头，从事装卸黄砂销售经营业务。11 月 29 日上午，经营部职工沈某操作煤砂机进行黄砂装车作业。10 时左右，沈某操作煤砂机时感到有麻手现象，便停止操作，找电工王某进行检查。王某检查后，清除了按钮开关里面的积水，并将煤砂机旋转盘上的一个电动机外壳接零。王某用电笔测试认为没有带电现象，于是通知沈某煤砂机可以使用。当晚在煤砂机进行作业时，辅助清砂工姜某用锹把轮胎四周的黄砂进行了清理。清理完毕后，当姜某右手拿锹，左手扶在煤砂机输送带框架角铁上时，突然被电击伤。在场人员急忙断开电源，将姜某送往医院抢救，但最终姜某经抢救无效死亡。

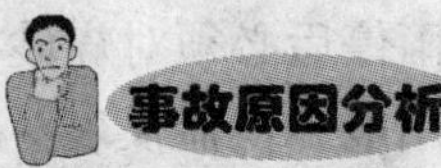

造成这起事故的主要原因是煤砂机机架带电。经调查，在事故发生前两天，由于下雨，煤砂机潮湿积水，而且煤砂机驾驶室正前方玻璃损坏约1/2，严重漏雨。煤砂机驾驶室内木质操纵面板严重潮湿，操作开关电源线穿过木板处绝缘线胶皮焦化破损，导线裸露并与潮湿的操纵板直接接触，带电体绝缘电阻为零，造成机架带电。

煤砂机是煤、砂装车作业可行走电气设备，它的行走和提升均靠电源驱动。其特点是制造简单、维修费用低，装车效率高于人力而低于装载机，适用于煤场、砂场的装车作业。煤砂机电源拖线长，阴雨潮湿天气作业，如电源线绝缘破损保护装置失效等便易发生触电事故。从事故发生情况可以看出，这是一起电气设备存在重大隐患而导致的重大责任事故。直接责任是电工修理技术差并且责任心不强，未能查出漏电的真正的原因。电工班未能坚持电气设备维修复验收制度，就将存在重大事故隐患的设备交付使用，在管理程序上存在严重的缺陷，应负维修、管理责任。

在防范措施上，对此类设备应做到：

(1) 煤砂机驾驶室玻璃必须配备完好，达到瞭望和防雨的双重功能。如果出现损坏，应及时修理。在设备管理上，应落实责任制，责任到人。

(2) 下雨时煤砂机应停止使用，雨停后必须对煤砂机的电器线路进行全面检查，清除积水，用电工仪器仪表对电器线路的绝缘程度和接零保护系统进行检测，以确保其良好和有效。

(3) 加强对煤砂机操作人员和辅助清砂工的用电安全知识教育，增强其自我安全防护意识，督促他们在潮湿积水地面作业时必须穿绝缘鞋或防水胶靴，以防万一。

（二）设备缺乏维护保养导致的焊工触电伤亡事故

1993 年 7 月 15 日 9 时 30 分，海宁市某除尘设备厂钣金车间在吊装作业过程中，由于设备缺乏维护保养和职工违章冒险作业，造成触电身亡事故。

7 月 15 日 9 时 30 分，海宁市某除尘设备厂钣金车间，焊工吕某（男，22 岁）和另一位工人在车间指挥行车工李某吊竖一只 3 米高的除尘器筒体，准备进行焊接。因筒体比较高大，进行焊接工作需要将筒体翻身、竖立，为了求省事

图方便，吕某要求行车工李某用行车吊钩将自己吊上去。在多次央求后，李某同意了，将吕某吊到筒体上端的法兰上。过了一会儿，李某看到吕某坐在法兰上一动不动，双手紧握行车吊钩，嘴巴张开，头歪到一边，意识到吕某可能触电了，忙喊下面的职工拉下电闸。生产组长徐某立即切断电源，此时吕某从筒体上摔下来，头部先着水泥地面，当即耳朵、鼻子出血，现场人员立即将他送医院抢救，但是因伤势过重，最终抢救无效死亡.

事故原因分析

事故发生后，事故调查组进行实地勘察分析后，认定这是一起设备缺乏必要的维护保养，职工违章冒险作业造成的重大责任事故。

造成这起事故有两个直接原因：一是该车间 13 号电焊机漏电，而电焊机是与除尘器筒体用搭铁连通的，电焊机进线与出线碰牢，进线副极与出线接线碰头。电焊机工作时，由于多次震动，引起两线接触，使出线电位 70 伏变成对地电位 208 伏。吕某被行车钩子吊上去后，坐在筒体法兰上，人体成为导体与行车导通，产生电流回路，人体遭受电击死亡。二是严重违章冒险作业。吕某强行要求行车工李某用行车吊人作业，严重违反起重机械安全操作规程；行车工李某不能坚持安全操作规程，对此也负有一定责任。而造成这起事故的间接原因是该厂领导对有关规章制度执行检查不力，设备管理部门对设备管理不善，电工对电气设备检查粗心大意。

这起事故的发生，起因在于职工的严重违章冒险作业。设备存在的问题虽然也是造成事故的直接原因，但是二者的性质实际上有所不同。就违章冒险作业而言，起重机械吊人作业，不仅是安全规程明确规定不允许的，而且也是安全常识，在企业安全教育、安全培训中都会有这样的内容。职工在经过安全教育、安全培训之后，仍然出现严重的违章冒险作业行为，并最终酿成事故，说明企业的安全教育、安全培训和安全管理存在较大的问题。企业、车间和班组负有重要的责任。

事故发生之后所采取的防范措施：一是对这起事故进行认真反思，吸取教训，切实加强安全教育、安全培训工作，尤其是对于重要的规章制度必须反复讲，使职工在实际工作中切实遵守。二是生产车间应认真落实安全管理责任，进一步加强安全生产的检查、督促工作；加强职工的自我防护意识，强化作业现场的安全管理；对违章违纪人员必须严肃处理，绝不能姑息迁就，留下后患。三是企业应进一步加强对设备、设施的管理，认真履行设备管理部门职责，完善安全管理制度及检查制度，强化对设备、设施的日常监督检查与考核，并针对事故反映出来的问题进行整改。

（三）没有及时排除故障造成的低压电伤害事故

1992 年 9 月 8 日，连云港市某厂联碱车间在夜班生产过程中，由于车间电器维修人员没有及时检修和排除缝包机故障，造成一名临时合同工在使用缝包机时不幸触电身亡。

9月8日，连云港市某厂联碱车间进行正常的夜班生产。联碱车间的工作是将化肥装入袋内，然后用缝包机缝合袋口。车间外紧邻一个外露型冷却水塔，车间空气十分潮湿，地面上积满了水，空气内含有大量水分子。经仪器检测，其相对湿度大于90%。缝包机是上海某缝纫机厂制造的，额定电压36伏、额定电流3安。凌晨2时许，临时合同工钱某在使用36伏缝包机中不幸触电身亡。

36伏电压属于安全电压，因使用36伏缝包机导致触电身亡的事故比较少见。事故发生后，经调查分析，找出造成事故的原因：一是缝包机两根电源线磨损，通过机壳发生短路，造成变压器烧毁，初级高压电引入次级，使缝包机带电，其电压为220伏。二是车间的电器维修人员没有及时检修和排除故障。7日下午，曾有人在使用该缝包机时触电，而维修人员仅更换了发热的变压器，而没有查明变压器升温的原因。三是熔断丝和变压器选用不当。按理论计算，该变压器的初级额定电流应为37安，而实际使用的熔丝为1.5安。另外，在这种工作环境下不应选用暴露式变压器。四是管理不科学，安全防护差。如缝包机的插头选用的不是封闭式的普通插头，而是用黑胶布包扎的插头。

事故教训

这起事故的发生，麻痹大意是其中的一个重要因素。因为使用的是36伏安全电压，在领导和有关人员的潜意识中认为安全电压电不死人，由此而放松警惕，疏于管理。实际上，电气安全管理措施的内容很多，电气安全管理工作也十分重要。为了做好电气安全管理工作，要求技术部门应当有专人负责电气安全工作，动力部门或电力部门也应有专人负责用电安全工作，并制定有效的规章制度，不断进行电气安全检查。应认识到，电气设备在长期的运行中必然会发生变化，需要及时发现和排除隐患，不能麻痹大意。任何麻痹大意都可能导致事故的发生。

在这起事故发生后的调查分析中，调查人员发现缝包机外观锈迹斑斑，外壳仅有两根生锈螺钉固定，有两根电源线与缝包机相接，无防磨损装置。一根电源线在机体入口处被磨损，线蕊外露另一根在机体内，因接线过长，被电动机轴磨损，线蕊外露两线蕊断端可见金属电熔化现象。缝包机的电源插头为普通塑料三相插头，外壳已破裂，电工用黑胶布包扎。经电表测量，三相彼此相通。对变压器检验的结果为：缝包机通过一根长20米的黑胶布电缆线横贯车间东西，通向西边的小配电房，电缆线经检查无破损。在潮湿的配电房中，有一个生锈的铁制配电盒，盒内一只暴露式可控变压器已被烧焦。如果安全管理部门和人员认真负责一些，及时发现和解决这些不安全因素，就有可能避免事故的发生。

事故发生之后所采取的防范措施：一是加强安全教育，

提高职工安全意识，特别是企业和车间领导要增强安全责任感，并落实安全生产责任制，摒除麻痹大意思想。二是加强电气安全检查，检查的内容包括：电气设备绝缘有无破损，绝缘电阻是否合格，设备裸露带电部分是否有防护，屏护装置是否符合安全要求，安全间距是否足够，保护接零或保护接地是否正确可靠，保护装置是否符合要求等。对变压器等重要电气设备要坚持巡视，并做必要的记录；对于使用中的电气设备，应定期测定其绝缘电阻；对于各种接地装置，应定期测定其接地电阻。

（四）塔式起重机安装错误造成的漏电伤人事故

2000 年 6 月 12 日，某建筑公司在承建一个扩建工程时，因所使用的塔式起重机线路老化，导致料斗带电，造成两名作业人员当场触电死亡。

6 月 12 日上午，由某建筑公司承建的一个扩建工程正在施工，该扩建工程为综合楼，建筑面积 4 000 平方米。施工现场所使用的塔式起重机是山东省文登县生产的 16 吨变截面式塔式起重机。8 时左右，作业人员开始浇筑三层屋面混凝土。11 时左右，屋面混凝土浇筑即将结束，还需要吊运最后两斗混凝土。这时，混凝土料斗已吊至三层屋面。在施工人员徐某、宋某伸手去扶料斗，准备卸混凝土时，不料料斗带电，徐某和宋某当场触电。现场人员急忙将二人送医院抢救，但经抢救无效死亡。这起事故造成直接经济损失约

20 万元。

事故原因分析

造成这起事故的直接原因：一是该塔式起重机是由没有取得拆装许可证的个体队伍安装的，且起重机安装完毕后，未经特种设备检测机构验收合格，就投入了使用，留下事故隐患。二是该塔式起重机的安装线路违反有关的规定，接地扁铁打入地下仅 0.5 米，接地线分别缠绕在塔身及扁铁上，测试其电阻大于 10 欧，根本起不到接地保护的作用。同时，塔式起重机配电箱上应该安装一个漏电开关，但是却未安装，而是直接将电源线通过开关接到配电箱上。三是塔式起重机线路老化，有接头缠绕在塔式起重机回转体上，起重机旋转时把接头拉出与回转体短路，使整个塔身带电并传导到料斗上。

事故教训

按照有关规定，安装塔式起重机必须使用有塔式起重机拆装许可证的施工队伍。安装前，必须制定专门的施工方案并按施工工艺安装，以确保安装的质量和使用的安全。安装完毕后，必须经建筑安全监督机构检测，以确保安装质量。之所以作出这样的规定，主要还是为了保证安全，包括企业的安全、塔式起重机司机的安全和其他施工人员的安全。使用有拆装许可证的施工队伍，比使用没有取得拆装许可证的施工队伍，在安装费用上自然要高一些，这是毋庸置疑的。但是，二者的质量不一样，安全可靠性不一样。就这起事故而言，施工单位在安装塔式起重机上节省了费用，却发生了伤亡事故，造成直接经济损失约20万元。孰轻孰重，不用多言。在安全生产上，不能抱有侥幸心理。尤其是施工单位的领导者和安全管理人员更不能有侥幸心理，必须扎扎实实做好每一项工作，对安全工作千万不可疏忽大意。

在安全防范措施上：一是应明确规定，塔式起重机的安装与拆卸必须使用有塔式起重机拆装许可证的施工队伍。安装前必须制定专门的施工方案并按施工工艺安装，以确保安装的质量和使用的安全。安装完毕后，必须经建筑安全监督机构检测，以确保安装质量。二是施工现场的电气线路的安装，必须严格执行建设部JGJ 46—88用电规范。不符合规范要求的，不准投入使用。三是必须加强在用施工机械及电气线路的检查与管理，以确保设备的安全运行。

（五）漏电保护器不起作用导致的人员触电事故

2000年3月1日，山东省某采油厂在生产中，一名焊工准备焊接作业时，由于电焊机节电保安器熔丝底座焦化击穿，漏电保护器不起作用，不幸触电死亡。

3月1日12时30分，山东省某采油厂在生产中，采油9队大班班长王某、大班职工韩某和73号站站长刘某，到采油厂47-275井改掺水流程。到达作业地点后，王某

将电焊机电源线接在抽油机自控箱上，准备焊接流程管线。与此同时，在附近作业的111队3班班长杨某带领6人正在该井做搬家准备。约14时，在井口焊接的王某听到电焊机节电保安器报警声，发现111队3班一名职工倒在拖拉机旁。现场人员急忙将其送医院抢救，但经抢救无效死亡。

事故原因分析

造成这起事故的直接原因是电焊机所使用的SD-I型电焊机节电保安器熔丝底座焦化击穿，漏电保护器不起作用，致使电焊机和拖拉机带电，触电职工准备开动拖拉机时不幸触电。造成事故的间接原因，是在现场进行焊接作业前，没有进行安全检查，没有发现设备存在的缺陷。

事故教训

在电焊作业中经常发生触电事故。许多电焊作业事故之所以发生，主要有这样几个原因：一是电焊作业人员未经安全培训取证就上岗作业，不懂装懂，冒险蛮干；二是电焊作业前不进行检查，没有及时排除危险因素，留下事故隐患；三是电焊机初次电源线接线太长，远远超过安全规定的2～3米，有的达十几米，甚至几十米，施工焊点离电源太远，中间又有障碍物挡住视线，若有人误合闸或电源线破损，容易造成严重的触电事故。四是电焊机在使用中普遍存在不安装接地线和漏电保护器的情况，这样一旦发生机壳带电，就容易造成触电事故；五是劳动防护用品穿戴不全，或防护用品破损而不及时更换。如有的焊工戴的手套露出手指或手掌，也有的焊工不戴专用手套或随便佩戴没有绝缘性能的布手套或线手套，这样在拿焊把或更换焊条时，都容易发生触电事故。

这起事故的发生就与电焊作业前没有进行检查有直接的关系。如果在作业前进行检查，是可以发现问题并予以解决的，这样事故就有可能避免。国家《漏电保护器安全监察规定》第三十九条规定："对运行中的漏电保护器应进行定期检查。"焊工没有及时对漏电保护器进行检查，反映出其安全意识淡薄，忽视安全，自我保护意识差等问题。对此，企业应注意加强安全教育，使职工养成安全生产的习惯。

事故之后所采取的防范措施：一是对漏电保护器等保护设备定期进行检查，确保其正常发挥功效；二是施工作业前应按规定进行检查，发现隐患立即整改。

（六）废弃线头未清除造成的人员触电伤亡事故

2002 年 6 月 23 日，山东省沂南县某化工公司原北大门传达室西墙外，由于未对废弃电线及时进行清理，结果发生一起触电事故，造成 1 名职工死亡。

6 月 22 日山东省沂南县下了一夜雨。23 日 5 时，该县某化工公司复合肥车间按照预定计划停车进行设备清理和改造。8 时左右，当班人员王某和韩某接班后，按照班里的安排，负责清理成品筛下料仓积存残料。约 8 时 20 分左右，王某离开了车间。8 时 30 分左右，韩某出来，到车间北面找工具时，发现王某趴在车间外东北角的原北大门传达室西墙，头朝东南面向西，脚担在一个南北放置的铁梯子上，离传达室西墙约 2 米多。韩某急忙跑到车间办公室报告，公司和车间领导等一起跑到现场，当时发现从传达室西窗户上有掉下来的电线着地。车间主任于某急喊拉电闸，副经理杜某急忙用手机联系并跑去找车辆。当拉下复合肥车间电源总闸后，车间职工李某手扶离王某不远的架棒管去拉王某时，又被电击倒（立即被跟在后面的维修工尹某拉起）。车间主任于某发现不是复合肥车间的电，就急忙跑到公司配电室，在电工班长张某的配合下，迅速拉下公司东路电源总闸。这时，联系好车辆又跑到现场的杜某和闻讯赶到的 2 名电工立即将王某翻过身来，大家一起把王某抬到已开到现场的车上，立即送往县医院抢救。在送医院途中，2 名电工一起给王某做人工呼吸。送到医院时间约在 8 时 40 分左右，王某经抢救无效死亡。

事故原因分析

事故发生后，通过组织人员对现场勘察和调查分析认为，漏电电线是多年前老厂从办公楼引向原北大门传达室和原编织袋厂办公室的照明线，电线外表及线头之处非常陈旧。该公司于 2001 年 8 月整体收购原沂南化肥厂后，始终未用过该线路。原企业电工不知何时在改造撤线时，线头未清除干净，盘在原北大门传达室窗户上面（因公司在此地计划建工棚，6 月 21 日之前连续四五天，施工人员多次在此丈量、挖地基、打预埋、灌混凝土，并有 10 多人在此扎架子、焊钢梁，施工人员就在此窗户周围施工和休息，扎好的架棒管也伸到了窗户南侧，始终没有发现此地有线头落地）。6 月 22 日 22 时至 23 日早 5 时，大雨一直未停，并伴有 4～5 级的大风，大风将盘挂的电源线刮落地面。王某到事故发生地寻找工具（在传达室西墙边竖着一根直径 30 毫米、长约 1.4 米的铁棍），当他脚踏平放的铁梯子时不慎摔倒（梯子距地面约 25 厘米，其中一头担在铁架子上），面部触及裸露的电源线头，发生触电事故（王某尸体面部左侧有烧伤疤痕）。在实施抢救过程中发生二次触电，原因是王某的身体、铁梯子、铁架棒形成带电回路。

这起事故的教训是深刻的，给死者及其家庭带来了极大的伤害和痛苦，给企业和社会造成了一定的影响。公司多次召开会议，举一反三，采取了如下防范措施：一是按照“四不放过”的原则，公司领导组织召开全体职工大会，用发生在身边的事故案例对职工进行安全生产知识教育，以增强职工的安全意识；二是公司组成检查组，由领导亲自带队，对公司生产及生活区进行了全面的安全生产大检查，发现问题及时整改；三是由县供电局和公司电工，对公司的高压线路和低压线路进行了一次彻底的规范整改；四是公司制定并实施了具体的安全生产教育计划，每天由车间负责利用班前班后会对职工进行 30 分钟的安全生产知识教育；五是对事故

有关责任人进行处理。

（七）电动机接线盒存在隐患导致的触电伤亡事故

2000 年 7 月 14 日，湖南省桑植县某建筑公司在施工中，由于电动机接线盒存在隐患而没有及时被发现，造成一名民工触电死亡。

事故经过

7 月 14 日 13 时 30 分左右，湖南省桑植县某建筑公司李家岭平房改造工地，农合工杨某正操作砂浆机工作。他用一根长 7.2 米、重约 27 千克的铁管向砂浆机槽内输水，把砂浆搅拌均匀后，即用双手托砂浆机托把，想把搅拌好的砂浆倒出运走，却突然触电倒在了地面上。这时从四层脚手架上下来喝水的农合工谷某发现后，便急忙跑到开关箱处拉闸断电。但最终杨某因伤势过重经抢救无效死亡。

事故原因分析

（1）砂浆机带电的直接原因：该砂浆机整体全部为金属构造，且与电动机紧密连接为一体。电动机接线盒为方形，应有 4 根螺丝连接盒底与盒盖，但发生事故后仅发现 1 根螺钉且已松脱（其他 3 根螺钉始终未在现场找到），致使电动机接线盒盖与盒底连接不牢。当杨某使用完 7.2 米长铁管后，随意将铁管一端甩放在电动机接线盒盖上，而接线盒又只有左下角的一根螺钉且未拧紧，承担不了如此大的载荷而“被迫”偏移下旋，使金属接线盒盖内壁与接线盒底上的右侧相线接线柱（均为盒内裸露）触碰，导致砂浆机与电动机整体带电。

（2）砂浆机带电的间接原因：一是，作业者准备将搅拌好的砂浆从搅拌槽内倒出时，只按下了停止搅拌按钮，没有将电闸箱内三相刀闸拉开断电（电闸箱门使用时间内不加锁）；二是，保护零线本应接在电气设备外壳的可靠连接处，但工地电工（农合工）却将保护零线的一端插在电动机接线盒盖与盒底之间且有橡胶密封胶圈的缝隙中，故当铁管砸在电动机接线盒盖上，致使盒盖偏移下旋时，保护零线的这一端点也同时偏移下滑脱落而失去保护作用；三是，按有关安全用电规定，每台电气设备应单独装设一个电流型漏电保护器，但该砂浆机电气线路上不仅没有安装漏电保护器，而且连保护性重复接地也没有做，致使该砂浆机在较长时间内带电。

（3）杨某触电死亡的直接原因：7 月 14 日，杨某脚穿胶底布鞋，而砂浆机周围地面又相当潮湿，布鞋早已湿透，他用裸露潮湿且带水珠的双手在无任何保护的情况下触及带电的砂浆机托把，形成事故电流从杨某双手通过心脏等部位后由双脚接地，经过了人体触电相当危险的途径，致使杨某受到了严重的跨步电压危害。此时事故电流经过人体和变压器的工作接地（即大地）构成回路。

（4）杨某触电死亡的间接原因：一是，杨某的双脚虽穿胶底布鞋，但早已在上午干活时被水浇透（在这样的环境下工作，如果穿绝缘水靴，是完全可以免去死亡之灾的）；二是，砂浆机托把没有安装橡皮绝缘套（如果砂浆机托把安装了橡皮绝缘套，就是发生触电事故，也不会到导致死亡的程度）；三是，保护零线断离（脱落）且有一相碰壳（漏电），在这样的情况下发生触电事故，因人体电阻比设备自然接地电阻大得多，所以此时人体几乎承受了全部相电压的危害；四是，电工素质低，安全技术知识薄弱，在相当潮湿且随时有被水溅湿的情况下，竟然将零线夹在接线盒底与盒盖之间，而根本没有考虑应该用绝缘不透水胶布对接线盒做一下密封，也没有想到在盒内三个相线接线处做一下绝缘包裹，更没有想到要将保护零线接在电动机接线盒内。

根据事故之后的调查分析，可知导致事故发生除了以上几个原因之外，还与现场管理松懈有直接的关系。在现场管理上存在的主要问题：一是该工程三方面主管人员法制观念淡薄，安全检查流于形式。按照有关文件要求，建设（投资）单位、工程总承包企业、工程分承包企业三方均应对施工现场的安全状况进行定期与经常、普遍与专业性检查。但三个方面的现场安全检查记录均为空白，且对特种作业人员是否持证上岗不闻不问，而且电动机接线盒螺钉短缺。二是人员素质低。该工地除了项目经理等几位负责人以外，实际施工作业人员大都为招聘的农合工，而且没有一人是经过专门培训的特种作业人员。如出事故的砂浆机所配电动机接线的农合工，既无电工证，也无架子工证，但却在现场既干电工活，又搭设脚手架。三是设备安装不规范。砂浆机固定放置处距自来水管较远，用橡皮胶管引水后，还短一节（约4.7米长），够不着砂浆机。现场管理人员对这一问题没有给予重视，致使杨某找来铁管（既笨重又不灵便），一端接在橡皮胶管上，另一端往砂浆机内注水，注水差不多了即随意将铁管往旁边一扔，正好碰在了电动机接线盒上，成为这起触电死亡事故的导火索。

在这起事故中，导致事故发生的因素很多，有管理上的，有设备上的，也有操作者本人的。一般来讲，任何一起事故的发生，都与这三个方面的因素有关。在这三方面因素中，最应该重视与首先需要解决的，还应该是设备的不安全因素。设备安全是生产安全的基础。因此，对电动机接线盒盖螺钉不齐全的现象，企业以及生产班组应该经常进行检查。这类问题发现容易、解决也容易，关键还是在于要有安全意识。

（八）管理存在漏洞导致的验电中触电伤亡事故

1997年1月4日，某建筑公司在某工厂厂房施工中，由于维护电工在情况不明的情况下违章验电，酿成事故，造成自己触电身亡。

事故经过

1月4日，某建筑公司召开生产调度会，对厂房施工中的一些问题进行工作布置。该建筑公司安排布置高压出线柱根部沥青防渗堵漏任务，这项任务由加工车间负责施工。当日下午 13 时左右，负责这项任务的调度员带着施工人员孙某，拿来高压出线柱屏蔽区门上钥匙，打开门后进入屏蔽区，绕着 2 号接线柱走了一圈后，用手敲打了两下 1 号接线柱上绝缘瓷瓶，接着走出屏蔽区，告诉孙某说："没有电，可以干了。"孙某不放心，害怕有电，自己到电工值班室叫电工验电。此时，维护电工刘某正在值班，孙某遂请他去验电。两人走到厂房顶部屏蔽区，维护电工刘某手持 500 伏低压试电笔测试 2 号高压接线柱上端，当即遭到 110 千伏高压电电击，全身着火，经抢救无效当场死亡。

事故原因分析

造成这起事故的直接原因是刘某无证上岗，缺乏电工作业基本知识，在情况不明的条件下违章验电。造成事故的间接原因：一是缺乏有关高压放电知识。在研究和布置施工任务中，各级领导误认为机组停机不发电，110 千伏高压端便没有电，对此疏忽大意；二是施工单位对特种作业人员未能严格管理。刘某原是电焊工，改变工种后，未经安全技术考核，即无证上岗。如果是正式电工，则有可能会避免这一事故。

这起事故的发生反映出施工单位在安全管理上的许多问题：一是对特种作业人员的管理。按照规定，对转岗人员一定要进行安全专业培训，做到持证上岗，达到要求。刘某由电焊工转为电工，其中可能有照顾的成分，但是照顾也不能违反规定，特别是特种作业，危险性很大，不进行专业培训就容易出事故。所以，对特种作业人员的安全管理一定要严格。二是管理人员的安全意识。即必须提高施工现场管理人员的安全意识和安全技术素质，加强有关安全生产知识的教育，在做到管生产的同时，也应该做到会管安全，杜绝违章指挥、冒险作业。这起事故的发生与管理人员疏忽大意、违章指挥有很大的关系。

（九）未能消除隐患引起的车辆碰撞高压线触电事故

1997 年 8 月 3 日下午，北京某矿业公司采矿厂汽车队一辆运矿汽车在维修时，碰撞高压线，造成一名修理工触电身亡。

8 月 3 日下午，北京某矿业公司采矿厂汽车队修理工黄某（男，27 岁）受班长指派前往停车场检修 1 号 77 吨运矿汽车变速器连挡故障。坐落在山坡上的大型车停车场是 3 年前利用小车场址改建的，在车场西北角上方有一条高 6.85 米的 6 千伏高压线。为安全起见，当时车场负责人在高压线下摆了几块尺把高的石墩，石墩使停车场的端线显得有点内斜。虽然车场失去了方正，但几年来人和车都从没出过事故。77 吨运矿车是个庞然大物，整个车体高 4 米多。当班司机沈某为了方便修理，把车开到离修理间最近的车场西北角。黄某看了看发动机齿轮箱，为防止车斗自然回落，找了根细钢丝绳到车后想加固一根保险绳再去处理，但到车后一看有滩积水，而自己穿的是布鞋，根本没法落脚。然而，这辆车连挡故障偏偏是只能前行不能后退。于是，黄某让司机沈某将车往前开一点。沈某按黄某的手势将运矿车前移了 3 米，黄某将钢丝绳的一头挂住矿车后桥，然后举着钢丝绳的另一头，等待沈某将翻斗升到最高点挂车尾门钩。就在运矿车斗即将升到顶的时候，“嘭”的一声巨响，运矿车翻斗接触到 6 千伏高压线，瞬间短路放炮，远处的人们循着声响和闪光看到，车后的黄某身体打晃，仰面栽倒在地，当场死亡。

事故原因分析

事故发生后，经事故现场勘察分析，运矿车前保险杠刚好与停车场石墩持平，停车位置应该在安全范围之内，在这个范围内是不应当发生事故的。但是，事故又是怎样造成的呢？通过进一步勘察发现：3 个月前平整场地时，推土机将停车场西北角的“斜线”石墩推直了，石墩外移 1.5 米，正处于 6 千伏高压线下方。这样，当修理工黄某指挥车辆停车时，误认为在安全范围之内，实际上却处于危险区域，结果运矿车司机在高压线下盲目起斗，造成翻斗碰撞高压线。

事故教训

这起事故的发生具有一定的偶然性，是由平整场地时留下的隐患与具体操作时的疏漏两个方面的因素造成的。其中，既有管理者的责任，又有操作者的责任，二者相比较，管理者应该负有更多的责任。在这起事故中，从管理者失职的角度分析：一是在平整场地的前后，管理者可能未去现场，没有及时发现场地平整前后的变化；二是因为位置偏僻，高压线距地面又较高，因而麻痹大意，安全意识不强。为预防此类事故的再次发生，管理者应认真吸取事故教训，切实负起管理者的责任。

事故之后所采取的防范措施：一是加强安全生产的动态管理和安全教育，对易发生重大伤亡事故岗位人员进行一次重点安全教育；二是对重点部位进行一次全面检查，对查出的不安全因素，明确时间限期整改；三是制定和完善安全生产责任制，强化安全管理，提高职工的安全意识。

（十）手持电动工具作业造成的触电伤亡事故

1999 年 2 月 1 日，在某宾馆建筑和装修工程中，某装饰工程公司负责 4 号客房楼室内装修工程，该公司一名电工在作业中由于麻痹大意，违章操作，结果发生触电死亡事故。

事故经过

2 月 1 日中午 12 时许，某装饰工程公司电工张某与其他施工人员一起在 4 号楼 4 层客房卫生间进行管沟开槽作业，张某负责照明线路的安装。张某作业时所用的照明灯采用的是普通插口灯头接单相橡胶电线，220 伏电压、200 瓦灯泡，无固定基座的行灯。大约 11 时 30 分左右，在完成一间房的作业任务后，其他施工人员说“下班了”，张某看了看手表说："还有半小时，可以再做一间"。于是，张某在没切断电源的情况下，移动照明灯具，与其他作业人员分开，另找作业面。12 时左右，一名工人需要使用爬梯，在寻找爬梯过程中，看见走廊里，张某身子靠在墙上，坐在积水中，口吐白沫，就喊叫起来。工友们听到喊叫连忙跑过来，发现张某身体上有电线，灯头脱落，灯泡已碎，可能触电了，遂立即通知其他人员拉闸断电并报告，然后扔掉电线，将张某抱到干燥的地方。工地领导将张某送医院抢救，经医院检查其左手腕内侧有电击烧伤斑迹。因电击时间过长、发现太晚、现场抢救措施不当等，张某经抢救无效死亡。这起事故直接经济损失和间接经济损失共 10 万余元。

事故原因分析

经事故调查分析，该内部装饰工程施工时所用的手持电动工具较多，电源的接驳点多，用电量较大，实施作业前对现场用电未引起足够的重视，用电无措施无方案。而且没有按照《施工现场临时用电安全技术规范》的要求来完善三级配电二级保护，动力电源与照明电源分开设置的原则，设置的用电设备、电箱位置、末端开关箱的位置、相对固定漏电保护装置不符合照明使用要求。因此，一旦漏电而不能及时断电是这次触电死亡事故发生的主要原因。

造成事故的直接原因是张某违反操作规程进行作业。张某在没有切断电源，不穿戴绝缘手套与绝缘鞋的情况下，左手抓住电线灯泡拖拉移动普通照明设备，造成电线与灯头受力脱开，电线裸露触及左手腕造成触电。造成事故的间接原因是施工现场设施不完善，临时照明灯具无固定基座，手持照明灯未使用 36 伏及以下电压供电，照明专用回路无漏电保护装置，发生漏电不能自动切断电源。

事故教训

这是一起本来可以避免的事故，结果却发生了，教训是极为深刻的。假如该装修工程项目一开始就注重施工现场的安全生产，加强安全管理监督，现场的事故隐患得到及时整改；假如一开始对施工现场临时用电安全技术有足够重视，制定用电措施方案，按照规范完善施工用电的设施设备，确保“三级配电二级保护”，确保“一机一闸一保一箱”，确保照明与动力分别设置电源；假如电工张某能认真执行安全技术操作规范，作业时穿戴好个人劳动防护用品，移动、维修电气设备时切断电源；假如张某与其他作业人员不分开，发生意外及时抢救，尽早脱离电源；假如施工现场管理严格，现场无积水，那么，这起事故可能就不会发生。近几年装饰装修工程中发生的此类触电事故较多，应引起我们的注意。

事故之后所采取的防范措施：一是临时用电电气设备在 5 台及 5 台以上，或者设备总容量 50 千瓦以上，应编制临时用电组织设计或方案。动力配电箱与照明配电箱应分别设置，如在同一配电箱内，动力与照明线路应分路设置，照明回路应装参数相匹配的漏电保护装置。二是潮湿积水、易触及带电体场所照明电源电压不得大于 36 伏，常用行灯的灯体与手柄应坚固、绝缘、耐热、耐潮，灯头与灯体应结合牢固，灯泡外部应有金属保护网。电线采用单相三线橡胶线。三是使用电气设备前必须穿戴和配备相应劳动防护用品，电工配备绝缘手套绝缘鞋，移动和维修电气设备必须切断电源并派人监护。同时，作业人员应掌握必要的救护常识，触电者脱离电源后，应尽量现场抢救，先救后撤，让伤者静卧于干燥通风处，进行人工呼吸，从而减少事故造成的伤害。

（十一）现场线路管理不善造成的电线端头触电伤亡事故

1998 年 8 月 26 日，某建筑公司在某水电站施工中，两名电工去接电源线时，因电线端头漏电，导致一人触电身亡。

事故经过

8 月 26 日上午 9 时 10 分，负责水电站建设的某建筑公司机电二队安排施工工地值班电工林某与隆某到水电站 2 号坝段去接电源线。2 人在途经尾水左导墙与 2 号坝段连接处时，因左导墙的钢管栏杆用作临时工地电源线路的终端杆，加之线路日晒雨淋和风吹晃动磨损，导致线路端头破损漏电，致使栏杆带电，漏电电压 216 伏。当林某右手抓着距左导墙 2 米多高的拉模筋，右脚踩钢栏杆向上攀登时，栏杆、林某的手脚、拉模筋对地构成回路。林某当即大叫一声倒下。隆某随即将其摆脱电源，进行人工呼吸，后送至医院抢救，但最终林某经抢救无效死亡。

事故原因分析

造成这起事故的直接原因是挂在钢栏杆上的线路破损漏电，使钢栏杆带电同时林某自我保护意识差，没穿戴劳动防护用品，脚穿带铁钉无绝缘性的中跟皮鞋，裤腿卷到膝盖以上，袖子卷到臂肘以上，当右手抓拉模筋、右脚跨在钢栏杆上时，与大地构成电流回路。造成事故的间接原因：一是对工地临时用电线路保护维护检查不够，线路破损漏电，没有及时发现和处理；二是电工及其他现场作业人员对触电现场救护技能不够，救护不及时。

事故教训

在这起事故中，现场用电线路管理不善，安全检查不够，没有及时发现和及时处理线路漏电隐患是事故发生的重要原因。这与企业领导忽视安全生产、思想上麻痹大意有很大的关系。加强对事故的防范，不单纯只是对作业人员的安全管理，还应该包括对施工环境、施工条件的安全管理，这是一个更加重要的方面。应采取的防范措施有：要加强对工地电源及线路的定期检查，发现隐患应及时处理；电源线路应按规定架设，并做好接地保护；要对电气作业人员进行安全知识技能教育，强化安全措施；电工必须按规定穿戴劳动防护用品，方可上岗；对职工加强触电紧急救护知识教育和技术训练。

（十二）电源线不按规定包扎导致的触电伤亡事故

1996 年 2 月 2 日，某建筑公司在某水电站坝肩传力洞施工中，发生一起意外事故。由于电源线未包扎好，导致一名作业人员触电身亡。

事故经过

2 月 2 日约 13 时，某建筑公司在某水电站坝肩传力洞施工中，负责人杜某从水电站施工现场的值班室走出，去工作面检查施工进展情况。在路经坝肩传力洞交叉口时，因交叉口的道路被堵，不能通行，杜某改从交叉口下游侧右起的第一根钢管支柱背后穿行。当杜某向下游侧一转身，右手碰上洞内电源线，被电触击一下，就在杜某用手将电源线拨开的瞬间，电源线未包扎好的部分正好落到杜某的脖子上。杜某当即触电倒地，被人发现后急忙送往医院抢救，最终经抢救无效死亡。

事故原因分析

造成事故的直接原因是包工队未经工程处同意，随意将线路接长，而且无包扎，违反用电安全制度；同时，电工工作不负责任，不按规定接线。造成事故的间接原因是用电管理制度不完善，施工单位执行用电管理制度不严格。

事故教训

这起事故的发生带有必然性，只是触电的人有所不同，不是这个人触电，就是那个人触电。只要这种危险存在，就必然会发生事故。这起事故也属于低层次的完全可以避免的事故。之所以发生，是因为包工队的安全素质和技术素质差，不能胜任所承包的工程，对其应做出严肃的处理。同时，为防止同类事故的再次发生，施工单位应对传力洞洞内所有电源线以及施工现场电源线进行一次大检查，凡不符合接线要求的应重新更改，并全部改用胶皮线。要禁止非电工从事电气作业，将电铃线的电源改为低压线，并从安全的角度着眼，按操作规程施工。

（十三）潜水泵电缆线漏电造成的触电伤亡事故

1998年6月25日，某体育场馆建设施工中，由于电缆线接头处理不符合要求，造成漏电，一名施工人员不幸触电身亡。

6月24日，因连续几日暴雨，造成开挖的基坑积水。负责某体育场馆建设的某建筑公司一方面积极排除基坑中的积水，另一方面做继续施工的准备，要求电工尽快恢复钻机、潜水泵等设备的电源。6月24日，在基坑的积水还未排干的情况下，施工队电工刘某便将电气设备重新架设电缆线，以求尽快恢复钻机、潜水泵作业，以利于及时恢复混凝土浇筑工作面施工。因抢工心切，电缆线接头处理不符合要求。6月25日9时许，机施处一队水泵班杨某发现基坑水中带电，误认为是感应电，因此没有及时向有关人员报告。6月25日13时40分，机施处一队水泵维修工李某到基坑作业时，被潜水泵电缆线漏电所产生的跨步电压击倒在水中。在场人员立即切断所有的动力电源，将李某抬上岸来。但李某终因受电击时间过长，抢救无效于当日晚上死亡。

事故原因分析

造成这起事故的直接原因是电工刘某接的潜水泵电缆线接头不符合安全要求，未用防水胶布缠死，发生漏电现象。造成事故的间接原因主要是施工单位对现场的安全用电管理较差，杨某的安全意识不够、思想上麻痹大意，误认为漏电电流为感应电流，因而没有及时反映情况，致使危险隐患未能及时排除。

事故教训

对于这样的事故，应加强安全技术方面的措施。在施工前，应指派专人，组织电气人员及专职安全员对施工现场的电气设备及线路进行全面检查，排除现场用电的不安全隐患。应注意加强对施工人员进行安全用电的宣传教育，强化用电管理，执行岗位责任制度，制定措施，对发现并报告事故隐患的人员给予奖励。

（十四）照明线端头裸露留下隐患导致的触电事故

1998 年 4 月 23 日，某食堂餐厅装潢工程施工中发生一起触电事故，一名协助电工工作的民工不幸触电身亡。

事故经过

4 月 23 日，某食堂餐厅装潢工程已接近完工，整个装潢工程已进入电线安装后的线路调试阶段。这天下午，负责装潢工程的公司副经理安排电工吉某、钱某进行线路调试工作，并另外安排辅助工马某协助电工做配合工作。下午 16 时 30 分左右，吉某、钱某在二楼吧台对面靠右第一房间做照明调试工作，叫马某去找老虎钳。马某即到吧台吊顶内去找，吊顶高度 0.8 米，吊顶内光线较暗，马某只能半蹲着爬摸。约数分钟后，吉某、钱某听见吧台处有跺脚声音，遂过去查看，但没有发现马某，叫了几声也未有回音。吉某、钱某感觉情况不妙，急忙跑去找木梯，爬上顶棚，发现马某已歪倒在顶棚内。吉某、钱某立即切断电源，将马某从顶棚处拖下来，并立即对其进行胸压及口对口的人工呼吸抢救，同时迅速与医院联系，将马某送往医院抢救。经过两个多小时全力抢救无效，马某于当晚 19 时死亡。这起事故直接经济损失 9.2 万元（包括家属抚恤费、丧葬费、赡养、困难补助等）。

造成这起事故的直接原因是吧台上未安装灯头，留下断口处未进行包扎。在调试电源线路时，吧台上的灯线上已经通电，当马某在顶棚内找老虎钳，由于光线不足，视线不清，只能依靠两手在顶棚内摸索，导致不慎触摸灯线断口触电。造成事故的间接原因是灯头材料未到齐，只装了部分的灯头，而未装灯头的端线则未采取安全防护措施，留下了严重的事故隐患；加之工程接近尾声，装饰作业多，工种用电量增多，缺乏对各分配电路的接线监督检查。

这起事故的发生虽然具有一定的偶然性，但是，偶然性

中也反映出了其必然性。这就是施工单位的用工混乱和施工现场安全管理的混乱，同时也暴露了施工单位在安全生产管理和执行制度上的一些问题。工程总包单位把装潢、电器照明等分包给装潢公司施工后，只注重施工进度而疏忽了电气设备的质量和临时用电检查；而分包公司监督不严，只注重生产抢时间，而放松安全管理及对临时用电的检查，是这起事故发生的重要原因。

事故之后所采取的防范措施：一是总包单位要加强对分包单位的安全管理和安全教育工作，特别是对分包单位基础管理、安全设施、人员教育等严格把关，真正做到认识到位、措施到位。二是加强施工现场安全用电常识教育，严格按照《建筑施工现场临时用电安全规范》教育广大施工人员，使其认识安全用电的重要性。三是施工项目不管大小，都必须有施工方案和施工临时用电安全技术措施，形成一套安全管理制度；专业电工应经过培训考核，审查合格后方可持证上岗操作。

（十五）施工现场电线漏电造成的触电伤亡事故

1998 年 7 月 20 日，在某高层建筑工程施工中，由于施工现场漏电，作业人员安全意识差，又未按规定穿戴防护用品，造成一名作业人员触电身亡。

事故经过

7 月 20 日早晨，施工队召开班组长会议，布置工作任务，安排混凝土班人员到集水坑回收材料。在安排任务时，施工队领导强调作业时作业人员必须穿长筒靴，防止触电和其他意外事故，并且要求班组长回去后要严格执行，防止事故的发生。约9时30分，混凝土班在作业现场发现漏电现象，但是未予以重视，而误以为是电焊机感应电。10时左右，混凝土工陈某、杜某等在搬运钢模时，发现钢模上有电麻手，班长宋某立刻去叫电工检查处理，同时安排作业人员撤离施工现场。在撤离过程中，因同班工人吴某未按要求穿长筒靴，而是穿解放鞋，不便涉水，便踏到堆在旁边的钢筋上。他的脚一踩上钢筋，就被电击倒了。现场人员急忙将其送往医院抢救，但最终吴某经抢救无效死亡。

事故原因分析

造成这起事故的直接原因是施工现场有电线漏电，而且吴某未按要求穿长筒靴，在撤离漏电现场时怕水浸湿解放鞋而去踏带电的钢筋。造成事故的间接原因主要是施工现场管理不力，文明生产差，致使电源线被砸断造成漏电隐患，而作业的施工人员发现后又未报告；加之电工责任心不强，对线路检查维护不力。

事故教训

在这起事故中，吴某不听从指挥，不按要求穿长筒靴，自我保护能力及安全意识差，是造成事故的重要因素。安全生产、安全施工不仅是企业管理者的责任，也是作业者的责任。要保证安全、防范事故，管理者与作业者都要各尽其职，按照有关安全规定办事。

事故之后所采取的防范措施：一是对全部施工工地的用电线路进行一次彻底的清理和检查，工地上所有用电线路应统一布置、统一管理，并指派专人负责；二是对施工人员（尤其是民工）进行安全用电知识教育和培训，加强安全管理规章制度的贯彻实施。

班组应对措施与讨论

触电是电流对人体的伤害。电流对人体的伤害可以分为电击和电伤。绝大部分触电伤亡事故都含有电击的成分。与电弧烧伤相比，电击致命的电流小得多，但电流作用时间较长，而且在人体表面一般不留下明显的痕迹。触电事故在事发前往往没有任何征兆，与机械伤害等事故有明显的区别，有点类似于中毒事故，因此在预防上存在一定的难度。

许多触电事故发生的原因就是麻痹大意，这样的事故案例很多。

在班组生产作业中，一旦发生人员触电事故，应及时抢救。这一点非常重要。因为人触电后不一定会立即死亡，往往会呈现“假死”状态，如现场抢救及时、方法得当，呈现“假死”状态的人往往是可以救活的。据有关资料记载，触电后 1 分钟开始救治者，有 90％的良好效果；触电后 6 分钟开始救治者，也有 10％的良好效果；触电后 12 分钟开始救治者，一般救活的可能性较小。这个资料虽不完全准确，但说明了抢救时间的重要。因此，触电急救应分秒必争，不能等医务人员来了再施救。

现在使用电力、电源、电器的情况越来越多，掌握一些触电抢救知识在生产作业中和日常生活中都有可能用得上。企业以及班组平时除了对职工要进行必要的安全用电知识教育外，还应该进行必要的触电急救训练，以便一旦有人触电时，能迅速及时地进行救治，减少不必要的伤亡。那么，发生了触电事故，现场人员应该怎么做呢？这里介绍一些最紧要的事项。

1. 使触电者尽快脱离电源

（1）切断电源。当电源开关或电源插头就在事故现场附近时，可立即将电闸拉开或将电源插头拔掉，使触电者脱离电源。应当注意的是，普通的照明开关（如拉线开关）有两根导线，一根地线（或称零线）一根火线，切断电源时不能只切断一根导线，因为不能保证切断的一定是火线，只有切断两根导线，才能保证电源被彻底切断。

（2）用绝缘物移开带电导线。当带电导线触及人体引起触电且不能采取其他方法迅速切断电源时，可用绝缘物体（如木棒、竹竿、绝缘手套等）将电线移开，使触电者脱离电源。

（3）用绝缘工具切断带电导线。出现触电事故，必要时可用绝缘工具（如带有绝缘柄的电工钳、木柄斧以及锄头等）切断导线，以断开电源。

（4）拖拉触电者的衣服，使之摆脱电源。若现场不具备上述三种条件而触电者衣服干燥，救护者可用包有干毛巾、干衣服等干燥物的手去拉拽触电者的衣服使其脱离电源。

需要注意的是：上述办法仅适用于 220 伏/380 伏“低压”触电情况下的抢救，发生高压触电应立即通知供电部门，采取相应的紧急措施。

总之，在现场可因地制宜，灵活运用各种方法，迅速、安全地使触电者脱离电源。必须注意的是，触电者脱离电源后，因不再受电流刺激，肌肉会立即放松，所以有可能会摔倒造成外伤，特别是触电人员位于高处时危险性更大。因此，在使触电者脱离电源时应辅以相应措施，避免发生二次伤害。此外，在帮助触电者脱离电源时，除应注意自身安全外，还需要注意不能误伤他人。

2. 简单诊断并对症处理

触电者脱离电源后，往往处于昏迷状态或“临床死亡”阶段，因而应尽快对其心跳和呼吸的情况作一判断，了解其是否处于“假死”状态。一般检查为：判断是否丧失意识；观察呼吸是否存在；检查颈动脉有否搏动；观察瞳孔是否放大。

经过简单诊断后，一般可按下列情况分别处理：

(1) 病人神志清醒但感到乏力、头昏、心悸、出冷汗，甚至有恶心、呕吐症状，应让其就地安静休息，以减轻心脏负荷，加快恢复情况严重时，应立即送往医院救治。

(2) 病人呼吸、心跳尚有，但神志不清，应使其仰卧，保持周围空气流通，注意保暖，并且立即通知医疗部门或用担架将病人送往医院，请医护人员抢救。与此同时，还要严密观察病人，做好人工呼吸和体外心脏挤压急救的准备工作，一旦病人出现“假死”情况，应立即进行抢救。

(3) 假如发现病人已处于“假死”状态，则应根据不同类型的“假死”进行对症处理。若呼吸停止，则口对口用人工呼吸法维持气体交换；若心脏停止跳动，则用体外人工挤压法来重新维持血液循环；若呼吸、心跳全停，则须同时施行心脏挤压和口对口人工呼吸，并立即向医疗部门告急求救。

3. 口对口人工呼吸

如发现触电者呼吸停止，应马上施行口对口人工呼吸，操作步骤如下：

(1) 使触电者鼻（或口）紧闭，救护人深吸一口气后紧贴触电者的口（或鼻）向内吹气，为时约 2 秒钟。

(2) 吹气完毕，立即离开触电者的口（或鼻），并松开触电者的鼻孔（或嘴唇），让他自行呼气，为时约 3 秒钟，照此反复进行。

触电者如系儿童，只可小口吹气，以免肺泡破裂；如发现触电者胃部充气鼓胀，可一面用手轻轻加压其上腹部，一面继续吹气和换气；如无法使触电者把口张开，可改用对鼻人工呼吸法。

4. 胸外心脏挤压法

胸外心脏挤压法是在触电者心脏停止跳动后使用的急救方法。做胸外心脏挤压时，应使触电者仰卧在比较坚实的地方，姿势与口对口人工呼吸方法相同。操作方法如下：

(1) 救护人跪在触电者一侧或骑跪在其腰部两侧，两手相叠，手掌根部放在胸骨下端。

（2）掌根用力垂直向下（脊背方向）挤压，压出心脏里面的血液。对成年人下压深度约3～4厘米，每分钟挤压60次为宜。触电者如系儿童可以只用一只手挤压，用力要轻一些，以免损伤胸骨，而且每分钟宜挤压100次左右。

（3）挤压后掌根迅速松开，让触电者胸部自动复原，血液充满心脏。注意放松时掌根不必完全离开胸部。

需要注意的是，心脏跳动和呼吸是互相联系的。心脏停止跳动，呼吸很快就会停止；呼吸停止了，心脏跳动也维持不了多久。一旦呼吸和心脏跳动都停止了，应同时进行口对口（鼻）人工呼吸和胸外心脏挤压。如果现场仅一个人抢救，这两种方法应交替进行，每吹气2～3次，应挤压10～15次，而且吹气和挤压速度应当提高一些，以不降低抢救效果。

施行人工呼吸和胸外心脏挤压抢救要坚持不断，切不可轻率终止，送医院途中也不能终止抢救。在抢救过程中，如发现触电者皮肤由紫变红，瞳孔由大变小，则说明抢救收到了效果；如果发现触电者嘴唇稍有开合或眼皮活动，或喉嗓间有咽东西的动作，则应注意其是否有自动心脏跳动和自动呼吸。触电者能开始呼吸时，可暂停数秒钟进行观察，如果正常心跳和呼吸不能维持，则必须继续抢救。急救过程中，如果触电者身上出现尸斑或身体僵冷，必须经医生做出无法救治的诊断后方可停止抢救。

此外，对于与触电同时发生的外伤，应分情况酌情处理。对于不危及生命的轻度外伤，可放在触电急救之后处理。对于严重的外伤，应与人工呼吸和胸外心脏挤压同时处理，如伤口出血，应予以止血并包扎。

● 你害怕触电吗？你知道有关预防触电的知识吗？当发现有人触电时你准备怎么办？如果触电者接触的是普通照明用电，你会去救他吗？你准备如何救他？请在班组安全活动时发表一下你的个人看法。

● 如果你在生产作业中发现自己所操作的设备漏电，你准备怎么办？你是继续生产作业，还是停机后向班组长报告？你是自己动手检修，还是等待维修工来修？

● 在日常生活中，家中的灯泡坏了一般是自己进行更换，如果工作场所的灯泡坏了，你是自己更换还是由电工更换？家中的临时用电一般由自己负责接线，但生产作业中的临时用电，你是自己接线还是等待电工接线？如果电工迟迟不来，你准备怎么办？

后　　记

现代化工业生产离不开机械设备，机械设备能够减轻劳动强度，能够提高劳动生产效率，但是只要使用机械设备，就有可能发生机械设备事故。按照美国学者海因里希 1936 年所做的事故调查，以设备的、物质的不安全状态为主要原因而导致的事故，约占事故总数的 10%，并且设备事故容易造成重大人员伤亡，这是应引起重视的。

在本书的编写过程中，为了配合对事故的分析，我们有针对性地介绍了机械设备、电气设备、压力容器、气瓶、气力管道、静电预防等相关知识，以及一些设备的维护使用经验。我们参考了大量的与安全生产相关的书籍和报刊，因涉及的面很广，没有一一注明出处。

在本书的编写过程中，我们得到了许多同志的帮助，他们是：张鹏、杨海涛、李佳、邓晖、林汉银、陈功等，在此致以诚挚的谢意。